সাহিত্যের ভাষা: বিকাশ ও বিবর্তন

(Sahityer Bhasha: Bikash O Bibartan)

IBJCAL, eISSN: 2582-4716

Vol: 5, Issue: 4
Special Issue

Editor-in-chief
Mr. Patitpaban Pal

2023

সাহিত্যের ভাষা: বিকাশ ও বিবর্তন
(Sahityer Bhasha: Bikash O Bibartan)
Editor-in-chief
Mr. Patitpaban Pal

Paperback: Published by
Patitpaban Pal

Printed by
Notion Press
https://notionpress.com/

Sahityer Bhasha: Bikash O Bibartan
Indian only: ₹ 700.00 INR (Donation mode)
Foreign only: $ 25.99 USD (Donation mode)

Dedicated
to
Indian Adibasi Language & Culture Explorer

About the Journal

Homepage Url:
http://www.indianadibasi.com/journal/index.php/ibjcal
About:
http://www.indianadibasi.com/journal/index.php/ibjcal/about
Announcement:
http://www.indianadibasi.com/journal/index.php/ibjcal/announcement
Submission:
http://www.indianadibasi.com/journal/index.php/ibjcal/about/submissions
Membership for Authors:
http://www.indianadibasi.com/journal/index.php/ibjcal/Membership
Contact:
http://www.indianadibasi.com/journal/index.php/ibjcal/about/contact
Seminars & Workshops:
http://www.indianadibasi.com/journal/index.php/ibjcal/Semi Workshop

International Bilingual Journal of Culture, Anthropology and Linguistics (IBJCAL) is **peer reviewed** bilingual journal. This is quarterly **open access** e-journal. The submissible languages are English and Bangla. No other fees is charged for publishing papers in IBJCAL except APC (Article Processing Charges) ₹ 500 INR (Rs. 500) for Open Access Publication.

International Bilingual Journal of Culture, Anthropology and Linguistics (IBJCAL) একটি ত্রৈমাসিক আন্তর্জাতিক দ্বিভাষিক মুক্ত প্রবেশাধিকারযুক্ত গবেষণা ই-পত্রিকা। এই পত্রিকায় ইংরেজি অথবা বাংলা এই দুই ভাষার মধ্যে যেকোন মাধ্যমেই লেখা পাঠানো যাবে। লেখা পাঠানোর যাবতীয় নিয়মাবলী দেখতে Submissions অংশ দেখুন। গবেষণা প্রবন্ধ প্রকাশের পর তা পাঠের ক্ষেত্রে "মুক্ত প্রবেশাধিকার" রাখার জন্যে ₹ 500 INR (Rs. 500) ছাড়া অন্য কোনপ্রকার মূল্য লাগবে না।

Aims & Scope

An Holistic Approach to India's particular TRIBE's/ ADIBASI's Culture, Heritage, Customs, Traditional Beliefs and Values, Practices, Cultural Development, Inter-cultural Facts; Intra-cultural facts, Language origin, Language Attitudes, Language Adoption , Value Maintenance, Cultural Maintenance through language, Language Technology and Future Perspectives of the Tribal community. Ethno-linguistics study on any Tribal community will be appreciated. The status of the community's language and how they are dealing with a dominant language near them can be also be studied and included in your research work. Notwithstanding the above mentioned areas research papers, nearby thematic areas, are too welcomed.

Publication Ethics

Steps for Publishing: (i) Submitted articles > (ii) Double blind Peer Review Process (Rejected/Modified/Accepted) > (iii) Accepted articles > (iv) Ready for Publishing (within 4-6 weeks after accepted).

IBJCAL follow an Open Access Policy for copyright and licensing. If you are using or reproducing content from this platform, you need to appropriately cite the author(s) and journal name.

Journal Advisory Committee

- **Dr. Marufi Khan**
Former Principal at Ispahani Girls School & College, Dhaka, Bangladesh.

- **Prof. Tapati Mukherjee**
Former Director of Culture and Cultural Relations, Visva-Bharati, India.

- **Dr. Khalad Hossain**
Professor, Bengali, Jahanginagar University, Dhaka, Bangladesh.

- **Dr. Dripta Piplai Mondal**
Assistant Professor, Humanities and Social Science Department, Indian Institute of Technology Kharagpur, West Bengal, India.

- **Dr. Subrata Sankar Bagchi**
Fellow, Royal Anthropological Institute, UK
Fellow, Royal Asiatic Society, UK
Principal, Bangabasi College, West Bengal, India.

Editorial Assistance

- **Susil Mandi**
PhD scholar in Linguistics, Calcutta University, India.

- **Purnendu Bikash Debnath**
Independent Rescarch Scholar in Linguistics, Delhi University, India.

- **Firoj Khan**
PhD scholar in Bengali, Jadavpur University, India.

- **Harichand Das**
PhD scholar in Bengali, Sidho Kanho Birsa University, India.

- **Ananda Saini**
PhD scholar in Bengali, Sidho Kanho Birsa University, India.

- **Amal Kumar Das**
Independent Research Scholar in Education, Jadavpur University, India.

- **Agniv Dutta**
Consultant Linguist and Translator, SNLTR, Kolkata, India.

Preface

এই বিশেষ সংখ্যায় বাংলা সাহিত্যে ভাষা ব্যবহার অর্থাৎ সাহিত্যের ভাষা কীভাবে সাহিত্যে ভাবনার বাহন হয়ে ওঠে, কীভাবে তা শৈলীর আঙ্গিক নির্মাণে অনবদ্য হয়ে ওঠে তাই অনুসন্ধান করা হয়েছে। কীভাবে তা কালের নিয়মে বিবর্তিত হতে থাকে সেই বিষয়ের সাথে সাথে বাস্তব জীবনে ভাষার ব্যবহার আর সাহিত্যে ভাষার ব্যবহারের কোথায় প্রভেদ তাও খুঁজে দেখার লক্ষ্যে এই সংখ্যার পরিকল্পনা। এটা এইরকম বিষয়ে পরিকল্পনার প্রথম সম্পূর্ণ প্রয়োগ। এই বিষয়ে আগ্রহী পাঠক / গবেষকদের কাজে সহায়ক হলে এবং জ্ঞানপিপাসুগণের পিপাসা নিবৃত্তির সামান্যতম প্রয়াসে সাফল্য পেলে তা আমাদের সামগ্রিক পরিশ্রম সার্থক হবে।

বিষয় সূচি

ছোটগল্পে ভাষা ব্যবহার

বাংলা সাহিত্যে ভাষা ব্যবহার
প্রাচীন যুগ

International Bilingual Journal of
Culture, Anthropology and Linguistics
ইন্টারন্যাশনাল বাইলিঙ্গুয়াল জার্নাল অফ
কালচার, আনথ্রোপোলজি অ্যান্ড লিঙ্গুইস্টিক্স

IBJCAL

eISSN: 2582-4716

Website: https://indianadibasi.com/journal/index.php/ibjcal

VOLUME: 5, ISSUE: 4 (December, 2023) || Special Issue: সাহিত্যের ভাষা: বিষয়ণ ও বিনির্মাণ

'চর্যাপদে' বিশেষণের বিশেষত্ব : ভাবপ্রকাশে ও রূপবৈচিত্র্যে

অর্পন ঘোষ

সারসংক্ষেপ: প্রাচীন বাংলা ভাষার আদি রূপটি পরিচয় পেতে প্রথমেই নজর পড়ে 'চর্যাপদে'। 'চর্যাপদে'র ভাষা নিয়ে বহু ভাষাবিদ্ চুলচেরা বিশ্লেষণ করেছেন। তাঁদের মধ্যে উল্লেখযোগ্য ভাষাবিদ্ সুকুমার সেন, শ্রী পরেশচন্দ্র ভট্টাচার্যের, পরেশচন্দ্র মজুমদার প্রমুখ রয়েছেন। এছাড়া সাম্প্রতিককালে বহু গবেষকবন্ধু 'চর্যাপদে'র ভাষার এক একটি দিক নিয়েও গভীর চর্চা করেছেন। অর্থাৎ এতে প্রাচীন বাংলা ভাষার স্বরূপ যেমন পাওয়া যায়, অপরদিকে 'চর্যাপদে'র সাহিত্যমূল্য পাঠকের সামনে আরো খোলসা হয়ে ওঠে। অনুরূপ ভাবনা নিয়ে আমার উল্লেখিত নিবন্ধটিতে 'চর্যাপদে'র বিশেষণের বিশেষত্ব পর্যালোচনার মধ্যে দিয়ে, রূপবৈচিত্রের দিকটি যেমন পরিস্ফুট হবে, অপরদিকে বিষয়ের গভীর ভাবার্থ পাঠকের কাছে উন্মুক্ত হবে। শুধুমাত্র অর্থ প্রকাশের মাধ্যম হিসেবে নয়, বিশেষণপদগুলির মাধ্যমে তৎকালীন সমাজের চিত্ররূপ ফুটে ওঠে। বাঙালি মানসিকতার অভ্যন্তরীণ পরিচয় পাওয়া যায়। ফলস্বরূপ সহজে বিষয়ের ভাব পাঠকের কাছে তাৎপর্যপূর্ণ ও বোধগম্য হয়। তাই আজও 'চর্যাপদে'র বহু গুরুত্বপূর্ণ দিক নিয়ে গভীরভাবে চর্চিত হলেও, বিশেষণের বিশেষত্ব নিয়ে তেমন কোন সবিস্তৃত আলোচনা আমরা পাইনি। আমার এই "চর্যাপদে'র বিশেষণের বিশেষত্ব : ভাবপ্রকাশে ও রূপবৈচিত্র্য" নিবন্ধটিতে, বিশেষণের বিশেষত্ব সম্পর্কে সংক্ষিপ্তাকারে তুলে ধরালাম।

সূচক শব্দ: চর্যাপদের বিশেষণের প্রয়োগ কৌশল, বাঙালি জাতির অভ্যন্তরীণ মানস রূপ ও রসের পরিচয়, চর্যাপদের সমাজচিত্র, গূঢ়ার্থ প্রকাশের মাধ্যম।

1.0 ভূমিকা

ভাষা হল ভাবের মূর্ত রূপ। লেখক, তাঁর বৃহৎ ভাবনার মূর্তি গড়েন ভাষার সহযোগে। সেই মূর্তির সৌখিনতা আসে, ভাষা উপাদানের প্রয়োগ কৌশলে। এক্ষেত্রে পদ বিন্যাসের ভূমিকা অনস্বীকার্য। ভাষার অন্যতম উপাদান পদগুলির সমন্বয়ে বাক্যের পূর্ণ ভাব প্রকাশ পায়। বাক্যে, বিশেষ্য-সর্বনাম-ক্রিয়া ও অন্য পদগুলি সহযোগে অর্থপ্রকাশ করলেও; বিশেষণপদ বিষয়ের অর্থকে সম্পূর্ণতা প্রদান করে। আমরা জানি প্রাচীনকাল থেকে বহু ভাষাবিদ বাংলাভাষায় পদগুলির স্বরূপ সন্ধানে প্রয়াসী হয়েছেন। এর থেকে আমরা যেমন বাংলা ভাষার স্বরূপ বুঝতে পারি। অপরদিকে সাহিত্যে পদের অবস্থান, ভূমিকা ও বিশেষত্ব সম্পর্কে স্বচ্ছ ধারণা পাওয়া যায়।

2.0 চর্যাপদে ভাবপ্রকাশে বিশেষণ

‘চর্যাপদে’র বিশেষণপদগুলি সাধারণ দৃষ্টিভঙ্গিতে (normal angle) দেখলে মনে হয়, বাক্যের পদকে কেবল বর্ণিত করেছে। কিন্তু তলিয়ে দেখলে পাওয়া যায় আসল রসের আস্বাদ। পদকর্তারা, তাঁদের চর্যাগানে বিশেষণপদ নির্বাচনের নেপথ্যে রয়েছে এক গভীরতম ভাবনা। ভাবনার বহিঃপ্রকাশের জন্য চর্যাকারেরা তাদের গানে বিশেষণপদ প্রয়োগের বিশেষ কৌশল ব্যবহার করেছেন অর্থাৎ একপ্রকার শৈলী (style) সৃষ্টি করেছেন। এই শৈলী আলোচনায় মূল অভিপ্রায় হল – ‘চর্যাপদে’র বিশেষণপদগুলির খুঁটিনাটি বিচার বিশ্লেষণ করে, লেখক ও পাঠকের সেতুবন্ধন করা। ‘চর্যাপদে’র বিশেষণপদ নিয়ে আলোকপাত করতে গিয়ে প্রথমেই নজরে পড়ে, চর্যার গানগুলোতে বিশেষণপদের যৎসামান্য ব্যবহার রয়েছে। যে কয়েকটি বিশেষণপদের দৃষ্টান্ত মেলে, তাদের গভীর পর্যালোচনা করলে দেখা যায় - বিশেষণপদগুলি ব্যক্তি, বস্তু, প্রকৃতি বর্ণনায় ও কথনে ব্যবহৃত হয়ে বিষয়ের ভাবকে তাৎপর্যমণ্ডিত করে তুলে। ফলে পাঠকের কাছে বিষয়টি সহজেই বোধগম্য হয়ে ওঠেছে। নিম্নে ‘চর্যাপদে’ ব্যক্তি, বস্তু, প্রকৃতি ও কথনে বর্ণিত

বিশেষণপদগুলির প্রয়োগ-কৌশল ও বিশেষত্ব নিয়ে, অতিসংক্ষিপ্ত আলোচনা করা হয়েছে -

'চর্যাপদে' ব্যক্তি বর্ণনায় জাতিবাচক ও গুণবাচক বিশেষণপদের ব্যবহার লক্ষ্য করা যায়। যথা : 'সে শুণ্ডিনী' (৩),' 'সবরী বালী' (২৮), 'ভুসুক বাঙালী' (৪৯),' 'কাহ্ণ কপালি' (১০),' 'ডোম্বী নারী' (..), প্রভৃতি জাতিবাচক বিশেষণপদগুলি চর্যাপদের তৎকালীন নিম্নশ্রেণি সমাজের পরিচয় প্রদান করে। গুণবাচক বিশেষণপদগুলি নিম্নশ্রেণির মানুষের আচার-আচরণ, জীবনবৈচিত্রে ছবি ফুটিয়ে তুলেছে। বাঙালি মনের অন্তরালে প্রবেশের মূল চাবিকাঠি স্বরূপ। যথা:- 'মূঢ় হৃদয়' (৬), 'কুন্দুরে বীরা' (৫), 'নিঘিণ কাহ্ণ' (১০), 'মুসা উঞ্ছল পাঞ্চল' (২১), -এ সব দৃষ্টান্তে, তাঁদের নির্বোধের জন্য যে নানা অপকর্মে লিপ্ত হত তারই পরিচয় রয়েছে। চঞ্চল স্বভাবের জন্য প্রকৃত সুখের স্বাদ থেকে বঞ্চিত হয়। চর্যাপদের ব্যক্তি বর্ণনায় তৎকালীন সমাজে গুণী, সৎ সম্প্রদায়ের মানুষজনেরও পরিচয় পাই – 'ধর্মার্থে চাটিল' (৫), 'সৎগুরু বোহে' (১২), 'বিদুজন লোক' (১৮)। আবার ব্যক্তি বর্ণনায় অবস্থাবাচক বিশেষণপদগুলি - 'বিলাসই দারিক' (৩৪), 'উমত সবোর' (২৮), 'মাতেলা চিত্ত' (১৬), 'মাদেসরি ঠাকুর' (১২), থেকে সমকালীন সমাজে মানুষরা যে খামখেয়ালিপনা, বিলাসপূর্ণ, ভোগীজীবন যাত্রার অধিকারী, তারই স্বাক্ষর বহন করে। আমরা এক্ষেত্রে সহজেই বুঝতে পারি, বিশেষণপদগুলি চর্যাপদের সাহিত্যমূল্যর মান বাড়িয়েছে।

প্রকৃতির সাথে মানুষের জীবনযাত্রা ওতোপ্রোত ভাবে জড়িত। পরিবেশে প্রকৃতি ও মানুষ মিলেমিশে একাকার। চর্যাকাররা মানুষের জীবনচরিতকে সহজ ভাবে ফুটিয়ে তোলার জন্য, সাহিত্যকৃতিতে প্রকৃতির সাথে মানুষ রূপকের চিত্রে এঁকেছেন। 'চর্যাপদে' প্রকৃতি প্রয়োগে অধিক ক্ষেত্রে বিশেষ্যপদ রূপে ব্যবহৃত হয়েছে। 'চর্যাপদে' প্রকৃতি বর্ণনায় বিশেষ্যপদগুলি কর্মধারা সমাসের অন্তর্গত; এখানে উপমেয় ও উপমান অভেদ কল্পনা করা হয়েছে। উপমান পদটি রূপককর্মধারা সমাসের বিশেষণপদ রূপে ব্যবহৃত হতে দেখি; কখনো পূর্বপদে কখনো পরপদে। ফলস্বরূপ উপমেয় (বিশেষ্যপদ) হিসেবে গণ্য হলেও, তাকে বিশেষিত হতে দেখি উপমান (বিশেষণ) পদটির দ্বারা। যথা : 'কাআ তরুবর' (১), 'মনতরু' (৪৫), 'ভবনই' (৫), 'মহাতরু' (৪৩), 'কাআ নবাড়িঁ' (৩৮) ইত্যাদি, -এ ভাবে

কর্মধারয় সমাস বিষয়ের গূঢ়ার্থকে ফুটিয়ে তুলতে সাহায্য করে। এখানে যেন বিশেষণপদগুলি সঠিক পথের দিশারি (proper intention)। বিশেষণপদগুলি যেন 'চর্যাপদে'র এক একপ্রকার শৈলী (style) রূপে প্রকাশ ঘটেছে। যার অন্তরে রয়েছে রসঘন। আবার প্রকৃতি বর্ণনায় বিশেষণপদগুলি পৃথক রূপে বা একক রূপে ব্যবহৃত হয়ে, বিশেষ্যপদটিকে বিশেষিত করতে দেখা যায়। প্রকৃতি বর্ণনায় এ ধরনের বিশেষণপদগুলি বিষয়ের রসকে আরও রসান্বিত করতে সাহায্য করে। অর্থাৎ স্থায়ীরস সৃষ্টিতে সহায়তা করে। রস-প্রস্থান প্রবর্তক ভরত মুনির কথামতো বিভব, অনুভব ও ব্যভিচারীভাব সংযোগে রসনিষ্পত্তি হয় (বিভাবানুভাবব্যভিচারিসংযোগাদ্রসনিষ্পত্তি:)। সেরূপ 'চর্যাপদে'ও বিশেষণপদগুলি অনেক ক্ষেত্রে বিভাব, অনুভব ও ব্যভিচারীভাব রূপে ব্যবহৃত হয়ে, রস সৃষ্টির পুষ্টিসাধন করে। বিশেষ করে প্রকৃতি বর্ণনায় সৃষ্টি বিশেষণপদগুলি আলোচনা করলে, বিষয়টি স্পষ্ট ধারণা পাওয়া যায়। শবর পা'দের ৫০ নং চর্যাগানে সৃষ্টি প্রকৃতি বর্ণনীয় পদগুলো মূলত উদ্দীপন বিভব রূপে কাজ করেছে। যথা :- 'কন্ধুবিণা পাকেলা', 'আকাশ ফুলিলা', 'জোহ্না বাড়ি' ইত্যাদি অস্থায়ীভাবগুলি, স্থায়ীভাব রতির পুষ্টিসাধন করে। স্থায়ী শৃঙ্গার রস জাগায়। আবার শবর পা'য়ের ২৮ নং চর্যাগানেও সৃষ্ট বিশেষণপদগুলি- 'গুঞ্জরি মালিকা', 'সহজ সুন্দরী', 'একলা সবরী', 'নানাতরুবর মুকুলিত' ইত্যাদি উদ্দীপন বিভাবরূপে কাজ করে, রতি ভাবের পুষ্টিসাধন করেছে। যা শৃঙ্গার রসের সৃষ্টি হয়েছে। এইভাবে চর্যাপদে বিশেষণপদগুলি রস সৃষ্টিতে গুরুত্বপূর্ণ ভূমিকা পালন করে। ফলস্বরূপ বিষয়ের ভাব পাঠকের কাছে আরও আকর্ষ হয়ে ওঠে।

চর্যাকারদের রচিত গানগুলিতে যে গুহ্যধর্মের কথা বলেছেন, তা মূলত সাংকেতিক ভাষার মাধ্যমে। সেই সাংকেতিক উপাদান গুলির মধ্যে বিশেষণপদগুলি একটি গুরুত্বপূর্ণ ভূমিকা পালন করেছে। চর্যাপদে ব্যবহৃত বস্তুবর্ণনায় বিশেষণপদগুলি তারই স্বাক্ষর বহন করে। আমরা তার স্বরূপ সন্ধানের মাধ্যমে পরিচয় পাই। যথা:- 'করুণা নাবী', 'অনহা ডমরু', 'সরুই নাল', 'করুণা পীড়ি', 'তিশরণ নাবী', 'মায়াজাল' ইত্যাদি লক্ষ্য করলেই দেখা যায়। বস্তু বর্ণনায় বিশেষিত পদগুলি যেন কোনো বিশেষ ইঙ্গিতকে প্রদান করে। যার ভিতরে রয়েছে মূল রস। সংকেতধর্মী বিশেষণপদগুলির জন্য বস্তুবাচক বিশেষ্যপদটি যেন দ্যোতিতের অর্থ বহন করে। ফলস্বরূপ পাঠকের

বুঝতে অসুবিধা হয় না, যে এর মধ্যে রয়েছে গভীরতম রসের সঞ্চার। আবার বস্তুবর্ণনায় সংখ্যাবাচক বিশেষণপদগুলি যদি বহুবচন হয়, তাহলে অতি অবশ্যই বিশেষ্যপদটি একবচনের ভাবপ্রকাশ করে। যথা: 'পঞ্চবি ডাল', 'চৌউষ্ঠঠী কোঠা', 'চৌশধী ঘড়িয়ে', 'চৌসঠঠী পাখুড়ী' ইত্যাদি।

পদকর্তারা 'চর্যাপদে', কথনে ব্যবহৃত বিশেষণপদের মাধ্যমে সাহিত্যের বিষয়কে বিশদ বিবরণ দেওয়ার চেষ্টা করেন। এই বিশেষণপদগুলি এক একটি তুলির মতো কাজ করে। ভিন্ন ভিন্ন রং-এর অতিশয্যে এক অপূর্ব চিত্রের সৃষ্টি হয়। চর্যাপদের ২৮ নং গান- "উঁচা উঁচা পাবত তঁহি বসই সবরী বালী" -এতে শুধু পাবত (বিশেষ্যপদ) দিয়ে বাক্য গড়লে বিষয়ের অর্থ প্রকাশ পেলেও, তুলি দিয়ে আঁকা যে চিত্রের ছবি পাওয়া যায় তা পরিস্ফুট হত না। পাঠকের কাছে যা 'উঁচা উঁচা' বিশেষণপদ দুটির সাহায্যে উঁচু পর্বতের বিমূর্ত রূপটি স্পষ্ট ধরা পড়ে। এই বিশেষণপদ দুটির সাহায্যে কেবল চিত্র সৃষ্টি করে না। যেমন ব্যঙ্গার্থের ভাব বহন করে তেমনি সাহিত্যের অলঙ্কার তৈরি করে। তৎকালীন সময়ে সবরজাতি মানুষজনের স্থান লোকালয় থেকে, সভ্যসমাজ থেকে, শুচি বায়ু থেকে অনেক অনেক দূরে নিবাস, সে কথা পাঠকের কাছে তুলে ধরতে সক্ষম হন। চাটিল পা'দের ৮নং চর্যাগান – "ভবনদী গহন গম্ভীর বেগেঁ বাহী" এ 'ভবনদী' বিশেষ্য পদটির অবস্থাবাচক বিশেষণ পদগুলি 'গহন', 'গম্ভীর' আর ক্রিয়াবিশেষণ রূপে 'বেগে' পদটি রয়েছে। চর্যাকার বাক্যটিতে তুলি দিয়ে ভবনদী যাত্রাপ্রবাহের যে বিশদ বিবরণ দিয়েছেন, তাতে ব্যঙ্গার্থের ভাব স্ফুট হয়েছে। অর্থাৎ মানুষের জীবন জটিলতার গতিপ্রকৃতিকে যথার্থ রূপে পাঠকের সামনে তুলে ধরতে সক্ষম হয়েছেন। এতে বিষয়ের ভাবকেও করেছে গতিময়। বাক্য গঠনে ব্যবহৃত বিশেষণপদগুলি লক্ষ্য করলে বোঝা যায়, বিশেষণহীন বিশেষ্য কতখানি অসহায়। বিশেষ্য ও বিশেষণ একে অপরের পরিপূরক। দৃষ্টান্তেই যুক্তিগ্রাহ্য, যথা ভুসুক পা'দের ৩০নং চর্যাগান- "করুণা মেহ নিরন্তর ফরিআ" লাইটিতে 'মেঘ' (কর্তা) বিশেষ্যপদের 'করুণা' এবং অসমাপিকা ক্রিয়াবিশেষণ রূপে 'নিরন্তর' ও 'ফুরিআ' প্রয়োগ হয়েছে। বিশেষণপদগুলির মধ্য দিয়ে বিষয়ের গভীর ভাব আরোপিত হয়েছে। অর্থাৎ 'করুণা মেঘ' বলতে জাগতিক যত প্রকার আসক্তি ও বিষয় আকর্ষ থেকে বিশুদ্ধ বোধিচিত্ত বলে অভিহিত করেছেন আর বিশুদ্ধ মেঘ সর্বদা আনন্দের বর্ষণ ঘটে। শুধু 'মেঘ' বিশেষ্যপদটি থাকলে মূল অর্থ প্রকাশ পেত না।

বিশেষ্য (কর্তা) ব্যতীত বিশেষণপদের অস্তিত্ব মূল্যহীন। একাধিক বিশেষণপদ নারী দেহের অলংকারের মতো, তা সর্বদাই নারীর লাবণ্যকে বাড়িয়ে তোলে। সাহিত্যের ক্ষেত্রে বিশেষণপদগুলি সাহিত্যের নান্দনিকতা (aesthetic) বাড়িয়ে তোলে। উপমা প্রয়োগের ক্ষেত্রেও বিশেষনের ব্যবহার অতুলনীয়। তাতে সাহিত্যের আরো সৌন্দর্যমূল্য বাড়িয়ে তোলে এবং পাঠকের কাছে বিষয় আরও আকর্ষণীয় হয়ে ওঠে। এ যেন চর্যাপদে বিশেষণপদ প্রয়োগে আরেক শৈলী নির্মাণ। যথা:-

> ক) 'তোর মুখ চুম্ব কমল রস পানে'(৪)
>
> খ) 'আজদেব নিরাসে রাজঅ/ চান্দরে চান্দ্রকান্তি জিম পতিভাস'(৩১)
>
> গ) 'কাআ তরুবর পঞ্চবি ডাল...' (১)

এখানে 'মুখ চুম্ব/কমল রস', 'নিরাসে/চান্দ্রকান্তি পতিভাস', 'কাআ/তরুবর' এইভাবে উপমেয় জাতীয় বিশেষ্য পদগুলিকে বিশেষিত করেছে উপমান জাতীয় বিশেষণপদগুলি। এই উপমা ব্যবহারে বিষয়ের গভীর ভাব যেমন স্বচ্ছ হয়ে ওঠে, বিষয়টির মাধুর্য্য বেড়ে যায়। অপরদিকে বাঙালিরা যে অতিশয় কল্পনাপটু ও তোষামোদ প্রিয় স্বভাবের ছিলেন তাও বুঝতে আমাদের অসুবিধা হয় না।

3.0 রূপবৈচিত্র

'চর্যাপদে' বিশেষণপদগুলির রূপবৈচিত্র্য বিচার-বিশ্লেষণ করে দেখা যায় - বিশেষণপদগুলি নানান প্রত্যয়যোগে সৃষ্টি। সংস্কৃত ব্যাকরণের নিয়মানুযায়ী চর্যাপদের বিশেষণ পদগুলির বিশেষ্যানুযায়ী বসে। অর্থাৎ বিশেষ্যের লিঙ্গে যে বিভক্তি বা প্রত্যয় থাকে বিশেষণেরও সেই বিভক্তি ও প্রত্যয় ব্যবহার হত। সংস্কৃত ভাষায় বিশেষ্যপদে স্ত্রী প্রত্যয় রূপে 'ই বা ঈ' প্রত্যয়ের ব্যবহার, সেইরূপ চর্যাগানের বিশেষণপদে 'ই বা ঈ' প্রত্যয়ের দৃষ্টান্ত লক্ষ্য করি – 'সবরী বালী' (২৮), 'নিসি অন্ধারী' (২১), 'একলি সবরী'(২৮), 'হাড়েরি মালী' (১০) প্রভৃতি। পুংলিঙ্গের ক্ষেত্রবিশেষে 'অ' বিভক্তি ব্যবহার – 'উমত সবর',(২৮), 'পাগল সবর'(২৮), 'চঞ্চল মুসা'(২১) প্রভৃতি দৃষ্টিগোচর।
'চর্যাপদ'-এ 'ইঅ বা ইআ' প্রত্যয়যোগে অসমাপিকা ক্রিয়াবিশেষণের ভাবপ্রকাশে করে। এর ব্যবহার প্রাচীন বাংলা ভাষায় বহুল লক্ষ্য করা যায়।

যথা:- 'ছাড়িঅ' (৩১), 'ফাড়িআ' (৫), 'জোড়িঅ' (৫), 'করিঅ' (১), 'টলিয়া' (৩৫) ইত্যাদি।

'অন্ত বা অন্তি' প্রত্যয়যোগে কৃদন্ত বিশেষণপদের পরিচয় পাই।

যথা:- 'নাচন্তি' (১৭), 'ভণন্তি' (৩), 'চাহন্তে', (৩১), 'জীবন্ত' (২২) ইত্যাদি।

'জন বা জনা' প্রত্যয়যোগে সৃষ্টি তদ্ধিদ্ বিশেষণপদগুলি বহুবচনের ভাবপ্রকাশে করেছে।

যথা:- 'কুলিনজন' (১৮), 'বিদুজন' (১৮), 'পঞ্চজনা' (১২)।

শব্দদ্বিত বিশেষণপদের মধ্য দিয়ে চর্যাপদের বহুবচনের ভাব যেমন প্রকাশ পায়, তেমনি চিত্রসৃষ্টিতেও বেশ সহায়ক রূপে বিষয়ের ভাব স্ফুট করে।যথা:-

ক) 'জে জে আইল সে সে গেল' (৭)

খ) 'উঁচা উঁচা পাবত তঁহি সবরী বালী (২৮)

গ) 'কেহো কেহো তোহোরে বিরুআ বোলই' (১৮)

চর্যাপদে উৎকর্ষ ও অপকর্ষ বোঝাতে বিশেষণপদগুলির সাথে অনুসর্গর গুরুত্বপূর্ণ ভূমিকা রয়েছে। যথা:-

ক) 'ডোম্বী আগলি নাহি ছিনালি' (১৮)।

খ) 'তার চেয়ে বড় বীর নাই'।

প্রাচীন বাংলা ভাষা 'চর্যাপদ'-এর বিশেষণপদগুলির রূবৈচিত্র্য লক্ষ্য করলে প্রথমে চোখে পড়ে, বিশেষণপদগুলি প্রায় বিভক্তিহীন। আমরা জানি অপভ্রংশ ভাষা থেকে বিশেষণপদগুলির বিভক্তিহীন রূপে অর্থাৎ নিপাত পদ হিসেবে পরিচিত। আগের অংশেই আমরা আলোচনা করেছি যে চর্যাপদে বেশ কিছু বিশেষণপদে সংস্কৃত নিয়মানুসারে বিশেষ্য অনুযায়ী বিশেষণের বিভক্তি প্রয়োগ রয়েছে। আবার অনেক ক্ষেত্রে আমরা লক্ষ্য করি অসমাপিকা ক্রিয়া বিশেষণে 'দ্বিতীয়' বিভক্তি ব্যবহার। যথা:- 'থির করি' (৩), 'দিঢ় করিঅ' (১), 'খনঅ ছাড়অ' (৬) প্রভৃতি। কখনো কখনো ক্রিয়া বিশেষণে 'তৃতীয়' ও 'সপ্তমী' বিভক্তির ব্যবহার লক্ষণীয়। উদাহরণ-

ক) ভবনদী গহন গম্ভীর বেগেঁ বাহী (তৃতীয় বিভক্তি)

খ) উচা উঁচা পাবত তঁহি সবরী বালী (সপ্তমী বিভক্তি)

গ) উইত্তা গঅন মাঝেঁ অদভূঅ (সপ্তমী বিভক্তি)

ঘ) ছুঁয়ে ছুঁয়ে যাও তো ব্রাহ্মণ নেড়ে (তৃতীয় বিভক্তি)

চর্যাপদে সম্বোধনবাচক বিশেষণপদগুলি 'র কিংবা এর' বিভক্তি যোগে ভাব প্রকাশ করে। যথা:- 'রুখের তেন্তুলি' (২) 'চান্দের চন্দ্রকান্তি' (৩১), 'হাড়েরি মালী' (১০), 'তোহরি কুড়িআ' (১০) প্রভৃতি। আবার অনেক সময় 'শূন্য' বিভক্তি যোগে বিশেষণপদের দৃষ্টান্তও রয়েছে। তবে তা খুবই কম। যথা:- 'নিজে দেহ' (১৩), 'আপনা মাংস' (৬), 'নিঅ ঘরণী' (৪৯) প্রভৃতি। 'চর্যাপদে' আর এক ধরনের বিশেষণপদের ব্যবহার রয়েছে, তা বেশ দৃষ্টি আকর্ষণীয় করে। সর্বনামীয় বা সর্বনাম বিশেষণপদগুলি কালভেদে, বচনভেদে, পুরুষভেদে রূপ পরিবর্তিত হয়ে ভাব প্রকাশ করে। শ্রীপরেশচন্দ্র ভট্টাচার্যের 'ভাষাবিদ্যা পরিচয়' বইটিতে বিস্তারিত আলোচনা রয়েছে। তাই আমার নিবন্ধটিতে তার পুনরাবৃত্তি মানে অতিরঞ্জিত করা।

4.0 কথাশেষ

'চর্যাপদে'র বিশেষণের বিশেষত্ব আলোচনা করতে গিয়ে, প্রাচীন বাংলা ভাষায় বিশেষণপদের প্রয়োগ কৌশল একদিকে খুঁজে পাই। অপরদিকে বিশেষণপদগুলি কীভাবে সাহিত্যের নান্দনিক (aesthetic) দিকটি বাড়িয়ে তোলে তারও পরিচয় পাই। চর্যাপদে বিশেষণপদের মাধ্যমে তৎকালীন সমাজের অর্থাৎ বাঙালির তোষামোদের জায়গাটা সম্পূর্ণরূপে প্রকাশ পায়। বিশেষণপদগুলি কী রূপে প্রয়োগ হয়ে, চর্যাপদের ভাববস্তুকে পাঠকমহলে আরও উৎকর্ষ করেছে। লেখক ও পাঠকের মধ্যে গড়ে তোলে এক প্রীতির বন্ধন। ফলস্বরূপ পাঠকবর্গ লেখকের অন্তরের অন্তঃস্থলের খবর অনুসন্ধান করতে সুবিধে হয়। এভাবে যদি সাহিত্যে বিশেষণপদের পুঙ্খানুপুঙ্খ বিচার বিশ্লেষণ করা যায়, তাহলে সাহিত্যের বিষয় পাঠকের কাছে আরও বোধগম্য, শ্রুতিমধুর, তৃপ্তিদায়ক হয়ে ওঠে। এই নিবন্ধটিতে 'চর্যাপদে' লেখক ও পাঠকের সেতুবন্ধনে বিশেষণপদগুলির কতখানি ভূমিকা রয়েছে, তা গভীর পর্যালোচনায় ছত্রে ছত্রে পরিচয় পাই।

5.0 সহায়ক গ্রন্থ

১) সান্যাল, অবন্তীকুমার, ভারতীয় কাব্যতত্ত্ব প্রজ্ঞাবিকাশ, ৯/৩, রমানাথ মজুমদার স্ট্রিট, কলকাতা, ১৯৯৫

২) দাশ, ড নির্মল, চর্যাগীতি পরিক্রমা দে'জ পাবলিশিং, কলকাতা,প্রথম দে'জ সংস্করণ :জুলাই, ১৯৯৭

৩) শাস্ত্রী, হরপ্রসাদ, হাজার বছরের পুরান বাঙ্গালা ভাষার বৌদ্ধগান ও দোহা, ১৯১৬

৪) সাঈদ, শামসুল আলম, চর্যাপদ ; তত্ত্বিক সমীক্ষা অ্যাডর্ন পাবলিকেশন,

৫) চক্রবর্তী, জাহ্নবী কুমার, চর্যাগীতির ভূমিকা ডি এম, লাইব্রেরি/৪২ বিধান সারণী/ কলকাতা, প্রথম প্রকাশ- রথযাত্রা, ১৩৮২

৬) সেন, সুকুমার, ভাষার ইতিবৃত্ত আনন্দ পাবলিশার (প্রা লি), কলকাতা ৯, প্রথম প্রকাশ ১৩৩৯

৭) ভট্টাচার্য, শ্রী পরেশচন্দ্র, ভাষাবিদ্যা পরিচয় কলকাতা, প্রথম সংস্করণ : ১৯৮৪

৮) মজুমদার, পরেশচন্দ্র, বাঙলা ভাষা পরিক্রমা (দ্বিতীয় খণ্ড): দে'জ পাবলিশিং, কলকাতা, প্রথম প্রকাশ জানুয়ারি, ১৯৮০

৯) শ', ড. রামেশ্বর, সাধারণ ভাষাবিজ্ঞান ও বাংলা ভাষা, পুস্তক বিপণি, প্রথম প্রকাশ, প্রথম খণ্ড: ৮ই ফাল্গুন, ১৩৯০, দ্বিতীয় খণ্ড: ৮ই ফাল্গুন, ১৩৯৪

১০) চক্রবর্তী, বামনদেব, উচ্চতর বাংলা ব্যাকরণ, অক্ষয় মালঞ্চ,কলকাতা, প্রথম প্রকাশ- অক্টোবর, ১৯৬৩

১১) মজুমদার, ড.অভিজিৎ, শৈলীবিজ্ঞান এবং আধুনিক সাহিত্যতত্ত্ব, দে'জ পাবলিশিং, প্রথম প্রকাশ ; কলকাতা, পুস্তকমেলা জানুয়ারি ২০০৭, মাঘ ১৪১৩

6.0 Author's Bionote

অর্পন ঘোষ, গবেষক, বাংলা বিভাগ, বিদ্যাসাগর বিশ্ববিদ্যালয়।

বাংলা সাহিত্যে ভাষা ব্যবহার
মধ্য যুগ

International Bilingual Journal of
Culture, Anthropology and Linguistics
ইন্টারন্যাশনাল বাইলিঙ্গুয়াল জার্নাল অফ
কালচার, অ্যানথ্রোপলজি অ্যাণ্ড লিঙ্গুইস্টিক্স

IBJCAL   **eISSN: 2582-4716**

Website: https://indianadibasi.com/journal/index.php/ibjcal
VOLUME: 5, ISSUE: 4 (December, 2023) || Special Issue: সাহিত্যের ভাষা: বিকাশ ও বিবর্তন

বাংলা ভাষার বিবর্তনঃ প্রাচীনযুগ থেকে মধ্যযুগ / Evolution of Bengali language: From encient period to middle period

পঙ্কজ বিশ্বাস

Abstract: Bengali language is a living and rich language. Its age is more than hundred years. During this long life, various changes have taken place in Bengali language due to geographical, cultural, social, economic, political and other language influences. At present if any bengalis read encient bengali language, it seems very unfamiliar to him. Bengali language has undergone various linguistic and morphological changes since birth till today. By reviewing them the evolution of the Bengali language can be understood.

Keowords: Bangali, Morphological Change, Bangla language, Old Bangla, Middle Bangla.

সারসংক্ষেপ: বাংলাভাষা একটি জীবন্ত ও সমৃদ্ধ ভাষা। এর বয়স এক হাজার বছরেরও বেশী। এই দীর্ঘ জীবনকালে ভৌগোলিক, সাংস্কৃতিক, সামাজিক, অর্থনৈতিক, রাজনৈতিক ও অন্য ভাষার প্রভাবে বিভিন্ন পরিবর্তন বাংলাভাষায় সংঘটিত হয়েছে। আজকের কোন বাঙালীকে হাজার বছর আগের বাংলাভাষা পড়তে দিলে তা তার কাছে অনেকটাই অপরিচিত মনে হবে। জন্মলগ্ন থেকে আজ পর্যন্ত বাংলাভাষায় বিভিন্ন ভাষাতাত্ত্বিক ও

রূপতাত্ত্বিক পরিবর্তন হয়েছে। সেগুলি পর্যালোচনা করে বোঝা যায় বাংলাভাষার ক্রমবিবর্তন।

মূলশব্দ: বাঙালীজাতি, বাংলাভাষা, ভাষাতাত্ত্বিক ও রূপতাত্ত্বিক বিবর্তন

1.0 ভূমিকা

“বাজিল ব্যাকুল বাণী নিখিলের প্রাণে—
হেথা নয়, হেথা নয়, আর কোন্‌খানে।”

গোধূলির বলাকা যেমন আকাশের একপ্রান্ত থেকে অন্যপ্রান্তে উড়ে যায়, জীবনও তেমন প্রাণ-সাগরের একপ্রান্ত থেকে অন্যপ্রান্তে ছুটে চলে। এই চলার পথে যেমন আসে বিসর্জনের বিলাপ তেমনই আসে আগমনীর সুর। বিবর্তনই জীবনের চূড়ান্ত ভবিতব্য। যা জীবন্ত তাই বিবর্তনশীল। বাংলাভাষা একটি জীবন্ত ভাষা। এই ভাষাও বিবর্তনের প্রক্রিয়ায় “হেথা নয়, হেথা নয়, আর কোন্‌খানে” এগিয়ে চলেছে।

2.0 গবেষণা সম্বন্ধীয় প্রশ্নাবলী ও উদ্দেশ্য

বর্তমানে বঙ্গ বলতে আমরা যা বুঝি তা হল ভারতের পূর্বভাগে অবস্থিত পশ্চিমবঙ্গ ও ভারতের পূর্বে অবস্থিত স্বতন্ত্র রাষ্ট্র বাংলাদেশ। ইংরেজ আমলে পশ্চিমবঙ্গ ও বাংলাদেশ একসঙ্গেই ছিল বাঙালীদের একচ্ছত্র নিবাস। আধুনিক কালে এর স্পষ্ট রাজনৈতিক সীমা থাকলেও প্রাচীনকালে এর সীমা এইরকম ছিল না। প্রাকৃতিক কারণে, শাসকের পরিবর্তনে, যুদ্ধ অথবা দেশ পরিচালনা করার জন্য বিভিন্ন সময়ে এর সীমানা পরিবর্তন হয়। অধ্যাপক নীহাররঞ্জন রায়ের ‘বাঙালীর ইতিহাস’ আদিপর্ব গ্রন্থে বাংলার ভৌগোলিক সীমা নির্ধারণ প্রসঙ্গে বলেছেন—“উত্তরে হিমালয় এবং হিমালয়ধৃত নেপাল, সিকিম ও ভোটান রাজ্য; উত্তর-পূর্বদিকে ব্রহ্মপুত্র নদ ও উপত্যকা; উত্তর-পশ্চিমদিকে দ্বারবঙ্গ পর্যন্ত ভাগীরথীর উত্তর সমান্তরালবর্তী সমভূমি; পূর্বদিকে গারো-খাসিয়া-জৈন্তিয়া-ত্রিপুরা-চট্টগ্রাম শৈলশ্রেণী বাহিয়া দক্ষিণ সমুদ্র পর্যন্ত; পশ্চিমে রাজমহল-সাঁওতাল পরগনা-ছোটনাগপুর-মানভূম-ধলভূম কেওঞ্জর-ময়ূরভঞ্জের শৈলময় অরণ্যময় মালভূমি; দক্ষিণে বঙ্গোপসাগর। এই প্রাকৃতিক সীমাবদ্ধৃত ভূমিখন্ডের মধ্যেই প্রাচীন বাঙলার গৌড়-পুন্ড্র-বরেন্দ্রী-রাঢ় সুন্ধ-তাম্রলিপ্ত-সমতট-বঙ্গ-বঙ্গাল-হরিকেল প্রভৃতি জনপদ; ভাগীরথী-করতোয়া-ব্রহ্মপুত্র-পদ্মা-মেঘনা এবং আরও অসংখ্য নদনদীবিধৌত বাঙলার গ্রাম প্রান্তর

পাহাড় কান্তার। এই ভূখণ্ডই ঐতিহাসিককালের বাঙালীর কর্মকৃতির উৎস এবং ধর্ম-কর্ম-নর্মভূমি। একদিকে সুউচ্চ পর্বত, দুইদিকে কঠিন শৈলভূমি আর একদিকে বিস্তীর্ণ সমুদ্র; মাঝখানে সমভূমির সাম্য-- ইহাই বাঙালীর ভৌগোলিক ভাগ্য।(রায়, নীহাররঞ্জন, বাঙ্গালীর ইতিহাস, আদিপর্ব, ৮ম সংস্করণ, ISBN 81-7079-270-3 পৃষ্ঠা-৭০)

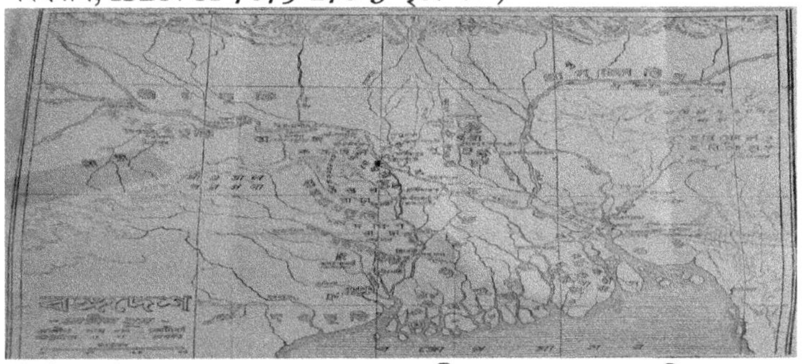

অসিতকুমার বন্দ্যোপাধ্যায় প্রদত্ত প্রাচীন বঙ্গদেশের মানচিত্র (বাংলা সাহিত্যের ইতিবৃত্ত- প্রথমখন্ড)

সাধারণত বাংলায় যারা বসবাস করে, জন্মসূত্রে যারা বাংলা ভাষায় কথা বলে তাদের বাঙালী বলা হয়। গোপাল হালদার তাঁর 'বাঙলা সাহিত্যের রূপরেখা' গ্রন্থে (হালদার, গোপাল, বাঙলা সাহিত্যের রূপরেখা, প্রথম খণ্ড, ৬ নম্বর পাতায়) বলেছেন—"বাঙলা যাঁর আশৈশব নিজস্ব ভাষা তিনিই বাঙালী।" বাঙালীজাতি কি স্বয়ংসিদ্ধ? আজ বাঙালীরা যে ভাষায় কথা বলে, জন্মলগ্নে বাংলাভাষা কি এই রকমই ছিল? নাকি কোন বিবর্তনের মধ্য দিয়ে বর্তমানের রূপ ধারণ করেছে?

3.0 গবেষণা পদ্ধতি

বাংলাভাষায় আবিষ্কৃত প্রাচীন ও মধ্যযুগের সকল লিখিত নিদর্শন তুলনামূলক দৃষ্টিতে পর্যালোচনা করে এই সকল প্রশ্নগুলির উত্তর প্রতিষ্ঠা করার চেষ্টা করবো যাতে বাংলাভাষার ভাষাতাত্ত্বিক ও রূপতাত্ত্বিক বিবর্তন পাঠকের কাছে স্পষ্ট হয়।

4.0 তথ্য সংগ্রহ ও বিশ্লেষণ

বাঙালী জাতি স্বয়ংসিদ্ধ নয়। আসলে বাঙালী জাতি হল একটি সংকরজাতি। অতি প্রাচীনকালে প্রস্তরযুগে বঙ্গদেশে নেগ্রিটো নামক আদিম জনজাতি

বসবাস করতো। তারপর ইন্দোচীন থেকে আসাম হয়ে অস্ট্রিকজাতি বাংলাদেশে প্রবেশ করে। এরা ছিল অনুন্নত তবে কৃষিকাজ জানতো। এদের ব্যবহৃত অনেক শব্দ বাংলাভাষায় এসেছে – 'চোঙা', 'চোয়াল', 'পেজ', 'খামার', 'প্রসার', 'পাগল' ইত্যাদি। অস্ট্রিকজাতির উত্তরসূরী হল সাঁওতাল, কোল, ভিল, মুন্ডা প্রভৃতি আদিবাসী। এরপর ভারতে আসে দ্রাবিড় ভাষাগোষ্ঠীর মানুষ। ইরাক ইরান থেকে ভারতের উত্তর-পশ্চিম দিক দিয়ে প্রবেশ করে। অস্ট্রিকজাতির চেয়ে এরা সভ্য এবং উন্নত ছিল। ক্রমে এরা পূর্ব-ভারতে ছড়িয়ে পড়ে ও অস্ট্রিকজাতি ও দ্রাবিড়জাতির সংমিশ্রণ শুরু হয়। এই কারণেই বাংলা ভাষায় অনেক দ্রাবিড় ভাষার শব্দ ঢুকে পড়েছে – 'ছোলা', 'গন্ডগোল', 'খোকাখুকি' ইত্যাদি। এছাড়াও বাংলার উত্তর ও উত্তর-পূর্ব প্রান্তে ভোটচীনীয়জাতির সাথে বাঙালীজাতির সংমিশ্রণ ঘটে। সর্বশেষে ভারতে প্রবেশ করে আর্যজাতি। এরা রাশিয়ার উড়াল পর্বতের দক্ষিণ-পশ্চিম পাদদেশে বা দক্ষিণ-পশ্চিমের কিরখিজ তৃণভূমিতে বসবাস করতো। আনুমানিক ১৫০০ খ্রিস্টপূর্বাব্দে উত্তর-পশ্চিমদিক থেকে আর্যরা ভারতে প্রবেশ করে ও আর্য সভ্যতার বিকাশ ঘটায়। ক্রমে এরা মগধ, অঙ্গ, মিথিলা, কলিঙ্গ, রাঢ় ও বঙ্গ প্রভৃতি পূর্ব-ভারতের বিস্তীর্ণ অঞ্চলে ছড়িয়ে পড়ে। বঙ্গদেশ ছিল অরণ্য, জঙ্গলময় একটি জায়গা। আর্যরা এই জায়গায় বসবাস করা মানুষদের ছোট চোখে দেখতো। যদি কেউ এখানকার মানুষের সাথে মেলামেশা করতো তবে সে আর্য সমাজে ব্রাত্য বলে গণ্য হতো। তবে পরবর্তীকালে ধীরে ধীরে প্রায় হাজার বছর ধরে আর্যদের সাথে অনার্যদের সংমিশ্রণ ঘটে এবং জন্ম লাভ করে বাঙালীজাতি। অর্থাৎ বাঙালীজাতি হল নেগ্রিটো, অস্ট্রিক, দ্রাবিড়, ভোটচীনীয় ও আর্যজাতির সংমিশ্রণ।

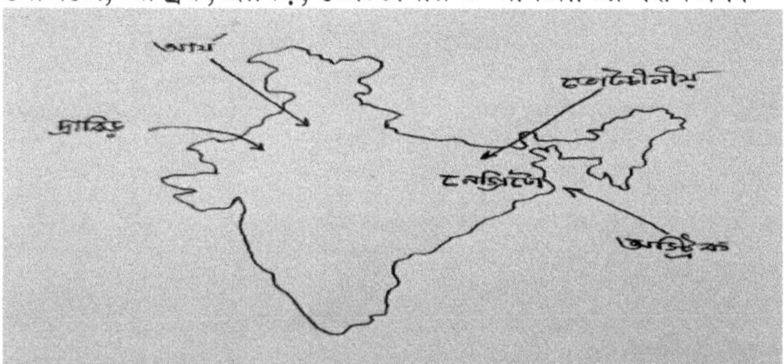

বাঙালীজাতি = নেগ্রিটো + অস্ট্রিক + দ্রাবিড় + আর্য + ভোটচীনীয়

সারা পৃথিবীতে হাজার হাজার ভাষা প্রচলিত আছে যাতে মানুষ নিজের মনের ভাব প্রকাশ করে। এই অসংখ্য ভাষাগুলিকে সাদৃশ্য ও ভাষাতাত্ত্বিক বিশ্লেষণের ভিত্তিতে কয়েকটি মূল ভাষাবংশে বিভক্ত করা হয়। ১) ইন্দো-ইউরোপীয় বা আর্য ভাষাবংশ ২) সেমীয়-হামীয় ৩) বান্টু ৪) ফিন্নো-উগ্রীয় ৫) তুর্ক-মঙ্গল-মধুঃ ৬) ককেশীয় ৭) অস্ট্রিক ৮) দ্রাবিড় ৯) ভোটচীনীয় ১০) উত্তর-পূর্ব সীমান্তীয় ১১) এসকিমো ১২) আমেরিকার আদিম ভাষাসমূহ।

এই ভাষাবংশগুলির মধ্যে ইন্দো-ইউরোপীয় ভাষাবংশ অত্যন্ত গুরুত্বপূর্ণ কারণ এই ভাষাবংশের ভাষা পৃথিবীর বিভিন্ন মহাদেশে প্রাচীনকাল থেকে আজও জীবন্ত ও সমৃদ্ধ। এখনও পর্যন্ত যে সকল প্রাচীন লিখিত নিদর্শন সংগ্রহ করা হয়েছে তার মধ্যে সর্বপ্রাচীন নিদর্শনগুলি এই ভাষাবংশের ভাষায় রচিত।

ইন্দো-ইউরোপীয় ভাষাভাষীর জনগোষ্ঠী রাশিয়ার উড়াল পর্বতের পাদদেশে বসবাস করতো। আনুমানিক ২৫০০ খ্রিস্টপূর্বাব্দের পরে এরা পৃথিবীর বিভিন্ন প্রান্তে ছড়িয়ে পড়ে। এর ফলে আর্যভাষায় আঞ্চলিক পার্থক্য তৈরি হয়। ধীরে ধীরে ইন্দো-ইউরোপীয় বা আর্যভাষার দশটি শাখার জন্ম হয়। ১) ইন্দো-ইরানীয় ২) বাল্‌তো-স্লাবিক ৩) আর্মেনীয় ৪) আল্‌বানীয় ৫) গ্রীক ৬) ইতালিক বা লাতিন ৭) টিউটনিক বা জার্মানিক ৮) কেল্‌তিক্ ৯) তোখারীয় ১০) হিত্তীয়।

এই দশটি শাখার মধ্যে ইন্দো-ইরানীয় আর্য শাখাটি থেকে দুটি উপশাখার জন্ম হয় ক) ইরানীয় আর্যঃ যেটি ইরানে প্রবেশ করে। এই ভাষার নিদর্শন 'জেন্দাবেস্তা'য় পাওয়া যায়। খ) ভারতীয় আর্যঃ আনুমানিক ১৫০০ খ্রিস্টপূর্বাব্দে ভারতের উত্তর-পশ্চিম দিক থেকে আর্য জনগোষ্ঠী ভারতে প্রবেশ করে। আর্য ভাষাগোষ্ঠীর মানুষেরা ভারতে প্রবেশ করার প্রায় ২৪০০-২৫০০ বছর পর নানা বিবর্তনের স্তর পেরিয়ে বাংলাভাষার তথা আধুনিক অন্যান্য ভাষার জন্ম হয়। ভারতে প্রবেশ করার পর ভারতীয় আর্যভাষায় তিনটি প্রধান বিবর্তনের স্তর লক্ষ্য করা গেছে।

১) প্রাচীন ভারতীয় আর্যভাষাঃ (আনুমানিক ১৫০০ খ্রিস্টপূর্বাব্দ থেকে ৬০০ খ্রিস্টপূর্বাব্দ পর্যন্ত) এ যুগে নিদর্শন ঋগ্বেদ।

২) মধ্য ভারতীয় আর্যভাষাঃ (আনুমানিক ৬০০ খ্রিস্টপূর্বাব্দ থেকে ৯০০ খ্রিস্টাব্দ পর্যন্ত) এ যুগের নিদর্শন অশোকের শিলালিপি।

৩) নব্য ভারতীয় আর্যভাষাঃ (আনুমানিক ৯০০ খ্রিস্টাব্দ থেকে বর্তমান কাল পর্যন্ত) নব্য ভারতীয় আর্যভাষাগুলি হল বাংলা, অসমিয়া, ওড়িয়া, হিন্দী, পাঞ্জাবী, মারাঠী ইত্যাদি।

প্রাচীন ভারতীয় আর্যভাষা আর্য জনগোষ্ঠীর মধ্যে সাহিত্যিক ও কথ্য দুইটি রূপে প্রচলিত ছিল। ক্রমে কথ্য ভাষার চারটি আঞ্চলিক রূপভেদ তৈরি হয় – প্রাচ্য, উদীচ্য, মধ্যদেশীয় ও দাক্ষিণাত্য। এই কথ্যভাষাগুলি লোকমুখে প্রচলিত ছিল বলে নানা বিবর্তন সংঘটিত হয়েছিল। সাহিত্যিক ভাষার বিবর্তন হত না। বিবর্তন হত কথ্যভাষার। প্রাচীন ভারতীয় আর্যভাষার কথ্যরূপ প্রায় ৪০০ বছর লোকমুখে বিবর্তনের মধ্য দিয়ে মধ্য ভারতীয় আর্যভাষায় পদার্পণ করে। মধ্য ভারতীয় আর্যভাষার কথ্যরূপ প্রায় ১৫০০ বছরের বিবর্তনের চারটি স্তর পেড়িয়ে নব্য ভারতীয় আর্যভাষায় উত্তীর্ণ হয়।

প্রথম স্তরেঃ প্রাচ্য থেকে প্রাচ্যা প্রাকৃত ও প্রাচ্য-মধ্যা প্রাকৃত, উদীচ্য থেকে উত্তর-পশ্চিমা প্রাকৃত, মধ্যদেশীয় ও দাক্ষিণাত্য থেকে পশ্চিমা বা দক্ষিণ-পশ্চিমা প্রাকৃতের জন্ম হয় (আনুমানিক ৬০০ খ্রিস্টপূর্বাব্দ থেকে ১০০ খ্রিস্টাব্দের মধ্যবর্তী সময়ে)।

দ্বিতীয় স্তরেঃ প্রাচ্যা প্রাকৃত থেকে মাগধী, প্রাচ্য-মধ্যা প্রাকৃত থেকে অর্ধমাগধী, উত্তর-পশ্চিমা প্রাকৃত থেকে পৈশাচী, পশ্চিমা বা দক্ষিণ-পশ্চিমা থেকে শৌরসেনী ও মহারাষ্ট্রী প্রাকৃতের জন্ম হয় (আনুমানিক ১০০ খ্রিস্টাব্দ থেকে ৫০০ খ্রিস্টাব্দের মধ্যবর্তী সময়ে)।

তৃতীয় স্তরেঃ মাগধী প্রাকৃত থেকে মাগধী অপভ্রংশ প্রাকৃত, অর্ধমাগধী প্রাকৃত থেকে অর্ধমাগধী অপভ্রংশ প্রাকৃত, পৈশাচী প্রাকৃত থেকে পৈশাচী অপভ্রংশ প্রাকৃত, শৌরসেনী প্রাকৃত থেকে শৌরসেনী অপভ্রংশ প্রাকৃত ও মহারাষ্ট্রী প্রাকৃত থেকে মহারাষ্ট্রী অপভ্রংশ প্রাকৃতের জন্ম হয় (আনুমানিক ৫০০ খ্রিস্টাব্দ থেকে ৭০০ খ্রিস্টাব্দের মধ্যবর্তী সময়ে)।

চতুর্থ স্তরেঃ মাগধী অপভ্রংশ থেকে মাগধী অপভ্রংশ অবহট্ঠ, অর্ধমাগধী অপভ্রংশ থেকে অর্ধমাগধী অপভ্রংশ অবহট্ঠ, পৈশাচী অপভ্রংশ থেকে পৈশাচী অপভ্রংশ অবহট্ঠ, শৌরসেনী অপভ্রংশ থেকে শৌরসেনী অপভ্রংশ অবহট্ঠ এবং মহারাষ্ট্রী অপভ্রংশ থেকে মহারাষ্ট্রী অপভ্রংশ অবহট্ঠ প্রাকৃতের জন্ম হয় (আনুমানিক ৭০০ খ্রিস্টাব্দ থেকে ৯০০ খ্রিস্টাব্দের মধ্যবর্তী সময়ে)।

মাগধী অপভ্রংশ অবহট্ঠ ভাষা লোকমুখে ব্যবহৃত হবার পর যখন বিস্তার ঘটে তখন তার দুটি উপ-বিভাগের জন্ম হয় -- পশ্চিমা ও পূর্ব শাখা।

পূর্বী শাখার দুটি উপশাখার জন্ম হয় – বঙ্গ-অসমীয়া ও ওড়িয়া। বঙ্গ-অসমীয়া শাখা থেকেই আনুমানিক দশম থেকে দ্বাদশ শতকের মধ্যবর্তী সময়কালে বাংলাভাষার জন্ম হয়।

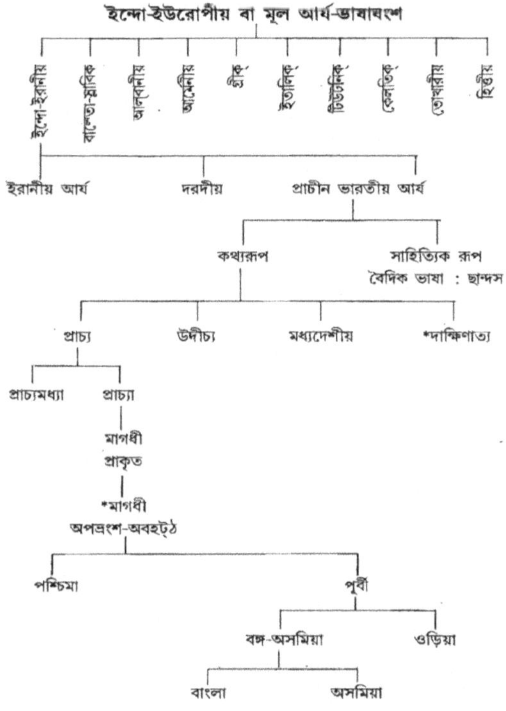

(সাধারণ ভাষাবিজ্ঞান ও বাংলা ভাষা – ড. রামেশ্বর শ', চিত্র নম্বর ৫৫, পৃষ্ঠা - ৬২২)

একটি বিশাল জনগোষ্ঠী যখন একটি নির্দিষ্ট ভাষায় কথা বলে তখন কালের অন্তরে বিশেষ কিছু কারণে সেই কথ্যভাষায় বিবর্তন সংঘটিত হয়। সে বিবর্তন ভাষার উচ্চারণ বা গঠনে হতে পারে অথবা ভাষার অর্থ বা ভাবে হতে পারে।

ভৌগোলিক অবস্থান একটি ভাষার বিবর্তনে প্রভাব বিস্তার করে। জটিল আবহাওয়া, পাহাড়, পর্বত, মরুভূমি ও প্রাকৃতিক স্নিগ্ধতা ভাষায় রুক্ষতা ও কোমলতা প্রদান করে। যে অঞ্চলের ভৌগোলিক পরিবেশ অত্যন্ত রুক্ষ, জীবনযাত্রা অত্যন্ত কঠিন সেখানে ভাষায় কর্কশতা থাকে আবার যে অঞ্চলের ভৌগোলিক পরিবেশ মনোরম শস্য-শ্যামলায় পরিপূর্ণ সে অঞ্চলের মানুষের মুখের ভাষা অত্যন্ত মধুর। সাংস্কৃতিক পরিবেশ ভাষার পরিবর্তনে প্রভাব ফেলে। শিক্ষিত ও অশিক্ষিত মানুষের মুখের উচ্চারণ বিভিন্ন রকম হয়। আবার গ্রাম্য মানুষের মুখের ভাষা ও শহরাঞ্চলের মানুষের মুখের ভাষার পার্থক্য লক্ষ্য করা যায়। উচ্চারণের ত্রুটি আরামপ্রিয়তা ও অসাবধানতার ফলেও ভাষার বিবর্তন হতে পারে। কোন একটি শব্দ ভুল উচ্চারণের ফলে জনসমাজে ভুল ভাবেই প্রচলিত হতে পারে।

একটি ভাষা যখন একটি বিশাল ভূখণ্ডে প্রচলিত থাকে তখন প্রান্তীয় এলাকার জনসাধারণ পার্শ্ববর্তী ভিন্ন ভাষাভাষী জনসাধারণের সাথে মেলামেশার কারণে ওই প্রান্তীয় এলাকায় পার্শ্ববর্তী ভাষার প্রভাব পড়ে এবং মূল ভূখণ্ডের ভাষার সাথে কিঞ্চিৎ পার্থক্য তৈরি করে। এর ফলে কালক্রমে প্রান্তীয় এলাকার জনসাধারণের ভাষায় পার্থক্য তৈরি হয়। সেই পার্থক্য যদি অনেক বেশি হয়ে যায় তবে তা এক নতুন ভাষা শাখার জন্ম দেয়।

বাংলা ভাষার বয়স হাজার বছরেরও বেশি। এই দীর্ঘ সময়ের পথ চলায় বাংলাভাষাও বিবর্তনের বিভিন্ন অনুষঙ্গের দ্বারা আঘাতপ্রাপ্ত। ভাষাবিদেরা বাংলা ভাষার জন্মলগ্ন থেকে আজ পর্যন্ত এই দীর্ঘ হাজার বছরেরও বেশি সময়কালকে তিনটি বিভাগে বিভক্ত করেছেন।

প্রাচীন বাংলাভাষাঃ আনুমানিক দশম থেকে ত্রয়োদশ শতকের মাঝামাঝি সময়কাল হল প্রাচীন বাংলা ভাষার বিস্তার। এই সময়ের সাহিত্যিক নিদর্শন হলো চর্যাপদ।

মধ্য বাংলাভাষাঃ মধ্য বাংলা ভাষার বিস্তার অনেক বেশি প্রায় চারশো বছরের। এই স্তরকে দুটি উপবিভাগে বিভক্ত করা হয় – আদি-মধ্য বাংলাভাষাঃ এই যুগের সাহিত্যিক নিদর্শন বড় চণ্ডীদাসের শ্রীকৃষ্ণকীর্তন।

অন্ত-মধ্য বাংলাভাষাঃ মধ্য বাংলাভাষার শেষের স্তর। এই যুগের সাহিত্যিক নিদর্শন হলো বৈষ্ণব পদাবলী, মঙ্গলকাব্য, রামায়ণ-মহাভারত-ভাগবতের অনুবাদ, চৈতন্যজীবনী সাহিত্য, শাক্ত পদাবলী প্রভৃতি।

নব্য বাংলাভাষাঃ অন্ত-মধ্য বাংলাভাষার পর থেকে বর্তমান কাল পর্যন্ত বাংলা ভাষা।

5.0 ফলাফল ও ব্যাখ্যা

একটি বিশাল ভূখণ্ডে যখন বহু মানুষ একটি ভাষায় ভাব বিনিময় করে তখন সেই ভাষায় সময়ের অন্তরে ভাষাতাত্ত্বিক ও রূপতাত্ত্বিক বিভিন্ন পরিবর্তন সংঘটিত হয়। বাংলা ভাষায়ও এই পরিবর্তন লক্ষ্য করা গেছে।

প্রাচীন ভারতীয় আর্যভাষায় বিষমব্যঞ্জন মিলে যুক্তব্যঞ্জনের প্রয়োগ লক্ষ্য করা গেছে। মধ্যভারতীয় আর্যভাষায় সেই বিষমব্যঞ্জন সমব্যঞ্জনে পরিণত হয়েছে। প্রাচীন বাংলায় সেই যুগ্মব্যঞ্জনের একটি লোপ পেয়েছে এবং ক্ষতিপূরণ স্বরূপ পূর্ববর্তী স্বরধ্বনি দীর্ঘ হয়েছে।

"উঁঞ্চা উঁঞ্চা পাবত তঁহি বসই সবরী বালী। মোরঙ্গি পীচ্ছ পরহিণ সবরী গিবত গুঞ্জরি মালী।।"(২৮ সংখ্যক চর্যাপদ)

এই 'পর্বত' শব্দটির মধ্যে যুক্তব্যঞ্জনের একটি লোপ পেয়েছে ও পূর্ববর্তী স্বরধ্বনি দীর্ঘ হয়েছে। 'পর্বত' থেকে 'পব্বত', 'পব্বত' থেকে 'পাবত' হয়েছে। 'পাবত' শব্দ প্রাচীন বাংলায় প্রয়োগ হয়েছে। এই 'পর্বত' শব্দটি পরবর্তী বাংলা ভাষায় কিভাবে ব্যবহৃত হয়েছে সেটা দেখে নেওয়া যাক --

"কনকচম্পক সম শোভে কলেবরা। মাঝা দেখি সিংহ গেলা পর্ব্বতকুহরা।।" (শ্রীকৃষ্ণকীর্তন, দানখন্ড, ৭৩ সংখ্যক গান)।

"সুন্দরি স্বরূপেঁ শুন বজর কত পরমান তার ঘাএঁ পরবত চূরে।।"(শ্রীকৃষ্ণকীর্তন, দানখন্ড, ৯০ সংখ্যক গান)

"পর্ব্বত প্রমাণ চাহি তিল রাশি রাশি। তিরাশী লক্ষ বিল্বদল ঘৃতের কলসি।।" (আদিখন্ড ১০৫ পৃষ্ঠা রামায়ণ কৃত্তিবাস বিরচিত, আদিখন্ড, ১০৫ পৃষ্ঠা, সম্পাদনা ও ভূমিকা সুখময় মুখোপাধ্যায়, তৃতীয় সংস্করণ)

"ভৈরব পর্বতে ওষ্ঠ পড়ে চক্রঘায়। নম্রকর্ণ ভৈরব অবন্তী দেবী তায়।।" (ভারতচন্দ্রের অন্নদামঙ্গলঃ কবি ও কাব্য, সম্পাদনায় ড. দেবেশকুমার আচার্য, পীঠমালা অংশ, পৃষ্ঠা-১৫)

চলিলেন নীলাচলে হয়ে দণ্ডবৎ। কত দূরে এড়াইয়া চড়িয়া পর্ব্বত।।" (ভারতচন্দ্রের অন্নদামঙ্গলঃ কবি ও কাব্য, সম্পাদনায় ড. দেবেশকুমার আচার্য, মানসিংহের দিল্লিতে উপস্থিতি অংশ, পৃষ্ঠা-৮৮)

প্রাচীন বাংলায় পাশাপাশি অবস্থিত একের বেশি স্বরধ্বনি মিশে একটি স্বরধ্বনিতে পরিণত হয়নি। আলাদাভাবেই বজায় ছিল।যেমন-

'উআস', 'ভণই' (৭ নং চর্যাপদ)। আদি-মধ্য বাংলাভাষায় অবস্থিত পাশাপাশি একের বেশি স্বরধ্বনি বজায় ছিল তবে কিছু কিছু ক্ষেত্রে দ্বিতীয় স্বর ক্ষীন হয়ে গেছে।যেমন- 'মোএঁ', 'দিআঁ' (শ্রীকৃষ্ণকীর্তন, নৌকাখন্ড, ১৬৩ নং গান)। অন্ত-মধ্য বাংলায় পাশাপাশি একাধিক স্বরধ্বনির আলাদাভাবেই অবস্থান খুব কম, পূর্ববর্তী বা পরবর্তী ব্যঞ্জনধ্বনির সঙ্গে একটি স্বরধ্বনি সংযুক্ত হয়ে গেল। যেমন- 'লইবারে', 'হইবেক' (আদিখন্ড, শ্রী বৃন্দাবন দাস ঠাকুর বিরোচিত শ্রীচৈতন্যভাগবত, সত্যানন্দ বসু সম্পাদিত, পৃষ্ঠা-১০৯)।

প্রাচীন বাংলাভাষায় পদান্তে স্বরধ্বনি রক্ষিত হতো ও স্পষ্ট উচ্চারিত হতো।যেমন- 'বসই', 'গরুআ'(২৮ নং চর্যাপদ)। আদি-মধ্য বাংলাভাষায়ও পদান্তে স্বরধ্বনি রক্ষিত হতো ও স্পষ্ট উচ্চারিত হতো।যেমন- 'জাএ', 'ইছাই', 'জীউ', 'রহিএ'(শ্রীকৃষ্ণকীর্তন, জন্মখন্ড, ৪৩ নং গান)। অন্ত-মধ্য বাংলায় পদান্তে অবস্থিত স্বরধ্বনি পূর্ববর্তী ব্যঞ্জনধ্বনির সাথে যুক্ত হয়ে গেছে। যেখানে রক্ষিত হয়েছে সেখানে উচ্চারণ ক্ষীণ হয়েছে।যেমন- 'মহীপতি', 'দেশে', 'ভাই', 'পাই' (কলিঙ্গরাজের প্রতি স্বপ্নাদেশ, কবিকঙ্কণ মুকুন্দরামের চণ্ডীমঙ্গল, সম্পাদনায় সৌমেন্দ্রনাথ সরকার, পৃষ্ঠা-৪০, ৪১)।

প্রাচীন বাংলায় শব্দ অন্তর্গত দুইটি স্বরধ্বনির মাঝে অনেক সময় য়-ধ্বনি শ্রুতিধ্বনি হিসেবে উচ্চারিত হতো তবে এই প্রবণতা অনেক কম ছিল। যেমন- য়-শ্রুতিধ্বনির আগমন হয়েছে-- 'নিয়ড্ডী'(৫ নং চর্যাপদ), 'নিয়ড়ী'(৭ নম্বর চর্যাপদ)। কিন্তু য়-শ্রুতিধ্বনি আগম হয়নি এমনও দৃষ্টান্ত রয়েছে।যেমন- 'হিঅহি' (৭ নং চর্যাপদ)। আদি-মধ্য বাংলাভাষায়ও এই একই প্রবণতা দেখা যায়।যেমন- 'হয়িআঁ' (১৫৫ নং গান, শ্রীকৃষ্ণকীর্তন), 'গয়িতেঁ' (১৫৪ নং গান, শ্রীকৃষ্ণকীর্তন)। য়-শ্রুতি হয়নি -- 'হআঁ', 'চাহিআঁ' (১৫৫ নং গান, শ্রীকৃষ্ণকীর্তন)। অন্তমধ্য বাংলাতেও য়-শ্রুতিধ্বনি স্বরধ্বনির মধ্যে এসেছে। যেমন- 'ভণয়ে' (শাক্ত পদাবলীর রূপরেখা, ড. হীরেন চট্টোপাধ্যায়, পৃষ্ঠা-১১৯)।

প্রাচীন বাংলায় নাসিক্যধ্বনি কোন কোন ক্ষেত্রে লোপ পেল ও ক্ষতিপূরণ স্বরূপ পূর্ববর্তী স্বরধ্বনি আনুনাসিক হয়ে গেল। কিন্তু কোন কোন ক্ষেত্রে নাসিক্য ধ্বনি লোপ পায়নি।যেমন- 'উঁচা উঁচা' (২৮ নং চর্যাপদ, হরপ্রসাদ শাস্ত্রী সম্পাদিত)। আদি-মধ্য বাংলা ভাষায়ও কোথাও কোথাও নাসিক্যব্যঞ্জন লোপ পেয়েছে এবং পূর্ববর্তী স্বরধ্বনি আনুনাসিক হয়েছে ও দীর্ঘ হয়েছে। তবে এই বৈশিষ্ট্য ব্যাপকভাবে লক্ষিত হয়নি।যেমন- 'পাঁজী' (৪৬ নং গান, দানখন্ড, শ্রীকৃষ্ণকীর্তন), 'পাঁচ' (অযোধ্যাকান্ড রামায়ণ,

কৃত্তিবাস ওঝা, সুখময় মুখোপাধ্যায় সম্পাদিত পৃষ্ঠা ১৬৫)। অন্ত-মধ্য বাংলাভাষায় স্বরধ্বনির মধ্যবর্তী নাসিক্যব্যঞ্জন লোপ পেয়েছে ও পূর্ববর্তী স্বরধ্বনি আনুনাসিক হয়েছে।যেমন- 'কাঁদে' (শাক্ত পদাবলীর রূপরেখা, ড. হীরেন চট্টোপাধ্যায়, পৃষ্ঠা-১১৮)।

প্রাচীন বাংলাভাষায় 'শ' ও 'স' উভয়েরই ব্যবহার লক্ষ্য করা যায়। 'শ' ও 'স'-এর ব্যবহার নির্দিষ্ট কোন নিয়ম মেনে হতো না। তবে চর্যাপদে 'শ'- এর চেয়ে 'স'-এর প্রয়োগ বেশি। ২৮ নং চর্যাপদে 'শবরো' ও 'সবরো' একই শব্দে একবার 'শ' ও একবার 'স' প্রয়োগ হয়েছে। আদি-মধ্য বাংলা ও অন্ত- মধ্য বাংলায় 'স' ও 'শ' উভয়ই নির্দিষ্ট জায়গায় ব্যবহার হয়েছে। তবে অন্ত মধ্য বাংলায় 'শ' প্রাধান্য পেতে শুরু করে।

প্রাচীন বাংলা, আদি-মধ্য বাংলা ও অন্ত-মধ্য বাংলা ভাষায় সর্বনাম এইভাবে ব্যবহার হতো।

প্রাচীন বাংলা- আম্ভে, আম্হে, মো, ম, হাউ, তুমহে, তু, তো, জ, স, জো, সো, জে, তে।

আদি-মধ্য বাংলা- আম্কি, তোম্কে, সন্কে মোএঁ, তোম্মারে, মোর, আম্মার, সে, তোর।

অন্ত-মধ্য বাংলা- আমি, আমরা, তুমি, তোমরা, সকলে, আপন, তার, সে, সব।

প্রাচীন বাংলাভাষায় অসমাপিকা ক্রিয়া গঠিত হতো 'ই', 'ইঅ', 'ইআ', প্রত্যয় যোগে।যেমন-"লুই ভণই গুরু পুচ্ছিঅ জাণ।" (১ নং চর্যাপদ- লুইপা)। আদি-মধ্য বাংলায় 'আঁ', 'এঁ', 'ই', 'ইআঁ', 'ক', 'ইতেঁ' ও 'ইলে' প্রত্যয় যোগে অসমাপিকা ক্রিয়া গঠিত হতো।যেমন- "হেন বর পাআঁ সব দেব গেলা বাসে।"(জন্মখন্ড, শ্রীকৃষ্ঞকীর্তন, বড়ু চন্দীদাস)। অন্ত-মধ্য বাংলায় 'ইয়া' ও 'য়' যোগে অসমাপিকা ক্রিয়া গঠিত হতো।যেমন-"সুরসভা সহিতে উঠিলা সুরপতি। চরণ ধরিয়া তার করেন প্রণতি।"(চণ্ডীমঙ্গল, মুকুন্দ চক্রবর্তী)। বিভক্তির বিবর্তন দেখে নেওয়া যাকঃ

কারক	প্রাচীন বাংলা	আদি-মধ্য বাংলা	অন্ত-মধ্য বাংলা
কর্তৃকারক	শূন্যবিভক্তি	শূন্যবিভক্তি, এ	শূন্যবিভক্তি, এ

মুখ্যকর্ম	বিভক্তিহীনতা	বিভক্তিহীনতা	বিভক্তিহীনতা
গৌণকর্ম ও সম্প্রদান	ক, কুঁ, রে, ও, শূন্যবিভক্তি	ক, এ, কে, রে	রে, এ
করণকারক	তে, তেঁ, এ, এঁ, সাঁ	এঁ	এ
অধিকরণকারক	ই, এ, হি, তে, ত	এ	এ, তে
সম্বন্ধপদ	র, ক	র, এর, ক, কের	র, এর
অপাদানকারক	হুঁ	হৈতেঁ অনুসর্গ	হইতে অনুসর্গ

প্রাচীন বাংলায় বর্তমানকালে ক্রিয়াপদের বিভক্তি হিসাবে ব্যবহৃত হতো – ‘মি’, ‘হুঁ’, ‘সি’, ‘হ’, ‘ই’, ‘ন্তি’, ‘অই’, ‘থি’।যেমন- “ছোই ছোই জাহ সো বাম্হ নাড়িয়া।”(১০ নং চর্যাপদ)। আদি-মধ্য বাংলায় ‘ওঁ’, ‘এ’, ‘ই’-এর ব্যবহার হতো।যেমন-“কন্যযুগ শোভে যেহু বরুণের জাল।”(শ্রীকৃষ্ণকীর্তন, বড়ু চণ্ডীদাস)। অন্ত-মধ্য বাংলায় ‘ই’, ‘এ’ ব্যবহৃত হয়।যেমন- “পাইক সকলে ডাকি তর্জ্জ করি কহে।”(চৈতন্যভাগবত, বৃন্দাবন দাস)।

প্রাচীন বাংলায় অতীতকালের ক্রিয়াপদের বিভক্তি হিসাবে ব্যবহৃত হতো ‘ল’, ‘ইঅ’, ‘ইআ’, ‘ঈ’, ‘ইউ’।যেমন-“ফাড্ডিঅ মেহতরু পাটি জড়িঅ।”(৫ নং চর্যাপদ)। আদি-মধ্য বাংলায় ব্যবহৃত হতো ‘লোঁ’, ‘ইল’। যেমন- “দেবের প্রসাদেঁ তবেঁ বসুল জানিল। নিন্দে আকুল গোকুলের লোক ভৈল।। ”(শ্রীকৃষ্ণকীর্তন, বড়ু চণ্ডীদাস)। অন্ত-মধ্য বাংলায় ব্যবহৃত হতো ‘ইলাম’, ‘ইল’, ‘ইলা’, ‘ইলেন’।যেমন- “বৃহস্পতি বসিলেন লয্যা পাঁজি পুঁথি। বিচার করিল শুভবার শুভতি থি।।”(চণ্ডীমঙ্গল, মুকুন্দ চক্রবর্তী)

প্রাচীন বাংলায় ভবিষ্যৎকালের ক্রিয়াপদের বিভক্তি ছিল ‘ইব’, ‘এঁবে’, ‘ইবে’।যেমন-“সদ্গুরু পাঅ পএঁ জাইব পুনু জিনেউরা।”(১৪ নং চর্যাপদ)।আদি-মধ্য বাংলায় ভবিষ্যতকালের বিভক্তি ছিল ‘ইব’, ‘ইবে’।যেমন- “তাহার হাতে হৈবে কংশাসুরের বিনাশে।”(শ্রীকৃষ্ণকীর্তন, বড়ু চণ্ডীদাস)।

অন্ত-মধ্য বাংলায় ভবিষ্যতকালের ক্রিয়াবিভক্তি ছিল 'ইব', 'ইবে', 'ইবেন'। যেমন- "গিরি এবার আমার উমা এলে, আর উমা পাঠাব না।"(শাক্ত পদাবলী, রামপ্রসাদ সেন)।

প্রাচীন বাংলা ভাষা মধ্য ও অন্ত-মধ্য বাংলা ভাষায় জিজ্ঞাসা চিহ্ন ও বিস্ময়বোধক চিহ্নের ব্যবহার নেই। প্রাচীন বাংলায় ও আদি-মধ্য বাংলায় 'জ' ও 'য', 'স' ও 'শ', 'ন' ও 'ণ'-এর নির্দিষ্ট কোন পার্থক্য ছিল না। যেকোনো জায়গায় দুটি ধ্বনি ব্যবহৃত হতো।

প্রাচীন বাংলাভাষার নিদর্শন চর্যাপদ কোন একজন ব্যক্তির দ্বারা রচিত হয়নি। অসংখ্য পদকর্তা চর্যাপদ রচনা করেছেন। মূলত বৌদ্ধ সহজিয়া সিদ্ধাচার্যরা তাদের গোপন তন্ত্রসাধনার গূঢ়তত্ত্ব সাধারণ জীবনের অনুষঙ্গের মাধ্যমে লিখে গেছেন। পদকর্তারা তাঁদের রচনায় ধর্মীয় রহস্য এমনভাবে বর্ণনা করেছেন যাতে তা সাধারণ মানুষ নিজ প্রচেষ্টায় বুঝতে না পারে।

মধ্য বাংলাভাষার সিংহভাগ নিদর্শন ধর্মীয় যা রামায়ণ-মহাভারত রাধা-কৃষ্ণ শাক্ত বিষয়কেন্দ্রীক। এগুলি লেখার উদ্দেশ্য নিজ দেবতা ও ধর্মের মহিমা বর্ণনা করা পৃষ্ঠপোষকের আদেশ অথবা নিজস্ব প্রতিভার প্রকাশ। ধর্মের গভীর কঠিন তত্ত্ব রূপকের মাধ্যমে প্রকাশ করার কোন অভিপ্রায় মধ্যযুগের কোন স্রষ্টার মধ্যেই দেখা যায়নি।

6.0 উপসংহার

ব্যাকরণের ঘেরাটোপের মধ্য দিয়ে নয়, লিখিত নিদর্শনগুলি দেখলেই অন্ততপক্ষে বাংলা ভাষার বিবর্তনের রূপটি আমরা রক্তমাংসের চোখে বুঝতে পারবো —

৯০০-১১০০ খ্রিস্টাব্দের মধ্যবর্তী সময়কার বাংলা ভাষার নিদর্শন

"কাআ তরুবর পঞ্চবি ডাল।
চঞ্চল চীএ পইঠো কাল।।
দিঢ় করিঅ মহাসুখ পরিমান।
লুই ভণই গুরু পুচ্ছিঅ জাণ।।" – চর্যাপদ, লুইপা

১৩০০-১৪০০ খ্রিস্টাব্দের মধ্যবর্তী সময়কার বাংলা ভাষার নিদর্শন

"সব দেবেঁ মেলি সভা পাতিল আকাশে।
কংসের কারণে হএ সৃষ্টির বিনাশে।।
ইহার মরণ হএ কমণ উপাএ।
সক্ষেই চিন্তিআঁ বুঝিল ব্রহ্মার ঠাএ।।" – শ্রীকৃষ্ণকীর্তন, বড়ু চণ্ডীদাস

১৪০০-১৪৫০ খ্রিস্টাব্দের মধ্যবর্তী সময়কার বাংলা ভাষার নিদর্শন

“আদ্য কান্ডে রামের জন্ম সীতাদেবীর বিয়া।
অযোধ্যাকান্ডে গেলা রাম রাজ্য হারাইয়া।।
রাজ্য হারাইলা রামচন্দ্র অযোধ্যাকান্ডে।
অরণ্য কান্ডে সীতা হরিয়া নিল দশমুন্ডে।।
কান্ডে কান্ডে পাইলেন রঘুনাথ অপচয়।
কিষ্কিন্ধ্যাকান্ডে মৈত্রলাভ কটক সঞ্চয়।।
সুন্দরকান্ডে সেতুবন্ধ কটক হইল পার।
লঙ্কাকান্ডে রাবণ মারিয়া সীতার উদ্ধার।।
দেশেতে আসিয়া রাজা হইলা উত্তরকান্ডে।
এই ক্রমে সাতকান্ড কৃত্তিবাস তুন্ডে।। ” – শ্রীরামপাঁচালী, কৃত্তিবাস
ওঝা

“বহুদিন পরে বঁধুয়া এলে।
দেখা না হইতে পরাণ গেলে।।
এতেক সহিল অবলা ব’লে।
ফাটিয়া যাইতে পাষাণ হ’লে।।” – বৈষ্ণব পদাবলী, চন্ডীদাস

১৫০০-১৬০০ খ্রিস্টাব্দের মধ্যবর্তী সময়কার বাংলা ভাষার নিদর্শন

“মন্দিরে বাহির কঠিন কপাট।
চলইতে শঙ্কিল পঙ্কিল বাট।।
তহিঁ অতি দূরতর বাদর দোল।
বারি কি বারই নীল নিচোল।।” – বৈষ্ণব পদাবলী, গোবিন্দ দাস

“আদ্যের শ্রীকৃষ্ণচৈতন্য-প্রিয়-গোষ্ঠীর চরণে।
অশেষ-প্রকারে মোর দন্ড-পরণামে।।
তবে বন্দোঁ শ্রীকৃষ্ণচৈতন্য মহেশ্বর।
নবদ্বীপে অবতার নাম বিশ্বম্ভর।।
আমার ভক্তের পূজা আমা হৈতে বড়।
সেই প্রভু বেদে ভাগবতে কৈলা দৃঢ়।।” – শ্রীচৈতন্যভাগবত, বৃন্দাবন
দাস

"অনুমতি দেহ হর যাইব বাপের ঘর
      যজ্ঞমহোৎসব দেখিবারে।
ত্রিভুবন যত বৈসে চলিল বাপের বাসে
      তনয়া কেমনে প্রাণ ধরে।।" – অভয়ামঙ্গল, মুকুন্দ চক্রবর্তী

১৬০০-১৭০০ খ্রিস্টাব্দের মধ্যবর্তী সময়কার বাংলা ভাষার নিদর্শন

"অনুপম মুখ তার জিনি শরদিন্দু।
ঝলমল কুন্তল কমল-প্রিয়বন্ধু।।
সম্পূর্ণ মিহির জিনি অধর-রঙ্গিমা।
ভ্রূভঙ্গ অঙ্গন চাপ জিনিয়া ভঙ্গিমা।।" – ভারতপাঁচালী, কাশীরাম দাস

১৭০০-১৭৬০ খ্রিস্টাব্দের মধ্যবর্তী সময়কার বাংলা ভাষার নিদর্শন

"এ কি মায়া এ কি মায়া কর মহামায়া।
সংসারে যে কিছু দেখি তব মায়াচ্ছায়া।।
নিগম আগমে তুমি নিরুপমকায়া।
ত্রিগুণ-জননী পুনঃ ত্রিদেবের জায়া।।" – অন্নদামঙ্গল, ভারতচন্দ্র রায়

"গিরি, এবার আমার উমা এলে, আর উমা পাঠাব না।
বলে বলবে লোকে মন্দ, কারো কথা শুনবো না।
যদি এসে মৃত্যুঞ্জয়, উমা নেবার কথা কয় –
এবার মায়ে-ঝিয়ে করবো ঝগড়া, জামাই বলে মানব না।" – শাক্ত
পদাবলী, রামপ্রসাদ সেন

7.0 গ্রন্থপঞ্জি

১) শ', রামেশ্বর, সাধারণ ভাষাবিজ্ঞান ও বাংলা ভাষা, (তৃতীয় সংস্করণ-১৪০৩), পুস্তক বিপণি, ISBN- 81-85471-12-6
২) বন্দ্যোপাধ্যায়, অসিতকুমার, বাংলা সাহিত্যের ইতিবৃত্ত, প্রথম খন্ড, (পঞ্চম সংস্করণ-১৯৯৫), মডার্ণ বুক এজেন্সী প্রাইভেট লিমিটেড
৩) সেন, সুকুমার, বাঙ্গালা সাহিত্যের ইতিহাস, প্রথম খন্ড, (ষষ্ঠ সংস্করণ-১৯৭৮), আনন্দ পাবলিশার্স, ISBN- 81-7066-966-9
৪) সেন, সুকুমার, বাঙ্গালা সাহিত্যের ইতিহাস, দ্বিতীয় খন্ড, (দশম মুদ্রণ-১৪১৮), আনন্দ পাবলিশার্স, ISBN- 81-7215-025-3

৫) সেন, সুকুমার, ভাষার ইতিবৃত্ত, (দ্বাদশ মুদ্রণ-২০০৯), আনন্দ পাবলিশার্স, ISBN- 81-7215-123-3

৬) আলি, রমজান, ভাষার ইতিহাস ও আধুনিক ভাষাতত্ত্ব, (১৪১০), SAD-U —TAN-U PROKASANI, ISBN- 81-88391-14-X

৭) গোস্বামী, ড. কৃষ্ণপদ, বাংলা ভাষাতত্ত্বের ইতিহাস, (২০০১), করুণা প্রকাশনী

৮) হালদার, গোপাল, বাঙলা সাহিত্যের রূপ-রেখা, প্রথম খণ্ডঃ প্রাচীন ও মধ্যযুগ, (ষষ্ঠ মুদ্রণ-১৪১৯), অরুণা প্রকাশনী

৯) চট্টোপাধ্যায়, হীরেন, ভাষাতত্ত্ব ও বাংলা ভাষার ইতিহাস, (শোভন সংস্করণ-১৯৯৩), এস্ ব্যানার্জি এন্ড কোং

১০) দাশ, ড. নির্মল, চর্যাগীতি পরিক্রমা, (২০১৪), দে'জ পাবলিশিং, ISBN- 978-81-295-1600-8

১১) ভট্টাচার্য, অমিত্রসূদন, বড়ু চণ্ডীদাসের শ্রীকৃষ্ণকীর্তন সমগ্র, (ষোড়শ সংস্করণ-২০১৬), দে'জ পাবলিশিং, ISBN- 978-81-295-1844-6

১২) ভট্টাচার্য, শ্রী আশুতোষ, বাংলা মঙ্গলকাব্যের ইতিহাস, (অষ্টম সংস্করণ-১৯৯৮), এ. মুখার্জী অ্যান্ড কোং প্রাঃ লিঃ

১৩) মুখোপাধ্যায়, সুখময়, রামায়ণ। কৃত্তিবাস-বিরচিত, (২০১৯), ভারবি, ISBN- 81-86134-11-5

১৪) সরকার, সৌমেন্দ্রনাথ, কবিকঙ্কণ মুকুন্দরামের চণ্ডীমঙ্গল, আক্ষটি খণ্ড, (২০১৩), গ্রন্থবিকাশ

১৫) বসু, শ্রী সত্যেন্দ্রনাথ, শ্রীল বৃন্দাবন দাসঠাকুর বিরচিত, (১৯৮১), দেব সাহিত্য কুঠির

১৬) গিরি, ড. সত্য, বৈষ্ণব পদাবলী, (১৯৯২), দে'জ পাবলিশিং

১৭) আচার্য, ড. দেবেশকুমার, ভারতচন্দ্রের অন্নদামঙ্গলঃ কবি ও কাব্য, (তৃতীয় সংস্করণ-২০০৫), সাহিত্য সঙ্গী

১৮) চট্টোপাধ্যায়, ড. হীরেন, শাক্ত পদাবলীর রূপরেখা, (১৪১৩), এস্ ব্যানার্জী এণ্ড কোং

৪.০ গবেষক পরিচিতি

পঙ্কজ বিশ্বাস, হুগলী জেলায় বসবাস, বর্ধমান বিশ্ববিদ্যালয় থেকে বাংলা নিয়ে পড়াশুনা। বর্তমানে পূর্ব বর্ধমানের একটি বিদ্যালয়ে কর্মরত। নতুন কিছু জানতে পড়তে ও লিখতে ভাল লাগে।

বাংলা সাহিত্যে ভাষা ব্যবহার
আধুনিক যুগ

কাব্য-কবিতায় ভাষা ব্যবহার

International Bilingual Journal of
Culture, Anthropology and Linguistics
ইন্টারন্যাশনাল বাইলিঙ্গুয়াল জার্নাল অফ
কালচার, অ্যানথ্রোপলজি অ্যান্ড লিঙ্গুইস্টিকস্

IBJCAL   **eISSN: 2582-4716**

Website: https://indianadibasi.com/journal/index.php/ibjcal
VOLUME: 5, ISSUE: 4 (December, 2023) || Special Issue: সাহিত্যের ভাষা: বিবরণ ও বিবর্তন

ভাষা-শৈলীর দৃষ্টিতে 'মেঘনাদ বধ' কাব্য / 'Meghnad Badh' poetry from the point of view of language and style

পূরবী চ্যাটার্জী

Abstract

The poetry 'Meghnad Badh' written by Micheal Madhusudan Dutta. This poetry was published in January 1861. This epic poetry is divided into nine stages. He crushed the flowing tradition of Bengali literature at that time and presented that poetry. Although the Indian mythological story 'Ramayana' was written as an epitome, he did not follow 'Ramayana' in its entirety. Largely influenced by Greek mythology written by Homar. Ravana was not only a powerful king, he was also a brother, a father, and a husband. He also laments and suffers like other people. Rama is an ideal character of Indian mythology. but he also makes mistakes, and if he makes mistakes, Rama can be questioned. Ravana's daughter- in-law Pramila then questioned Rama, that was the very interesting part about this poetry. Now let's come to the context of poetic language. Michael created a unique language style in his poetry. This language of Madhusudan has come under a lot of criticism. This poetic language of the poet is not only a continuous mixture of words and words, in it he gave a complete form of new rhythmic rhythm in this poetry. Using metaphors of language, phonologic, morphological, lexical and semantic context, and different style gave a dimensional change in his poetry. Which is the main topic of this article. In this research context, language and style will be combined to discuss all these issues through different levels.

Keyword: Poetry, Meghnad Badh, language, style, context.

1.0 কথামুখ

বাক্যের মধ্যে থাকা শব্দ, বা মুখের ভাষার ক্ষেত্রে ধ্বনির মেল বন্ধন ঘটলেই শুধু মাত্র তা ভাষায় রূপান্তর ঘটেনা। ভাষা হল মানুষের ধর্ম। ধর্ম অর্থাৎ আমরা যা ধারন করি। নির্দিষ্ট কোনো গোষ্ঠী, কোনো প্রদেশ, জেলা বা দেশের ভাষা তার সংস্কৃতিকে প্রতিনিধিত্ব করে। আর শৈলী যার ইংরেজি প্রতিশব্দ 'style'. শৈলী অর্থাৎ রীতি। যে রীতিতে সাহিত্যবিচার সম্ভব। শৈলীবিচার মানে একটা টেক্সটের কাটাছেঁড়া নয়, শৈলীবিজ্ঞানে যেকোনো সংরূপকে বৈজ্ঞানিক দৃষ্টিভঙ্গিতে বিচার করা যায়। শৈলীবিজ্ঞানের সঙ্গে ভাষাবিজ্ঞানের এক নিবিড় সম্পর্ক রয়েছে। ভাষাবিজ্ঞানের সঙ্গে শৈলীবিজ্ঞানের যে সম্পর্ক রয়েছে-তা নিয়ে পাশ্চত্য সাহিত্যিকদের মধ্যে বহু মতভেদ রয়েছে। পাশ্চত্য সাহিত্যিক টার্নার থেকে শুরু করে চার্লস বালি, রেনেওলেকের, গ্রাহম হগ প্রমুখ ভাষাতাত্ত্বিকরা এই প্রসঙ্গে ভিন্ন ভিন্ন ধারনা উপস্থাপনা করেছেন। এই প্রসঙ্গে ভাষাতাত্ত্বিক Paul Simpson এর উক্তিটি বেশ জোড়ালো। তিনি তাঁর 'Stylistics' গ্রন্থে বলেছে- "To do stylistics is to explore language, and, more specifically, to explore creativity in language use."[১] অর্থাৎ Stylistics বা শৈলীবিজ্ঞান ভাষার মধ্যে থাকা তার ক্রিয়াকলাপকে, সৃজনশীলতাকে গভীর ভাবে তুলে ধরতে সাহায্য করে থাকে। বাংলা ভাষাতাত্ত্বিক অভিজিৎ মজুমদার তাঁর 'শৈলীবিজ্ঞান এবং আধুনিক সাহিত্যতত্ত্ব' গ্রন্থে বলেছেন- "ভাষা এবং সাহিত্যের মধ্যে সম্পর্কের সেতুবন্ধন গড়ে শৈলীবিজ্ঞান। কারন সাহিত্যের ভাষার প্রয়োগ এবং বিন্যাসে অভিনবত্বের অন্বেষণ করা শৈলীবিজ্ঞানের দায়িত্ব।"[২] অর্থাৎ একথা বলা যায় যে শৈলী ও ভাষা পরস্পরের সঙ্গে সম্পর্কে বিদ্যমান এবং ভাষা-শৈলীর বিভিন্ন স্তর দিয়ে সাহিত্যের যে কোনো সংরূপকে বিশ্লেষণ করা সম্ভব।

2.0 গবেষণা সম্বন্ধীয় উদ্দেশ্য ও প্রশ্নাবলী

উনিশ শতকীয় সময় পর্বে মাইকেল মধুসূদন দত্ত রচিত 'মেঘনাদ বধ' কাব্য পৌরানিক কাহিনিকে উপজীব্য করে রচিত হলেও আধুনিকত্বে পরিপূর্ণ। তৎকালীন সময়ে তিনি তা প্রমান করেন। আধুনিক তত্ত্ব ভাষা-শৈলীর দৃষ্টিকোণ দিয়ে মহাকাব্যসম 'মেঘনাদ বধ' কাব্যটি পর্যালোচনা করা হল এই গবেষণার মূল উদ্দেশ্য। এই পর্যালোচনা কোন কোন স্তরের মধ্যদিয়ে, কিভাবে এবং কতদূর বিস্তৃতি লাভ করে এইসব প্রশ্নগুলি অনুসন্ধান করা হবে আলচ্য প্রবন্ধে।

3.0 গবেষণা পদ্ধতি

এই গবেষণা সন্দর্ভটিতে পর্যবেক্ষণ ও বিশ্লেষণমূলক পদ্ধতি ব্যবহার করা হয়েছে।

4.0 তথ্য বিশ্লেষণ ও ফলাফল

সাহিত্যে ভাষা-শৈলীর বিচারের বিভিন্ন পদ্ধতির প্রসঙ্গ তাত্ত্বিকরা আলোচনা করেছেন। অভিজিৎ মজুমদারের 'শৈলীবিজ্ঞান এবং আধুনিক সাহিত্যতত্ত্ব' গ্রন্থে পাশ্চাত্য ভাষাবিদ এঙ্কভিস্টের মতাদর্শ অনুসরণ করে তিনি একটা তালিকা তুলে ধরেছেন।[৩] স্তরগুলি হল- 1. ধ্বনিগত প্রসঙ্গ (Phonological context), 2. রূপতাত্ত্বিক প্রসঙ্গ (Morphological context), 3. শব্দ ও শব্দার্থগত প্রসঙ্গ (lexical and semantic context), 4. বাক্যিক প্রসঙ্গ (Synthetic Context), 5. লেখনরীতিগত প্রসঙ্গ (Graphological Context)। এবং ভাষাতাত্ত্বিক পবিত্র সরকারও 'গদ্যরীতি গদ্যরীতি' বইটিতে এই একইরকম স্তরগুলির কথা বলেছেন।[৪] সুতরাং এই পাঁচটি স্তরের মধ্যদিয়ে 'মেঘনাদ বধ' কাব্যের ভাষা-শৈলীর বিশ্লেষণ করা যাক।

4.1 ধ্বনিগত প্রসঙ্গ (Phonological context)

ধ্বনি অর্থাৎ মুখের ভাষা। ধ্বনি লিখিত রূপ না হলেও ভাষার ক্ষেত্রে লিখিত রূপের মতোই মৌখিক রূপের গুরুত্ব অপরিসীম। কথ্য ভাষার অজস্র প্রয়োগ রয়েছে এই কাব্যে। এছাড়াও ধ্বনির বিন্যাস, মিল-অমিল দ্বন্দ, ধ্বনির পুনরুক্তি, ছন্দ, মাত্রা, যতি, ঝোঁক প্রভৃতি।

কথ্য চলিত ভাষার প্রয়োগ প্রথম সর্গ 'অভিষেক' পর্বে ৪৩০ নম্বর ছত্রে-

"অয়োসী-আবৃত দেহ, <u>আইল</u> কাতার

32

আইল নিষাদী যথা মেঘবরাসনে"৫
কবি এখানে সাধু ভাষায় 'আসিল' শব্দটি অনায়াসেই ব্যবহার করতে পারতেন। কিন্তু তিনি এখানে কথ্য-চলিত শব্দ 'আইল' ব্যবহার করেছেন। এই রকম কথ্য শব্দের অসংখ্য প্রয়োগ রয়েছে। অস্টম সর্গ যে পর্বের নাম 'প্রেতপুরি' ২৩৮ ছত্রে-
"কাসি কাসি দিবানিশি; হাঁপায় হাঁপানি-"৬
কবি এই ছত্রে চলিত কথ্য 'হাঁপানি' শব্দটি ব্যবহার করে এই লাইনটিকে অন্য মাত্রা দিয়েছেন।

ধ্বনির মিল-অমিল দ্বন্দ কবিতা বা কাব্যের ক্ষেত্রে ঘটেই থাকে। তবে তৎকালীন সময়ে যেখানে সবাই মিলের পেছনে ছুটছিল সেখানে মধুসূদন অমিলকে কাজে লাগিয়ে এই কাব্যে নতুন ছন্দ-রীতি আবিষ্কার করলেন অমিত্রাক্ষর ছন্দ। অন্তে অমিল করলেন অথচ পয়ারের রীতি অনুসরণ করেই ৮+৬ মাত্রাতেই৭-

"সম্মুখ সমরে পড়ি, //বীর-চূড়ামণি
বীরবাহু, চলি যবে// গেলা যমপুরে
অকালে, কহ, হে দেবী// অমৃতভাষিনী
কোন বীরবরে বড়ি //সেনাপতি- পদে
পাঠাইলা রণে পুনঃ //রক্ষঃকূলনিধি
রাঘববরি?"৮।

প্রতিটি ছত্রে ৮+৬ মাত্রা হয়েছে। কিন্তু প্রতি ছত্রের অন্তে মিল নেই। মধুসূদন এখানে ইচ্ছে মতো যতি বসিয়েছেন। প্রথম ছত্রে 'সম্মুখ স' এর পরে লঘুযতি লোপ ঘটেছে। দ্বিতীয় ছত্রে 'বীর' এর পরে লঘুযতি লোপ ঘটেছে। সাধারণত প্রথম বা দ্বিতীয় ছত্রের শেষে পূর্ণযতি পরে কিন্তু এখানে তিনি ভাবকে থামার অবকাসই দেননি স্রোতের মতো টেনে নিয়ে গেছেন। ষষ্ঠ ছত্রে 'রাঘববরি?' তে এসে একটু থেমেছেন।
ধ্বনির পুনরুক্তি দেখা যায় দ্বিতীয় সর্গে-
"কৃপা করি, কৃপা-দৃষ্টি কর, কৃপাময়ী"৯
'কৃ' ধ্বনিটির পুনরুক্তি ঘটেছে। এই ধ্বনিটি সংগতিময় বিন্যাস রেখে একটা মাধুর্যের সৃষ্টি হয়েছে।

4.2 রূপতাত্ত্বিক প্রসঙ্গ (Morphological context)

ধ্বনির মতো রূপতাত্ত্বিক ভাষা-শৈলীর আলোচনাতে খুব গুরুত্বপূর্ণ। রূপতাত্ত্বিক বিশ্লেষণ অর্থাৎ কাব্যটির প্রতি ছত্রে ছত্রে যে পদগুলি গঠিত হয়েছে সেই উপাদান গুলির ভাষাতাত্ত্বিক আলোচনা। যেমন অনুপ্রাসধর্মী ও সমিল সমাসবদ্ধ পদের প্রয়োগ, অতিরিক্ত বিভক্তি বা অতিরিক্ত উপসর্গ জুড়ে কিভাবে পদ গঠনে সাহায্য করেছে এই বিষয়গুলির পর্যালোচনা। নিম্নে আলোচনা করা হল-

প্রথম সর্গে, মধুসূদন বেশ কিছু পদে বিশেষ্য-বিশেষণের আগেই 'সু' উপসর্গ যুক্ত করেছেন-

১। উত্তর করিলা রমা সুচারুবাসিনী;

২। সুকেশিনী, যথা বসে চির-রণজয়ী[১০]

আবার দুটি বিপরীতধর্মী বিষয়কে একসঙ্গে জুড়ে দিয়েছেন। প্রথম সর্গে দুটি বিপরীতধর্মী শব্দের মধ্যে সমাসবদ্ধ পদ- 'হরষে-বিষাদে'। এখানে রাবণের মানসিক দিকের কথা বলা হচ্ছে। হরষে অর্থাৎ আনন্দ। রাবণ মেঘনাদের বীরত্বের জন্য আনন্দিত। আবার মেঘনাদের মৃত্যুতে বিষাদ লাভ করেছেন।

4.3 শব্দ ও শব্দার্থগত প্রসঙ্গ (lexical and semantic context)

এই একটি মাত্র স্তর ব্যকরণের নিয়মের সঙ্গে ওতপ্রতভাবে জড়িত নয়। সাহিত্যের প্রয়োজনেই লেখকগণ সচেতন ভাবেই ব্যকরণের গণ্ডিকে ছাড়িয়ে যায়। একটি দৃষ্টান্ত দিলেই স্পষ্ট বোঝা যাবে। ষষ্ঠ পরিচ্ছেদে-

"যথায় কমলাসনে বসেন কমলা-

রক্ষকুল-রাজলক্ষ্মী-রক্ষোবধূ বেশে, "[১১]

যিনি কমলা তিনিই রাজলক্ষ্মী, তিনিই বধূ ব্যকরণের নিয়ম লঙ্ঘন করে একই অর্থ বোঝাতে কবি একই পদের বারবার ব্যবহার করেছেন।

এছাড়া শব্দগত প্রসঙ্গে উপমার গুরুত্ব অসীম। 'মেঘনাদ বধ' কাব্যে প্রথম সর্গ থেকে নবম সর্গ পর্যন্ত অসংখ্য উপমা অলংকারে পরিপূর্ণ। চতুর্থ সর্গে- "নীলাম্বর শশী, যাঁর আভা মলিন তোমার রূপে।"[১২] এখানে উপমান চাঁদ হল উপমেয় সীতার রূপের উৎকর্ষ প্রদর্শন হেতু অর্থাৎ ব্যতিরেক অলঙ্কার।

আবার ষষ্ঠ সর্গে- "কেমনে পাঠাই তোরে সে সপবিবরে, "[১৩] মেঘনাদের বাসস্থানকে 'সপবিবর' বলা হয়েছে। অর্থাৎ উপমেয় মেঘনাদ বা মেঘনাদের বাসস্থানের সঙ্গে কালসাপের অভেদ কল্পনা করা হয়েছে। রূপক অলংকার প্রযুক্ত হয়েছে।

শব্দের অর্থ পরিবর্তন আধুনিক সময়ে বহুল দেখতে পায়। এমন শব্দ আছে যা এই কাব্যেতেই এক অর্থ বহন করেছে কিন্তু বর্তমান সময়ে তার অর্থ পরিবর্তন হয়ে গেছে। প্রথম সর্গে-

> "মন্দোদরী মনোহর; - "কহ, রে <u>সন্দেশ</u>-
> কহ, কহ শুনি আমি, কেমনে নাশিলা"[১৪]

'সন্দেশ' শব্দটির মূল বা আদি অর্থ কোনো খবর দেওয়া সেই অর্থই এখানে ব্যবহার করা হয়েছে। এই কথনের মধ্যে যে খবর জানতে চাইছে তা স্পষ্ট বোঝা যাচ্ছে। কিন্তু 'সন্দেশ' শব্দের বর্তমান প্রচলিত অর্থ 'মিষ্টান্ন' বিশেষ। অর্থাৎ বর্তমান সময়ে 'সন্দেশ' শব্দটির অর্থের সংশ্লেষ বা রূপান্তর ঘটেছে।

4.3 বাক্যিক/অন্বয় প্রসঙ্গ (Synthetic Context)

শব্দগত প্রসঙ্গেই যে শুধুমাত্র ব্যকরণের নিয়ম লঙ্ঘন হয় এমনটা নয়, বাক্যের মধ্যে সাধারণ ক্রমের বিপর্যাস বা বৈষম্য দেখা যায়। এই বৈষম্য বাক্যের গঠনের অন্তর্গত কর্তা-কর্ম-ক্রিয়ার অবস্থানে দেখা যায়। তৃতীয় সর্গে-

> "প্রমোদ-উদ্যানে কাঁদে দানব-নন্দিনী
> প্রমীলা, "[১৫]

কর্তা- প্রমীলা ক্রিয়া- কাঁদে। এখানে পঙ্‌ক্তিটি যদি কর্তা-কর্ম-ক্রিয়ার নিয়ম মেনে চলত তাহলে হতো- দানব নন্দিনী প্রমীলা প্রমোদ উদ্যানে কাঁদে।

প্রশ্নবোধক ও নেতিবাচক বাক্যের একই সঙ্গে প্রয়োগ আলাদা মাত্রা লাভ করেছে। এই কাব্যের ষষ্ঠ সর্গতে লক্ষ্মণ মেঘনাদকে বধ করতে যাবার জন্য তৈরি হলে রাম চিন্তিত হয়ে পড়েন। তখন বিভীষণ রামকে জানায় তার পূর্ব রাতের স্বপ্নের কথা-

> "কি সাধে করি রে বাস, কলুষদ্বেষিনী
> আমি? কমলিনী কভু ফোটে কি সলিলে
> পঙ্কিল? জিমূতবৃত গগনে কে কবে
> হেরে তারা?"[১৬]

বিভীষণ বলছেন 'কি সাধে করি রে বাস' অর্থাৎ আর সাধ নেই কিন্তু ঘুরিয়ে বলছেন। আবার 'কমলিনী কভু ফোটে কি সলিলে?' অর্থাৎ কমলিনী ফোটে না। এই কথনগুলির মধ্যে প্রশ্ন যেমন রয়েছে তার সঙ্গে নেতিবাচক বাক্যের সাযুজ্য দেখা যাচ্ছে।

4.5 লেখনরীতিগত প্রসঙ্গ (Graphological Context)

পরবর্তী বা অন্তিম ধাপ হল লেখনরীতি প্রসঙ্গ। লেখনরীতি হল একটা পাঠ্যকৃতির মধ্যে লেখকের নিজস্ব কৌশল। তাঁরা লেখার মধ্যে অজস্র যতিচিহ্ন, ঘনমুদ্রণ (bold Letter) এবং বড় হরফ ব্যবহার করে থাকেন। উত্তর আধুনিক যুগ-পর্বের কবিরা এই বিষয়টির ওপর যথেষ্ট গুরুত্ব দিয়ে চলেছেন। তবে এর পরিপূর্ণ ব্যবহার আধুনিক যুগের কবিদের লেখনীতে স্পষ্ট ভাবে পরিলক্ষিত হয়েছে। মধুসূদন তাঁর সময়পর্বে দাঁড়িয়ে স্রোতের বিপরীতে গিয়ে যে লেখন শৈলীতে যে আধুনিকত্বের প্রকাশ ঘটিয়ে ছিলেন 'মেঘনাদ বধ' কাব্যে, সেই বিষয়ে বলার অবকাশ রাখেনা। আলোচনা প্রসঙ্গে কয়েকটি দৃষ্টান্ত দেখে নেওয়া যাক-

প্রথম সর্গে- "ইন্দ্রজিৎ মেঘনাদে- অজেয় জগতে-"[১৭]

আবার দ্বিতীয় সর্গে প্রথম ছত্র শুরুই হচ্ছে এইভাবে- "অস্তে গেল দিনমণি; আইলা গোধূলি, -"[১৮]

অর্থাৎ লেখক একটা ছত্রেই একাধিক যতি ব্যবহার করেছেন, পাশাপাশি কমা (,) এবং হাইফেন চিহ্ন (–) পরপর বসিয়েছেন। লেখকেরা নিজস্ব স্টাইলে বা শৈলীতে এরকম চিহ্নের ব্যবহার করতেই পারেন। তাতে সাহিত্যিক মুল্য হ্রাস পায়না, বরং পাঠকবর্গের কাছে আকর্ষণীয় হয়ে ওঠে।

5.0 কথাশেষ (Conclusion)

ভাষা-শৈলী বিচারে ব্যকরণগত দিকই বেশি মান্যতা পায় এই বিষয়টি সঠিক। কিন্তু একটা টেক্সটে ব্যকরণগত দিককে বেশি গুরুত্ব দিলে কখনই তার সাহিত্যিক মূল্য খর্ব হয়না। আবার ভাষা যেহেতু সমাজ, পরিবেশ-পরিস্থিতি সবের সঙ্গেই সম্পৃক্ত তাই শুধুমাত্র ব্যকরণগত দিকেই আবদ্ধ থাকে না। বস্তুত এই কথা স্বিকারনীয় যে চার-পাঁচটি স্তরের মধ্যে আলোচনা করে একটা টেক্সটকে আবদ্ধ করে রাখা যায়না, একটা সাহিত্যকৃতি যে সেইসব বিষয়ের উর্দ্ধে। এই গবেষণা সন্দর্ভের পরিধি খুব ছোটো কিন্তু আলোচ্য কয়েকটি স্তরের পরেও ভাষা-শৈলীর বিভিন্ন অভিমুখ রয়েছে সে দিকেও দৃষ্টিপাত করা উচিত। পরিশেষে একটা কথাই বলতে চাই ভাষার সঙ্গে শৈলীকে সম্পৃক্ত করে একটা টেক্সটকে বিচার করা মানে এই নয় শিরা থেকে উপশিরাকে আলাদা করে দেওয়া, তার অর্থ শিরা ও উপশিরাকে চিহিত করা, তাদের কোথায় কোথায় মেলবন্ধন ঘটেছে সেইদিকে আলোকপাত করা এবং দৃষ্টি আকর্ষণ করা।

6.0 উল্লেখপঞ্জি

6.1 তথ্যসূত্র

১।   Simpson, Paul. 'Stylistics'. London and New York:Routledge, 2004, P-03

২।   মজুমদার, অভিজিৎ. 'শৈলীবিজ্ঞান এবং আধুনিক সাহিত্যতত্ত্ব'. কোলকাতা:দে'জ পাবলিশিং, ২০১৬, পৃ-১৭

৩। তদেব, পৃ-৮১-৮২

৪। সরকার, পবিত্র. 'গদ্যরীতি পদ্যরীতি'. কোলকাতা:সাহিত্যলোক, ২০১৬, পৃ-৩৬-৩৭

৫। দত্ত, মাইকেল মধুসূদন. গুপ্ত, ক্ষেত্র. (সম্পা.) 'মধুসূদন রচনাবলী'. কোলকাতা:সাহিত্য সংসদ, ১৯৫৭, পৃ-৪১

৬। তদেব, পৃ-০৪

৭। সেন, প্রবোধচন্দ্র. 'নূতন ছন্দ পরিক্রমা'. কোলকাতা:আনন্দ পাবলিশার্স প্রাইভেট লিমিটেড, ২০২০, পৃ- ২৩৬-২৩৭

৮। দত্ত, মাইকেল মধুসূদন. গুপ্ত, ক্ষেত্র. (সম্পা.) 'মধুসূদন রচনাবলী'. কোলকাতা:সাহিত্য সংসদ, ১৯৫৭, পৃ-৩৫

৯। তদেব, পৃ-৪৬

১০। তদেব, পৃ-৪৩

১১। তদেব, পৃ-৮৪

১২। তদেব, পৃ-৬৬

১৩। তদেব, পৃ-৮১

১৪। তদেব, পৃ-৩৭

১৫। তদেব, পৃ-৫৫

১৬। তদেব, পৃ-৮২

১৭। তদেব, পৃ-৩৫

১৮। তদেব, পৃ-৪৬

6.2 গ্রন্থপঞ্জি (Bibliography)

দত্ত, মাইকেল মধুসূদন. গুপ্ত, ক্ষেত্র. (সম্পা.) (১৯৫৭) 'মধুসূদন রচনাবলী'. কলকাতা : সাহিত্য সংসদ.

বন্দ্যোপাধ্যায়, হরিচরণ. (১৩৪০-১৩৫৩) 'বঙ্গীয় শব্দকোষ', ১ম খণ্ড. কলকাতা : সাহিত্য আকাদেমী.

মজুমদার, অভিজিৎ. (২০১৬) 'শৈলীবিজ্ঞান এবং আধুনিক সাহিত্যতত্ত্ব'. কোলকাতা : দে'জ পাবলিশিং.

মজুমদার, পরেশচন্দ্র. (২০১৪) 'বাংলা বানানবিধি'. কোলকাতা : দে'জ পাবলিশিং.

সরকার, পবিত্র. (২০১৬) 'গদ্যরীতি পদ্যরীতি'. কলকাতা : সাহিত্যলোক.

সেন, সুকুমার. (১৯৫৭) 'ভাষার ইতিবৃত্ত'. বর্ধমান : সাহিত্যসভা.

সেন, প্রবোধচন্দ্র. (২০২০) 'নূতন ছন্দ পরিক্রমা'. কলিকাতা : আনন্দ পাবলিশার্স প্রাইভেট লিমিটেড.

Simpson, Paul. (2004) 'Stylistics'. London and New York : Routledge.

7.0 গবেষক পরিচিতি

আমি পূরবী চ্যাটার্জী। পশ্চিম বর্ধমান জেলার অন্তর্গত দুর্গাপুরের জামগড়া গ্রামের বাসিন্দা। আমি কাজী নজরুল বিশ্ববিদ্যালয়ে স্নাতকোত্তর পর্বের প্রাক্তন ছাত্রী। বর্তমানে গবেষণাধর্মী প্রবন্ধ ও গল্প লেখালেখি করি।

International Bilingual Journal of
Culture, Anthropology and Linguistics
ইন্টারন্যাশনাল বাইলিঙ্গুয়াল জার্নাল অফ
কালচার, অ্যানথ্রোপলজি অ্যান্ড লিঙ্গুইস্টিক্স

IBJCAL

eISSN: 2582-4716

Website: https://indianadibasi.com/journal/index.php/ibjcal
VOLUME: 5, ISSUE: 4 (December, 2023) || Special Issue: সাহিত্যের ভাষা: বিকাশ ও বিবর্তন

জীবনানন্দ দাশের কবিতায় ভাষার ব্যবহার

পাপিয়া ঘোষ

Abstract: He is such a Poet who is 95% free from Rabindra Influence. The tide of innovation that he has brought in the content and form of his poetry is truly a wealth of Bengali literature. Not only negativism but also optimism like history consciousness and time consciousness have returned again and again in his poetry. Moreover, the use of prose words in the poem, the use of some colloquial regional words and especially the use of surrealism gave his poetry a unique character. The subject matter of his poetry is timeless, equally relevant in all ages. Modernity in the content of the poem, in the choice of words, in the use of language, is spread throughout the poem.

Keywords: জীবনানন্দ দাশ, কবিতা, ভাষা, আধুনিকতা, সমকালীনতা, নতুনত্ব, নেতিবাদ, আশাবাদ।

1.0 ভূমিকা

বিশ্বকবি রবীন্দ্রনাথ ঠাকুরের পর যে বাঙালি কবির কবিতা আমাদের মনে প্রাণে গেঁথে রয়েছে তিনি হলেন জীবনানন্দ দাশ। তিনি এমন এক কবি যিনি প্রায় ৯৫ শতাংশ রবীন্দ্র প্রভাব থেকে মুক্ত। তাঁর কবিতার বিষয়বস্তু ও আঙ্গিকে যে নতুনত্বের জোয়ার এনেছেন তা সত্যিই বাংলা সাহিত্যের সম্পদ।

শুধু নেতিবাদ নয় ইতিহাস চেতনা ও কাল চেতনার মতো আশাবাদও তাঁর কবিতায় বারবার ফিরে ফিরে এসেছে। তাছাড়া কবিতায় গদ্যগ্রন্থি শব্দের ব্যবহার, কিছু কথ্য আঞ্চলিক শব্দের ব্যবহার এবং বিশেষ করে সুররিয়ালিজমের ব্যবহার তাঁর কবিতাকে এক স্বতন্ত্রতা দিয়েছে। তাঁর কবিতার বিষয়বস্তু সময় চিহ্নহীন, কালজয়ী, সর্ব যুগেই সমান প্রাধান্যযুক্ত। শব্দ চয়নে, ভাষা ব্যবহারে, কবিতার বিষয়বস্তুতে আধুনিকতা ছড়িয়ে রয়েছে কবিতার পরতে পরতে।

2.0 পদ্ধতি

মনস্তত্ত্বমূলক, বিশ্লেষণাত্মক।

3.0 উদ্দেশ্য

১. কবির কবিতায় যে বিষয়গত ও অঙ্গিকগত নতুনত্ব রয়েছে তাকে তুলে ধরা।
২. কবি জীবদ্দশায় তাঁর প্রাপ্য সম্মান না পেলেও বর্তমান সময়ে তাঁর কবিতা কীভাবে প্রাসঙ্গিক হয়ে উঠেছে তা বিশ্লেষণ করা।
৩. নেতিবাদ নয় বরং তাঁর কবিতা জুড়ে তাঁর সদর্থক চিন্তাধারাকে খুঁজে বের করাই এই লেখার মূল উদ্দেশ্য।

4.0 তথ্য বিশ্লেষণ ও ব্যাখ্যা

কবির জন্ম ওপার বাংলার বরিশালে। পিতার নাম সত্যানন্দ দাশ। মা ছিলেন বিশিষ্ট লেখিকা কুসুম কুমারী। তাঁর মায়ের লেখা কবিতা"আমাদের দেশে হবে সেই ছেলে কবে, কথায় না বড় হয়ে কাজে বড় হবে।" কুসুম কুমারী দেবীর লেখাটির মান রেখেছেন তাঁর নিজেরই সন্তান। রবীন্দ্রনাথের সমকালীন হয়েও রবীন্দ্র প্রভাব থেকে মুক্ত হতে চেয়ে বাংলা কাব্য সাহিত্যের আঙিনায় কেউ যদি সাহস করে কবিতা লিখতে এসেছিলেন তিনি আর কেউ নন তিনি জীবনানন্দ দাশ। যদিও রবীন্দ্রনাথকে উপেক্ষা করা অতটা সহজ কাজ ছিল না তাই তার প্রথম কাব্যগ্রন্থ 'ঝরা পালক' এবং পরের কাব্য গ্রন্থ "ধূসর পাণ্ডুলিপি" তে সত্যেন্দ্রনাথ, নজরুল, মোহিতলাল এবং অল্পবিস্তর রবীন্দ্র প্রভাব লক্ষ্য করা যায় কিন্তু পরবর্তী কাব্যগ্রন্থের কবিতা সমূহে তাঁর নিজস্বতা অর্থাৎ জীবনানন্দীয় স্টাইল লক্ষ্য করা যায়। তাঁর কবিতাসমূহকে আমরা চারটে শ্রেণীতে ভাগ করতে পারি। ১. প্রস্তুতি পর্ব ২. বিবরণ পর্ব ৩. নির্বাচন পর্ব এবং বিচার বিশ্লেষণ পর্ব। 'ঝরা পালক' কাব্যগ্রন্থটিকে আমরা প্রথম পর্বের

অন্তর্ভুক্ত করতে পারি। এখানে কবিকে আমরা কবি হয়ে ওঠার তাগিদে ছুটতে দেখি। দ্বিতীয় পর্বে থাকছে "ধূসর পাণ্ডুলিপি" 'বনলতা সেন' ও 'মহাপৃথিবী' কাব্যগ্রন্থগুলি। আর বাকিগুলোকে তৃতীয় পর্বে রাখব আমরা। তবে রবীন্দ্রনাথ ঠাকুরকে সম্পূর্ণ ভাবে উপেক্ষা করা যায় না বলেই হয়তো তাঁর প্রথম কাব্যগ্রন্থের নাম রবীন্দ্রনাথ ঠাকুরের 'বলাকা' কাব্যগ্রন্থের অনুসরণেই রাখা হয়েছে।

কবি নিজেই বলেছেন

"আমার কাব্য প্রেরণার উৎস নিরবধি কাল ও ধূসর প্রকৃতির চেতনার ভেতরে রয়েছে বলেই তো মনে করি, তবে সে প্রকৃতি সব সময়েই যে ধূসর তা নয়। মহাবিশ্বলোকের ইশারা থেকে উৎসারিত সময় চেতনা, consciousness of time as a Universal, তা আমার কাব্যে একটি সঙ্গীত সাধক অপরিহার্য সত্যের মতো।"[২]

কবির লেখার অন্যতম বৈশিষ্ট্য হল কালচেতনা। তাঁর প্রায় বেশিরভাগ কবিতা সময় চিহ্নহীন। কবি জন্ম সময়ের থেকে অনেক এগিয়ে থাকার কারণেই হয়তো নিজের জীবদ্দশায় তিনি সেই খ্যাতি পাননি। সেই সময়ের মানুষজন জীবনানন্দের লেখার প্রকৃত মূল্যায়ন করতেই পারেননি। তাছাড়া বাঙালিরা সাধারণত এইরকমই হয়ে থাকে সঠিক সময়ে সঠিক গুণী মানুষের কদর করতে কোনোদিনই শেখেনি। তাই বিদ্যাসাগরকেও ভালো কাজের জন্য জনরোষের শিকার হতে হয়েছিল। সত্যজিৎ রায়ের "পথের পাঁচালী" এর মতো অসাধারণ একটি ছায়াছবিকে কুৎসা আর সমালোচনার স্বীকার হতে হয়েছিল। তারপর দেশ বিদেশ থেকে ১২ টি পুরস্কার প্রাপ্তির পর বাঙালিরা ফিল্মটির গুরুত্ব বুঝতে পেরেছিল। সেরকমভাবেই জীবনানন্দ দাশকে প্রথম জীবনে নানারকম নেতিবাচক সমালোচনার স্বীকার হতে হয়েছিল। কিন্তু সময় যত এগিয়েছে আমরা তত বুঝতে পেরেছি জীবনানন্দ দাশ কতটা প্রাসঙ্গিক। সময় কে পড়ে ফেলার ক্ষমতা ও মেধা সব মানুষের থাকে না কিন্তু জীবনানন্দ দাশের ছিল। বর্তমান সময় থেকে অনেকটা এগিয়ে থাকার ক্ষমতা ও স্পর্ধা সবার থাকে না, শুধু কিছু মানুষের থাকে।আর সেই মানুষগুলোকে আমরা মহামানব আখ্যা দিয়ে থাকি। যেমন রাজা রামমোহন রায়, স্বামী বিবেকানন্দ, ঈশ্বরচন্দ্র বিদ্যাসাগর, জীবনানন্দ দাশ। সমাজের চারিদিকের নিষেধাজ্ঞার বিজ্ঞাপনগুলোকে উপেক্ষা করে নির্ভীকভাবে নিজের প্রত্যয় নিয়ে মানুষের কল্যাণে সামনের দিকে এগিয়ে যাওয়া কবি, লেখক, শিল্পীরা আমার কাছে সবসময় নমস্য। জীবনানন্দ দাশ সেরকমই একজন কবি তথা লেখক।

একাধারে এঁরা বিপ্লবী এবং বিমূর্ত শিল্পের সৃষ্টিকর্তা। তবে এঁদেরকে বিপ্লবী না বলে বিপ্লব বলাই শ্রেয়। কারণ বিপ্লবী কালের নিয়মে হারিয়ে যেতে পারে কিন্তু বিপ্লব হারায় না। তা কালে কালে যুগে যুগে আরও নতুন রূপ পরিগ্রহ করে আরও জোরালো হয়।

এমন অনেক কবি তথা লেখক আছেন যারা শুধুমাত্র পাঠক-পাঠিকাদের খুশি করার জন্যই লেখালেখি করেন। সাহিত্যের চেনা ছকের চেনা ব্যাকরণের বাইরে না গিয়ে শুধুই নাম-যশ খ্যাতির আশায় অথবা বলা যেতে পারে পিতৃতান্ত্রিক বুর্জোয়া ব্যবস্থার বাইরে গিয়ে লেখালেখি করার হয়তো ইচ্ছে থাকলেও পিতৃতন্ত্রের ভয়ে অনেক অপ্রিয় সত্য কথা লেখা থেকে বিরত থাকেন। কিন্তু জীবনানন্দ দাশ সেই দলে পড়েন না তাই হয়তো তিনি তার সমকালে এতটা বঞ্চনার শিকার। তাই হয়তো সেই সময় তাকে অনেকেই অন্ধকারের কবি, দুঃখবাদের কবি, নেতিবাদের কবি অখ্যায় আখ্যায়িত করেছেন। কিন্তু যত সময় এগোচ্ছে আমরা যত প্রগতিশীল হচ্ছি, লিবারেল হচ্ছি ততই বুঝতে পারছি জীবনানন্দ দাশ কতটা যুগপোযোগী একজন কবি, তাঁর কবিতা যে সময়ে বসেই আমরা অধ্যয়ন করি না কেন সবসময়ই তাঁর কবিতা খুবই relatable.

> "জানি - তবু জানি
>
> নারীর হৃদয় - প্রেম - শিশু - গৃহ - নয় সব খানি
>
> অর্থ নয়, কীর্তি নয়, স্বচ্ছলতা নয় -
>
> আরও এক বিপন্ন বিস্ময়
>
> আমাদের অন্তর্গত রক্তের ভিতরে
>
> খেলা করে
>
> আমাদের ক্লান্ত করে
>
> ক্লান্ত ক্লান্ত করে
>
> লাশ কাটা ঘরে সেই ক্লান্তি নাই।"[৩]

এই কথাগুলো হয়তো কবি আধুনিক যুগ যন্ত্রনা থেকেই লিখেছিলেন। আর এই যুগ যন্ত্রণা যে কোনো সময় যে কোনো চিন্তাশীল মানুষকেই বিধ্বস্ত করে ক্লান্ত করে তাই এই ধরনের কবিতার লাইন সময় চিহ্নহীন। আবার কবি 'বোধ' কবিতায় লিখছেন

> "স্বপ্ন নয় -শান্তি নয় - ভালোবাসা নয়
>
> হৃদয়ের মাঝে এক বোধ জন্মায়।"[৪]

এই 'বোধ' এই 'বিপন্ন বিস্ময়' থেকেই আমাদের মৃত্যু চেতনার উন্মেষ ঘটে। এই কারণেই যে কোনও মানুষই যে কোনও সময়ই এই যুগ যন্ত্রণা, এই যান্ত্রিকতা থেকে মুক্তি পেতে লাশ কাটা ঘরে যেতে চায়। এই মৃত্যু চেতনা কিন্তু যুগে যুগে কালে কালে মানুষের মধ্যে বিরাজমান। এই প্রসঙ্গে ফ্রয়েডের 'Thanatos' ও 'Eros' শব্দ দুটির উল্লেখ অপরিহার্য। Thanatos হচ্ছে মরণশক্তি আর Eros হচ্ছে জীবনীশক্তি। Eros হচ্ছে আমাদের মধ্যে প্রেম, যৌনতা, সৃষ্টিশীলতা, ভালোবাসা এইসবের বহিঃপ্রকাশ। ওপর দিকে মানুষের মধ্যে Thanatos মানে মরণ শক্তিও প্রবল থাকে তাই হয়তো মানুষ জীবন যন্ত্রণা থেকে মুক্তি পেতে মাঝে মাঝে আত্মহত্যার পথ বেছে নেয়। আর এইসবই কিন্তু মানুষের অবচেতন মনে লুকিয়ে থাকে। এগুলোই 'ইগো' ও 'সুপার ইগো' এর মধ্য দিয়ে মাঝে মাঝে বেরিয়ে আসে। এইসব অবচেতন মনের উপদানগুলো নিয়েই কথা বলে 'সুর রিয়ালিজম' বা পরাবাস্তববাদ। আর এইভাবেই কবির কবিতায় পরাবাস্তববাদ ধরা দিয়েছে।

যে কোনও শিল্পের উদ্দেশ্যই হল মানুষের জীবনের অন্বেষণ। আর মানুষের জীবনের সাথে যে বিষয়গুলো ওতপ্রোতভাবে জড়িত তা হল - প্রকৃতি প্রেম, মানব প্রেম, সৌন্দর্য চেতনা, দর্শন চেতনা ইত্যাদি বিষয়গুলি জীবনের সাথে আষ্টেপৃষ্টে জড়িয়ে রয়েছে। এই বিষয়গুলো কিন্তু আমাদের মহাকাব্য রামায়ণ মহাভারতেও খুঁজে পাওয়া যায়। জীবনানন্দের কবিতাতেও এই বিষয়গুলো খুব স্বতঃস্ফূর্ত ভাবেই এসেছে। প্রকৃতির প্রতি অসম্ভব আসক্তি আছে বলেই তো তাঁর বেশিরভাগ কবিতাতেও বিভিন্ন ফল, ফুল, গাছপালা, পোকা মাকড়, চাঁদ, সূর্যের প্রসঙ্গ এসেছে। তবে কোনো কোনও কবিতায় তার প্রকৃতি প্রেম যেন দেশপ্রেমেরই নামান্তর। তাই তিনি লিখেছেন -
"বাংলার মুখ আমি দেখিয়াছি, তাই আমি পৃথিবীর রূপ খুঁজিতে যাই না আর।"[৫]
নিজ জন্মভূমির মধ্যেই যে বিপুল প্রাকৃতিক সৌন্দর্য রয়েছে তাতেই তিনি মুগ্ধ তাই আলাদা করে তিনি আর পৃথিবীর রূপ দেখার তাগিদ অনুভব করেন না। এই কবিতাতেই উঠে এসেছে বেহুলা লখিন্দর, চাঁদ সওদাগরের কাহিনী। যা আসলে মনসা মঙ্গলের কাহিনী। "মনসা মঙ্গল" আখ্যানধর্মী চৈতন্য পূর্ব যুগের একটি মঙ্গল কাব্য, যা আমাদের দেশের প্রাচীন সাহিত্যের এক অমূল্য সম্পদ। এছাড়াও এই কবিতায় উঠে এসেছে গ্রাম বাংলার গাছ, ফুল, পাতা, নানারকম মাছ, পোকামাকড়ের কথা। বট, হিজল, কলমি, ভাটফুল, চাঁদা সরপুঁটি মাছ, গঙ্গা ফড়িং, কাঁচ পোকা, শ্যামা পোকার উল্লেখ আমাদের দেশের বাংলার

প্রতিটি গ্রামের চিত্রকেই তুলে ধরে। তাছাড়া রবীন্দ্রনাথ অথবা অন্য কবির লেখায় বিদেশ অথবা বিদেশিনীর উল্লেখ পাই কিন্তু জীবনানন্দ দাশের কবিতায় বেশিরভাগ সময় বাঙালি নারীদের অপরূপ রূপকেই আমরা দেখতে পেয়েছি। রবি ঠাকুর লিখেছেন – "আমি চিনি গো চিনি তোমারে ওগো বিদেশিনী।"[৬]

যেখানে জীবনানন্দ দাশের কবিতায় বনলতা সেন, সুরঞ্জনাদের দেখতে পাই যা একান্তই বাংলার শান্ত, স্নিগ্ধ, সুন্দরী প্রেয়সী নারী। এইসব রমণীদের চোখ, চুল দেখেই কবি আপ্লুত।

> "চুল তার কবেকার অন্ধকার বিদিশার নিশা
>
> মুখ তার শ্রাবস্তীর কারুকার্য।"[৭]

জীবনানন্দের কবিতার বিষয়গত ও অঙ্গিকগত দুটো দিক লক্ষ্য করলেই আমরা দেখতে পাব যে তাঁর কবিতায় আধুনিক কবিতার সমস্ত বৈশিষ্ট্য বিদ্যমান। বিজ্ঞান মনস্কতা, চিকিৎসা শাস্ত্র, পদার্থ বিদ্যা, প্রেমের ক্ষেত্রে দেহাত্মবাদী মনোভাব, জীবন সম্পর্কে এক তীব্র অনিশ্চয়তা বোধ, সাররিয়ালিস্টিক অ্যাপ্রোচ এই সমস্তকিছুই তাঁর লেখায় ধরা পড়েছে। তাই তাঁর কবিতাগুলি ভীষণ রকমভাবে আধুনিক হয়ে উঠেছে। কোনও কোনও সমালোচকের মতে রবীন্দ্রনাথ ঠাকুর নাকি তাঁর লেখায় সুররিয়ালিজমকে স্থান দেননি। ওই সময়ে যখন বিভিন্ন বিদেশি লেখক, কবি, চিত্র শিল্পীর কলমে অথবা তুলিতে সুররিয়ালিজম বা পরাবাস্তববাদ উঠে এসেছে সেখানে রবীন্দ্রনাথ ঠাকুর সচেতন আর নাকি, অবচেতনে এই ব্যাপারটি এড়িয়ে গেছেন তা ঠিক জানা নেই। তবে জীবনানন্দ দাশের কবিতায় সাররিয়ালিজম বারবার উঠে এসেছে। কবি নিজেই নিজের কবিতা সম্পর্কে বলেছেন -

> "আমার কবিতাকে বা এ কাব্যের কবিকে নির্জন বা নির্জনতম ব্যাখ্যা দেওয়া হয়েছে। কেউ বলেছেন এ কবিতা প্রধানত প্রকৃতির বা প্রধানত ইতিহাস ও সমাজ চেতনার, অন্য মতে নিশ্চেতনার; কারো মীমাংসায় এ কাব্য একান্তই প্রতীকী, সম্পূর্ণ অবচেতনার, সুররিয়ালিস্ট।"[৮]

কিছু কিছু ক্ষেত্রে জীবনানন্দ দাশের কবিতার ভাব ও ভাষা দুই'ই বেশ দুর্বোধ্য। গভীরভাবে না ভাবলে সেইসব শব্দ, ভাষা ও ভাব বোঝা খুব দুষ্কর। যেহেতু তাঁর কবিতায় ইতিহাস ও মনের অবচেতনা মিলেমিশে অবস্থান করেছে তাই তাঁর লেখা কিছু কিছু লাইন আমাদের কাছে বেশ দুর্বোধ্য হয়ে

দাঁড়ায় কিন্তু তাঁর অন্তর্নিহিত অর্থ সত্যিই অমূল্য। যেমন 'রাত্রি' কবিতায় কবি লিখেছেন -

> "নগরীর মহৎ রাত্রিকে তার মনে হয়
> লিবিয়ার জঙ্গলের মতো।
> তবুও জন্তুগুলো আনুপূর্ব- অতিবৈবতনিক,
> বস্তুত কাপড় পরে লজ্জাবশত।"

এখানে এক অখণ্ড ইতিহাস চেতনা এবং আধুনিক যুগ যন্ত্রণা মিলে মিশে একাকার হয়ে গেছে। বলাই বাহুল্য যে, কবির ইতিহাস চেতনা সবসময় বিচ্ছিন্ন ভাবে নয় বরং সামগ্রিক অথবা অখণ্ড ভাবেই ধরা পড়েছে তাঁর কবিতায়। তাই লোল নিগ্রোর কলকাতার রাত্রিকে লিবিয়ার জঙ্গল বলে মনে হয়েছে। আর বর্তমান পোষাক পরা মানুষগুলো যেন আজ পোশাকহীন পশুর থেকেও নির্লজ্জ, বিবেকহীন হয়ে পড়েছে। বর্তমান অন্তঃসারশূন্য সমাজে জন্তুরূপী মানুষগুলোর অসংলগ্নতা, অমানবিকতারই বহিঃপ্রকাশ ঘটেছে এই কবিতার এই চারটি লাইনের মাধ্যমে। আর এই কবিতায় সোনা, তেল, কাগজের খনি এইসব শব্দগুলোর ব্যবহার আমাদের ভাওতাবাজ পুঁজিবাদি সমাজ ব্যবস্থাকেই তুলে ধরে। আর "অমর আত্তিলা", 'লিবিয়ার জঙ্গল' এইসব শব্দগুলোর ব্যবহার তাঁর অখণ্ড ইতিহাস চেতনারই ইঙ্গিত বহন করে।

জীবনানন্দ যেমন পদ্য ছন্দে কবিতা লিখেছেন আবার অন্যদিকে গদ্য ছন্দ ব্যবহার করেও কবিতা রচনা করেছেন। তিনি মূলত তাঁর কবিতায় পয়ার ছন্দ, সনেট এবং অক্ষর বৃত্ত ছন্দের বেশি ব্যবহার ঘটিয়েছেন।

> "এলো-বৃষ্টি বুঝি এলো-
> পায়রা গুলো উড়ে যায় কার্নিশের দিকে এলোমেলো।
> এলো-বৃষ্টি বুঝি এলো-
> ছেলেদের খেলা মাঠে মুহূর্তেই সাঙ্গ হয়ে গেল-
> এলো-বৃষ্টি বুঝি এলো-
> ছিপ ফেলে বাথানের দিকে ঐ চলে যায় কেলো-
> এলো-বৃষ্টি বুঝি এলো-
> 'জল ধরে গেলে মাসি,তারপর কাঁথাগুলো মেলো'-
> এলো- বৃষ্টি বুঝি এলো-"[৯]

অন্ত্যানুপ্রাস অলংকার প্রয়োগ করে পদ্য ছন্দে লেখা একটি সুন্দর কবিতা। আবার 'অদ্ভুত আঁধার এক' কবিতায় তিনি গদ্য ছন্দের ব্যবহার করেছেন।

> "অদ্ভুত আঁধার এক আসিয়াছে পৃথিবীতে আজ,

যারা অন্ধ সবচেয়ে বেশি আজ চোখে দেখে তারা;
যাদের হৃদয়ে কোন প্রেম নেই-প্রীতি নেই-করুণার
আলোড়ন নেই
পৃথিবী অচল আজ তাদের সুপরামর্শ ছাড়া।
যাদের গভীর আস্থা আছে আজও মানুষের প্রতি,
এখনো যাদের কাছে স্বাভাবিক বলে মনে হয়
মহৎ সত্য বা রীতি, কিংবা শিল্প অথবা সাধনা
শকুন ও শেয়ালের খাদ্য আজ তাদের হৃদয়।"[১০]

এইভাবেই তাঁর কবিতায় বিচিত্র ছন্দের ব্যবহার আমরা লক্ষ্য করি। তবে তাঁর কবিতায় মূলত অক্ষর বৃত্তের ব্যবহার সবথেকে বেশি। অক্ষরবৃত্ত তথা যতি স্বাধীন অক্ষর বৃত্তের ব্যবহার তাঁর কবিতাকে এক অন্য মাত্রা দিয়েছে, কবিতায় এক নতুন দ্বার উন্মোচিত করেছে। অধিক মাত্রা ব্যবহারে সমিল, অমিল উভয়ভঙ্গিতে স্বাধীন যতি অক্ষরবৃত্ত ব্যবহারের একটি উদাহরণ হল -

"আহ্লাদের অবসাদে ভরে আসে আমার শরীর
চারিদিকে ছায়া - রোদ - খুদ - কুঁড়ো - কার্তিকের ভিড়
চোখের সফল খুদা মিটে যায় এইখানে, এখানে হতেছে স্নিগ্ধ কাল
পাড়াগাঁর গায়ে আজ লেগে আছে রূপশালী ধান ভানা রূপসীর
শরীরের ঘ্রাণ।"[১১]

শব্দ প্রয়োগের ক্ষেত্রে কবি নিজস্বতা দেখিয়েছেন। মাঝে মাঝেই পদ্য গ্রন্থি শব্দ কে সচেতনভাবে এড়িয়ে গিয়ে সাধারণ কথ্য ভাষা, গ্রামীণ আঞ্চলিক শব্দকে তাঁর কবিতায় ব্যবহার করেছেন। যেমন চাঁদা, সর পুঁটি মাছ, ডাঁশা আম, শাড়িটির কস্তা পাড়, ভেরেন্ডর ফুল, মেঠো ইঁদুরের চোখ, মরকের ইঁদুর, সিঙ্গারার ফল ইত্যাদি সাধারণ কথ্য শব্দগুলোকে তিনি তাঁর কবিতায় খুব সুন্দরভাবে প্রয়োগ ঘটিয়েছেন।

"বোবা কালা পাগল মিনসে এক অপরূপ বেহালা বজায়।"[১২]
অথবা-

"অজস্র আশাপ্রদ কবিতা
টইটুম্বুর জীবনের স্লট মেশিনে তৈরি
এক একটা গোল্ড ফ্লেক সিগারেটের মতো।"[১৩]
এই যে 'মিনসে' অথবা 'গোল্ড ফ্লেক সিগারেটের মতো' এই সব শব্দগুলো হয়তো অতটাও কাব্যগুণ সম্পন্ন নয় কিন্তু তবুও কবিতাগুলি আদ্ভুত মাদকতায় শ্রোতাদের আবিষ্ট করে রাখে।

5.0 উপসংহার

এই একবিংশ শতাব্দী যখন অনেকটাই বিজ্ঞান নির্ভর হয়ে পড়েছে তখন এই সময়ে জীবনানন্দ দাশের লেখা কবিতা আরো বেশি করে প্রাসঙ্গিক হয়ে উঠেছে। কারণ তার কবিতায় বিজ্ঞান চেতনার, সময় চেতনার আভাস আমরা পাই। কবিতায় সময়কে নিয়ে খেলা করার ক্ষমতা তিনি ভালোভাবেই রপ্ত করেছেন। বেশিরভাগ কবিতাতেই নক্ষত্র, সূর্য, আকাশ-এই শব্দগুলোর ব্যবহার কবির বিজ্ঞান মনস্কতার পরিচয় বহন করে। সর্বপরি জীবন সম্পর্কে গভীর দর্শনবোধ তাঁর বিজ্ঞানসুলভ মনোভাবকেই তুলে ধরে।

> "আসলে জীবন বলে সত্যি কিছু নেই
> জীবন জীবিত থাকার আভিনয়।"[১৪]

অথবা-

> "আসলে সত্যি বলে সত্যি কিছু নেই।"[১৫]

বর্তমান সময়ের এই অতি পরিচিত দুটি বাংলা গানের অসামান্য এই লাইনগুলির ভাবার্থকে কবি অনেক আগেই তাঁর কবিতায় বিভিন্নরূপে উপস্থাপন করেছেন।কাল-চেতনা,ইতিহাস-চেতনা ও দর্শন-চেতনা যেভাবে তার কবিতায় স্থান পেয়েছে তাতে করে বর্তমান সময়ে তাঁর কবিতা নিয়ে আরও বেশি বেশি চিন্তা করবার সময় আমাদের এসেছে। জীবনানন্দ দাশের কাব্য কবিতাকে বুঝতে আমাদের আরও কয়েক প্রজন্ম লেগে যাবে। কারণ আমাদের থেকে অনেক দূরের উজ্জ্বলোতায় তিনি দাঁড়িয়ে আছেন।

> "হে প্রগাঢ় পিতামহী, আজো চমৎকার?
> আমিও তোমার মতো বুড়ো হব - বুড়ি চাঁদটারে আমি
> ক'রে দেব
> কালীদহে বেনোজলে পার;
> আমরা দু'জনে মিলে শূন্য করে চলে যাব জীবনের প্রচুর ভাঁড়ার।"[১৬]

6.0 তথ্যসূত্র

১. ওয়েব সূত্র- https://youtu.be/DlFCdzzd9iQ?si=p-VGxHIwhWxbz9AW

২. ঘোষ, নচিকেতা, নির্বাচিত জীবনী সমগ্র (প্রথম খন্ড), দশম প্রকাশ, ১৪২৩, কামিনী প্রকাশালয়, পৃষ্ঠা- ৯৫

৩. "আট বছর আগের একদিন"

ওয়েব সূত্র- https://youtu.be/SNko3_KVoN4?si=HHTavb3bFrIf5BNz

৪. কবিতা 'বোধ'

ওয়েব সূত্র- https://youtu.be/gSQUs_ZqLEo?si=i4LMf015MkP9Sl0T

৫. কবিতা- 'বাংলার মুখ আমি দেখিয়াছি'

ওয়েব সূত্র- https://youtu.be/XsZKDa2IwjE?si=BjK0ZJQfZCCC-QCT

৬. ঠাকুর, রবীন্দ্রনাথ, গীতবিতান, চতুর্থ মুদ্রণ, ১লা ফেব্রুয়ারি 20007, রিফ্লেক্ট পাবলিকেশন, কলকাতা, পৃষ্ঠা-২১৫, ISBN 81-7352-061-5

৭. " আট বছর আগের একদিন"

ওয়েব সূত্র- https://youtu.be/SNko3_KVoN4?si=HHTavb3bFrIf5BNz

৮. সৈয়দ আব্দুল, মান্নান,কবিতা সমগ্র, প্রকাশিত- অপ্রকাশিত, কবিতা সমগ্র,জীবনানন্দ দাশ, ষোড়শ মুদ্রণ, মে ২০১৮, প্রতীক প্রকাশনা সংস্থা, পৃষ্ঠা ৩১৭, ISBN 978-984-8798-29-4,

৯. সৈয়দ মান্নান, আব্দুল, প্রকাশিত-অপ্রকাশিত,কবিতা সমগ্র, জীবনানন্দ দাশ, ষোড়শ মুদ্রণ,মে ২০১৮, প্রতীক প্রকাশনা সংস্থা, পৃষ্ঠা ৬২৬, ISBN 978-984-8798-29-4

১০. ওয়েব সূত্র- https://youtu.be/VNN6A3kHYpM?si=0YrvaC41wNLPfY5S

১১. অবসরের গান

ওয়েব সূত্র- https://youtu.be/K3L-U3f08P0?si=upuGiD5_NGPQdr39

১২. সৈয়দ মান্নান, আব্দুল, প্রকাশিত অপ্রকাশিত, কবিতা সমগ্র, জীবনানন্দ দাশ, ষোড়শ মুদ্রণ, মে ২০১৮, প্রতীক প্রকাশনা সংস্থা,পৃষ্ঠা ৩২৩, ISBN 978-984-8798-29-4

১৩. সৈয়দ মান্নান, আব্দুল, প্রকাশিত অপ্রকাশিত, কবিতা সমগ্র, জীবনানন্দ দাশ, ষোড়শ মুদ্রণ, মে ২০১৮, প্রতীক প্রকাশনা সংস্থা, পৃষ্ঠা ৬৩১, ISBN 978-984-8798-29-4

১৪. ওয়েব সূত্র- https://youtu.be/vuVpiaPUT9M?si=vZQzwWevq839Z2i0

১৫. ওয়েব সূত্র- https://youtu.be/MmNWxXfVQpM?si=MEVEHNV9H4MzfmIj

১৬. ওয়েব সূত্র - https://youtu.be/SNko3_KVoN4?si=HHTavb3bFrIf5BNz

7.0 Author's Bionote

Papia Ghosh   is an Assistant Professor at Barrackpore Rastraguru Surendranath College.

International Bilingual Journal of
Culture, Anthropology and Linguistics
ইন্টারন্যাশনাল বাইলিঙ্গুয়াল জার্নাল অফ
কালচার, অ্যানথ্রোপলজি অ্যান্ড লিঙ্গুইস্টিকস্

IBJCAL

eISSN: 2582-4716

Website: https://indianadibasi.com/journal/index.php/ibjcal
VOLUME: 5, ISSUE: 4 (December, 2023) || Special Issue: সাহিত্যের ভাষা: বিশ্লেষণ ও বিনির্মাণ

জসীমউদ্দীন মানস: কবিতার ভাব, ভাষা ও রস

মো. হাসান আলী

Abstract: আধুনিক বাংলা কাব্য-সাহিত্যের ইতিহাসে জসীমউদ্দীনের কবিতার ভাব, ভাষা ও রস বিহারীলালের কাব্যের মতো ব্যতিক্রম। মুর্শিদা, পালা, গাথা ও গীতিকা তাঁর কাব্যিক মানসপটে যেমন রস সিঞ্চিত করেছে, তেমনি তাঁকে করেছে উজ্জীবিত। কবিতার ভাষায় কবির ভাবসত্তা সেকালের বহুচর্চিত পরিমণ্ডলের চেয়ে ভিন্ন। এখানেই তাঁর কৃতিত্ব। কেননা, কাব্যাঙ্গিকে তিনি যে রীতির সমসত্ত্ব ও স্বনির্ণীত-প্রণালীর আশ্রয় নিয়েছেন, তাতে তিনি নাগরিক জীবনের প্রবক্তা না হয়ে, পল্লী জীবনের প্রবক্তা ভাবাদর্শের শৈলীতে ঐতিহাসিক-প্রজ্ঞার দাঁড় করিয়েছেন। ফলে তিনি রবীন্দ্র-নজরুল বলয়ের বাইরে গিয়ে তাঁর কবিতা শিল্পরূপ তাঁর স্বকীয় বৈশিষ্ট্যে রওশন করতে পেরেছেন। সবরকম অভিব্যক্তির অসাঢ়তা অতিক্রম করে তাঁর কাব্যিক ভাবসত্তা এমনভাবে প্রকাশ পেয়েছে যে, বাংলার লোকপ্রেমিক, লোকজীবন ও লোকসংস্কৃতির পরিচয় হয়ে উঠেছে।

Keywords: জসীমউদ্দীন মানস, জসীমউদ্দীনের কবিতা, কবিতার ভাব, কবিতার ভাষা, কবিতার রস।

1.0 ভূমিকা

যুগোত্তীর্ণ সব কবিরই থাকে কবিতার বিষয়ে শাস্ত্রীয় জ্ঞান, অথবা অন্ততপক্ষে থাকে শব্দের অন্তর্গত ধ্বনির উচ্চারণরীতি, ভাব, রস, তাল, লয় ও রূপ সম্পর্কে প্রখর শ্রুতিশক্তি। কোনো কবির এর একটিও না থাকলে তাঁর পক্ষে উৎকৃষ্ট মানের কবিতা রচনা করা সম্ভব নয়। কবিতা নির্মাণে যে কবি যত

নিখুঁতভাবে কবিতার শাস্ত্রীয় জ্ঞান ব্যবহার করতে সক্ষম হন, তাঁর কবিতা তত বেশি কাব্যরসসমন্বিত হয়।

2.0 গবেষণা সম্বন্ধীয় প্রশ্নাবলী

   (a) জসীমউদ্দীনের কবিতায় কীভাবে ভাষা ভাবের বাহন হয়ে রসের উপলব্ধি ঘটায়?

   (b) জসীমউদ্দীনের কবিতায় কীভাবে লোকজীবন ও সংস্কৃতি ভাব ও রসের জন্ম দেয়?

3.0 তথ্য বিশ্লেষণ ও ব্যাখ্যা

জসীমউদ্দীনের কাব্য রচনাকাল বিংশ শতাব্দীর ৩য় দশক থেকে ৮ম দশক পর্যন্ত বিস্তৃত হলেও তিনি তাঁর কাব্য রচনার ক্ষেত্রে কবিতার প্রত্যেক উৎসই ব্যবহার করেছেন। কবিতায় গ্রাম বাংলার ছবি আঁকার মাধ্যমে জসীমউদ্দীন স্বাভাবিকভাবেই পল্লীকবি আখ্যা লাভ করেছিলেন। গ্রাম বাংলার সঙ্গেই সংশ্লিষ্ট ছিলেন আজীবন। লোক কবি বা মরমী সাধক না হয়েও শৈশব ও কৈশোরে গ্রাম বাংলার সঙ্গে তাঁর যে নিবিড় আত্মীয়তা তা তিনি লালন করেছেন আজীবন। গ্রাম বাংলা থেকে তাঁর কবিতার উপাদান সংগ্রহ করলেও এবং কবিতায় অনেক আঞ্চলিক শব্দ ব্যবহার করলেও আঞ্চলিক ভাষা ব্যবহার করেছেন কদাচিৎ। তাঁর কবিতার ভাষা আধুনিক তবে নিজস্ব, যে ভাষায় তিনি সার্থকভাবে গ্রামীণজীবন আর নিসর্গ অঙ্কন করেছেন। জসীমউদ্দীন তাঁর জীবনদর্শনের কারণেই সাহিত্য স্রষ্টা হিসেবে বিশিষ্ট হয়ে উঠেছিলেন। সমকালের প্রায় সকল কবি সাহিত্যিক থেকেই চেতনা ও মানসে জসীমউদ্দীন ছিলেন স্বতন্ত্র। অন্যদের সঙ্গে তাঁর কর্ম-চিন্তা এবং সাহিত্য বৈশিষ্ট্যের পার্থক্য ছিল সুস্পষ্ট। সকলের মতই জসীমউদ্দীনের ব্যক্তি-মানস ও জীবন-দর্শনের মৌল সূত্রগুলো তাঁর নিজস্ব সামগ্রিক জীবন প্রতিবেশ ও স্বকীয় সমাজ সংগঠনের ভেতরেই নিহিত। বাঙালি মুসলিম মধ্যবিত্তের উন্মেষ এবং বিশ শতকে তাদের বিকাশের সুযোগ অনেকাংশে উন্মুক্ত হয়। তাছাড়া বৃহত্তর গ্রামীণ কৃষক সম্প্রদায় থেকেই প্রধানত এই মুসলিম মধ্যবিত্তের উদ্ভব বলে গ্রাম জীবন ও গ্রামীণ সংস্কৃতির সঙ্গে তাদের কখনও বিচ্ছেদ ঘটেনি। লোকজ ঐতিহ্য ও সংস্কৃতির সঙ্গে তাদের অনেকেরই আত্মিক সম্পর্ক ছিল।

   জসীমউদ্দীনের কবি-প্রতিভার বৈশিষ্ট্য ও তাঁর রচনার ভাব, ভাষা ও রসের স্বরূপ অনুধাবন করতে হলে, বাংলা কাব্যের ঐতিহ্যের পটভূমিকার দিকে কিছুটা ফিরে তাকাতে হবে। আধুনিক বাংলা কাব্যে জসীমউদ্দীন

বাংলাদেশের গ্রাম্য-জীবন ও পল্লী-প্রকৃতির একনিষ্ঠ এবং অনন্য রূপকার। বাংলা সাহিত্যে সুপ্রাচীনকাল থেকেই পল্লীজীবনের চিত্র এবং গ্রামীণ মানুষের আশা- আকাঙ্ক্ষার ছবি নানা রূপে ও রেখায় অঙ্কিত হয়েছে। আমাদের প্রাচীন সাহিত্যে পল্লী- জীবনের চিত্র রূপায়িত হয়েছে বিভিন্ন আখ্যান-কাব্যে, লোক-কাহিনীতে, গীতিকায়, ছড়ার ছন্দে, বারোমাস্যায়, লোক-সঙ্গীতে ও পল্লীগীতিতে। ময়মনসিংহ গীতিকা ও পূর্ববঙ্গ গীতিকায় এ দেশের গ্রাম-জীবন ও গ্রামীণ মানুষের সুখ-দুঃখ, আশা- আকাঙ্ক্ষা, বিরহ বেদনা ও চিরন্তন রোমান্সের সজীব চিত্র অঙ্কিত হয়েছে। কিন্তু আধুনিক বাংলা সাহিত্যে ঐতিহ্যের ধারায় জসীমউদ্দীন ছাড়া আর কারো রচনায় বাংলাদেশের গ্রাম-জীবন ও পল্লীপ্রকৃতি এমন ব্যাপকতর ও সুন্দরতররূপে চিত্রিত হয়নি।

জসীমউদ্দীন কাহিনী বিন্যাসে, চরিত্র-চিত্রণ রীতিতে, ভাষা ব্যবহারে এবং উপমা চিত্রকল্পে তাঁর রচনায় লোক-কাব্য, পুঁথি-সাহিত্য, লোক-সঙ্গীতের যথেষ্ট ঐতিহ্যের প্রভাব এনেছেন। লোক-কাহিনী, লোকগীতি, পল্লী-সঙ্গীত ও বাংলার চিরায়ত লোক-সংস্কৃতির সাথে ছিল জসীমউদ্দীনের আবাল্য অন্তরঙ্গ পরিচয়। লোক-সাহিত্যে রয়েছে অকৃত্রিম জীবনচিত্র, গণ-মানুষের দুঃখ-বেদনা, আশা-আকাঙ্ক্ষা ও হাসি-কান্নার প্রকাশ। ময়মনসিংহ-গীতিকা ও পূর্ববঙ্গ-গীতিকার কাহিনীগুলোতে রয়েছে প্রেম-পরিণয়ের দ্বন্দ্বমধুর ও করুণাঘন আলেখ্য, তেমনি পুঁথি-সাহিত্যে রূপায়িত হয়েছে রোমান্টিক প্রেম, শৌর্য-বীর্যের মধ্যে দিয়ে সৌন্দর্য ও রসবোধের পরিচয়। শুধু লোককাব্য নয়, বাংলার লোকগীতিও ব্যাপ্তি, বৈচিত্র্য ও সৌন্দর্যে মনোহর। জারী-সারি, ভাটিয়ালী- বাউল, মারফতী-মুরশিদী বাংলা লোকসঙ্গীত ও সংস্কৃতির অমূল্য সম্পদ।

জসীমউদ্দীন শুধু এই কথাসম্পদ—গীতিসম্পদের সাথে অন্তরঙ্গভাবে পরিচিতই ছিলেন না, তিনি এর রসধারাও আকণ্ঠ পান করেছিলেন। ঐতিহ্যের এই উত্তরাধিকারকেই তিনি কাজে লাগিয়েছেন তাঁর রচনাকর্মে। তাঁর রচনার বহিরাঙ্গিক রূপে, অন্তরস্বরূপে লোক-কাহিনী ও লোক-গীতি কাজ করেছে। জনজীবনের আলেখ্য রচনা, বাস্তব পরিবেশের বর্ণনা ও ঐতিহ্যের পটভূমি নির্মাণে তিনি শরণ নিয়েছেন পুঁথি, পুরাণ ও লোক- কাব্যের। 'বিবাহের আসরে' পুঁথি পাঠের একটি মনোরম বর্ণনা দিয়েছেন জসীমউদ্দীন এইভাবে :

কৌতূহলী গায়ের লোকে শুনছে পেতে কান,
জমজুমেরি পানি যেন করছে তারা পান।

দেখছে কখন মনের সুখে মামুদ হানিফ যায়,
লাল ঘোড়া তার উড়ছে যেন লাল পাখীটির প্রায়।

তিনি যখন 'রাখাল ছেলে'র সঙ্গে কথা বলেন তখন সে সংলাপ সহজ কিন্তু আধুনিক ভাষাতেই রচিত হয়,

রাখাল ছেলে! রাখাল ছেলে! বারেক ফিরে চাও,
বাঁকা গাঁয়ে পথটি বেয়ে কোথায় চলে যাও ?

এ ভাষা আধুনিক বাংলা গীতি কবিতার ভাষা, যার ক্রিয়া পদগুলি পর্যন্ত কথ্য বা চলিত রীতির। রাখাল ছেলের উত্তরে পল্লী বাংলার নিসর্গ সৌন্দর্যের যে অনাবিল চিত্র অঙ্কিত হয় সে বর্ণনার ভঙ্গী, ভাষা রোমান্টিক গীতি কবিতারই—

ওই যে দেখ নীল-নোয়ান সবুজ ঘেরা গাঁ,
কলার পাতা দোলায় চামর শিশির ধোয়ায় পা;
সেথায় আছে ছোট্ট কুটির সোনার পাতায় ছাওয়া,
সাঁঝ-আকাশের ছড়িয়ে-পড়া আবীর-রঙে নাওয়া;

পল্লীর প্রভাত প্রকৃতি এ কবিতায় যে চিত্রকল্পে ধরা পড়ে তাও গীতিকাব্যিক, কোনো গ্রামীণ কবি এভাবে তাঁর প্রকৃতি ও পরিবেশকে তুলে ধরেছেন কিনা সন্দেহ।

জসীমউদ্দীন নিশীথকে কেবল প্রত্যক্ষ করেন না, নিশীথের সঙ্গীতকেও তিনি শ্রবণ করেন, এই দেখা ও শোনা কবিতায় ধরা পড়ে বিচিত্র চিত্রকল্পে—

জোনাকী মেয়েরা সারারাত জাগি জ্বালাইয়া দেয় আলো,
ঝিঁঝিরা বাজায় ঘুমের নূপুর কত যেন বেসে ভালো।

নিশীতের মতো পল্লী সন্ধ্যার রূপটিও কবির দৃষ্টিতে ধরা পড়ে, 'কবর' কবিতার শেষ স্তবকে প্রকৃতির যে রূপটির সঙ্গে উপমিত হয় জীবনসন্ধ্যা ঘনিয়ে আসার বোধটি

ওই দূর বনে সন্ধ্যা নামিছে ঘন আবিরের রাগে
অমনি করিয়া লুটায়ে পড়িতে বড় সাধ আজ জাগে।

পল্লী বাংলার নিশীথ নিসর্গ জীসমউদ্দীনের 'পল্লী জননী' কবিতার আবহ। কবিতাটির প্রথম স্তবকে ঘোর রজনীর স্তব্ধ ও ভয়ংকর রূপের চিত্রকল্প,

রাত থম্ থম্ স্তব্ধ নিঝুম, ঘোর ঘোর আন্ধার,
নিশ্বাস ফেলি, তাও শোনা যায়, নাই কোথা সাড়া কার

প্রকৃতির অনুভূতিকে জসীমউদ্দীন দৃশ্য ও শব্দময় করার সঙ্গে সঙ্গে গন্ধময়ও করে তোলেন। পল্লী বাংলার অন্ধকার রাত্রির শব্দ গন্ধময় বাস্তব চিত্রকল্প,

ভন্‌ ভন্‌ ভন্‌ জমাট বেঁধেছে বুনো মশকের গান,
এঁদো ডোবা হতে বহিছে কঠোর পচান পাতার ঘ্রাণ।
'পল্লী জননী' কবিতার প্রথম স্তবকে জসীমউদ্দীন নিশীথ রাতে রুগ্ন সন্তানের
শিয়রে সেবারতা জননীর উদ্বিগ্ন হৃদয়ের বর্ণনায় যে চিত্রকল্প ব্যবহার করেন
তাতে প্রতীকের আভাস আছে—
শিয়রের কাছে নিবু নিবু দীপ ঘুরিয়া ঘুরিয়া জ্বলে,
তারি সাথে সাথে বিরহী মায়ের একেলা পরাণ দোলে।
এ কবিতায় রাত্রির চিত্রকল্প মৃত্যুর সম্ভাবনাকে আর প্রকৃতির অকল্যাণ চিহ্ন
শবযাত্রার দৃশ্যকে স্পষ্ট করে তোলে। বাঁশবনে কানাকুয়োর ডাক আর বাদুড়
পাখার বাতাস নৈশ প্রকৃতিতে যে আবর্তের সৃষ্টি করে তা মৃত্যুর মুহূর্তটিকে
আসন্ন করে আর শংকিতা মায়ের সঙ্গে সঙ্গে পাঠকও সচকিত হয়ে ওঠে সে
সম্ভাবনায়—
বাঁশবনে বসি ডাকে কানাকুয়ো, রাতের আঁধার ঠেলি,
বাদুড় পাখার বাতাসেতে পড়ে সুপারীর বন হেলি।
কবিতাটির শেষ স্তবকে মৃত্যুর মুহূর্তটি স্পষ্ট করার জন্যে পুনরায় প্রতীকের
সহায়তা গ্রহণ করা হয়েছে—
পার্শ্বে জ্বলিয়া মাটির প্রদীপ বাতাসে জমায় খেল,
আঁধারের সাথে যুঝিয়া তাহার ফুরায়ে এসেছে তেল।
প্রাণপ্রদীপের অবসান নিঃশেষিত প্রদীপ শিখার উপমানও প্রতীকে বর্ণিত।

জসীমউদ্দীনের কবিতার ভাষা :
যাওরে বৈদেশী বন্ধু যাও হাপন ঘরে,
অভাগী অবলার কথা রাইখ মনে করে
তোমার দেশেতে বন্ধু! ফুটবে কদম কলি
আমার দেশে কাজলা মেঘা লাগবে ঢলি ঢলি।
জসীমউদ্দীনের 'বৈদেশী বন্ধু'র ভাষার মধ্যে প্রকৃতিগত দিক থেকে তেমন
দুস্তর কোনো পার্থক্য নেই। তবে, জসীমউদ্দীনের ভাবমূলক ও ব্যক্তিকেন্দ্রিক
বর্ণনাধর্মী কবিতার ভাষায় আধুনিক পরিশীলিত রূপ অনেক বেশি স্পষ্ট এবং
উজ্জ্বল। কিন্তু তাঁর খণ্ড-কবিতার ভাষা অনেকখানি ভিন্ন :
উড়ানীর চর ধুলায় ধূসর
যোজন জুড়ি,

জলের উপরে ভাসিছে ধবল
বালুর পুরী।

এই ভাষা একেবারেই স্বতন্ত্র। তবুও, জসীমউদ্দীনের কবিতার ভাষায়-এর আধুনিক পরিশীলিত-বিবর্তিত রূপ সত্ত্বেও, লোক-কাব্যের ভাষার ঐতিহ্যের স্বাক্ষর মেলে। লোক-সাহিত্যের ধারার সাথে গভীর সম্পর্ক বজায় রাখার ফলেই তা ঘটেছে। কাব্যবেত্তারা বলেন, 'রসনির্ঝরের দুটি ধারা পাশাপাশি প্রবাহিত হয়ে আসছে যুগের পর যুগ। একটির নাম সাহিত্য, অপরটি লোক-সাহিত্য। ধারা দুটি কখনো ভিন্ন, কখনো অভিন্ন। কখনো বিচ্ছিন্ন কখনো অবিচ্ছিন্ন। সাহিত্যের গৌরবময় যুগে দেখেছি লোক- সাহিত্যের সম্পর্ক নিগূঢ়। হোমারের ইলিয়াড, কালিদাসের শকুন্তলা, শেক্সপীয়রের হ্যামলেট, গ্যেটের ফাউস্ট লোক-সাহিত্যনির্ভর। লোক-সাহিত্যের সঙ্গে যোগসূত্র ক্ষীণ হলে সাহিত্যের রস সঞ্চয় ক্ষয়ে আসে।'

অন্যত্র তিনি লিখেছেন :

মোরা লাঙল খুঁজে ফসল আনি
পাতাল পাথার হইতে,
সব দুনিয়ার আহার যোগাই
সেই না ফসল হইতে;
আর আমরা কেন খাইতে না পাই
পারো কি কেউ কইতে।

শোষণ-বঞ্চনার এই অনুভূতি, জনজীবনের সাথে একাত্মবোধ এবং গরিব-দুঃখীর সাথে সমমর্মিতা জসীমউদ্দীন ছাড়া আর কারে পল্লী-জীবননির্ভর কবিতায় এমন সহজ ও আন্তরিক নয়। জসীমউদ্দীনের পূর্বসূরী কিংবা সমসাময়িক কোনো কবি সমকালীন জীবন-নির্ভর কাব্য রচনায় লোক-কাব্য ও লোকগীতির ঐশ্বর্যময় অংশকে তাঁর মতো কাজে লাগাননি। ভাষা-ব্যবহার, উপমা, চিত্রকল্পনা রচনায় তাঁরা হাত পাতেননি লোক-কাব্য ও লোকগীতির ঐশ্বর্যময় ভাণ্ডারে। জসীমউদ্দীন তাঁর কাব্যভাষার জন্যে লোক-কাব্য ও লোকসঙ্গীতের শরণ নিয়েছেন, হাত পেতেছেন জনজীবনের কাছে। চরিত্রের কথোপকথনে, সংলাপের ভাষায়ই তিনি গ্রাম্য বাকভঙ্গী অধিক ব্যবহার করেছেন! বাংলাদেশের জনগণের মুখের বুলির যে সাধুরীতি অর্থাৎ ক্রিয়াপদে সাধুভাষার ব্যবহার, জসীমউদ্দীনে রয়েছে তার বহুল অনুসৃতি। কথ্যভাষা ও সাধুভাষার ক্রিয়াপদকেও তিনি পাশাপাশি সংস্থাপন করেছেন দক্ষতার সাথে।

তৎসম ও তদ্ভব শব্দকেও ব্যবহার করেছেন নৈপুণ্যে। জসীমউদ্দীনের কবিতার ভাষা জনজীবন ও লোক-কাব্যের ভাষার আধুনিক বিবর্তিত রূপ হলেও তাঁর আখ্যানমূলক কবিতার ভাষা ব্যবহারের ক্ষেত্রে এই সাযুজ্য বিশেষভাবে লক্ষ্য করা যায়। পূর্ববঙ্গ-গীতিকার ভাষায় বাংলাদেশের জনগণের কথা বুলির ক্রিয়াপদের সাধুরীতি অনুসৃত, জসীমউদ্দীনও একই রীতি অনুসরণ করেছেন তাঁর কবিতার ভাষায়। লোকজ শব্দ ব্যবহার এবং গ্রামীণ কথারীতির অনুসরণই তাঁর কবিতাকে বিষয়ানুসারে সহজ ও প্রাণময় করে তুলেছে। ময়মনসিংহ গীতিকার 'মহুয়া'র ভাষা :

> জল ভর সুন্দরী কন্যা জলে দিছে ঢেউ
>
> হাসি মুখে কওনা কথা, সঙ্গে নাই মোর কেউ।
>
> কেবা তোমার মাতা কন্যা কেবা তোমার পিতা
>
> এই দেশে আসিবার আগে পূর্বে ছিলে কোথা।

প্রাকৃতিক পরিবেশ, নৈসর্গিক রূপমহিমা কোনো না কোনোভাবে প্রায় সব কবির রচনায়ই বিধৃত হয়। শুধু রোমান্টিক কবিরাই নন, ক্লাসিক কবিরাও মানস-যাত্রায়, আত্মসত্তার আবিষ্কারে, বর্ণনায়-বিশ্লেষণে, উপমা-চিত্রকল্পে প্রকৃতি-আশ্রয়ী হন। বৃহত্তম গ্রাম-জীবন ও গ্রামীণ মানুষের সংগ্রামশীলতা, আশা-আকাঙ্ক্ষা, দুঃখ-বেদনা, সমাজবদ্ধ জীবনের সংখ্যাগরিষ্ঠ লোকের বাস্তব প্রতিফলন যার রচনায় প্রত্যক্ষভাবে ঘটে না, তিনিও উপজীব্য আহরণে, উপমা-উৎপ্রেক্ষা ও চিত্রকল্পের সন্ধানে গ্রামীণ জীবন, সামাজিক পরিবেশ ও প্রকৃতিতে ফিরে যান। এমন কি যিনি নাগরিক জীবনকেই কবিতার পট হিসাবে ব্যবহার করেন, তাঁর রচনায়ও রূপপ্রতীক ইত্যাদির পথ ধরে স্মৃতিচারণায়, গ্রামীণ জীবন, সামাজিক পরিবেশ ও প্রকৃতি হানা দেয়। বাংলা কবিতার ঐশ্বর্যময় রূপের দিকে তাকালে দেখা যাবে প্রাকৃতিক পরিবেশ, নৈসর্গিক সৌন্দর্য-মহিমা ও ঋতুরঙের বৈচিত্র্য। সুপ্রাচীনকাল থেকেই এ দেশের কবিরা নানাভাবে প্রকৃতিকে রচনার উপজীব্য করেছেন। কখনো কবিতায় নৈসর্গিক সৌন্দর্য- মহিমা ও ঋতুরঙের বৈচিত্র্য রূপ পেয়েছে বর্ণনায়, কখনো বা বিশ্লেষণে।

জসীমউদদীন শিক্ষা-দীক্ষা বঞ্চিত বিত্তহীন নিম্নবিত্ত সাধারণ মানুষের শতাব্দীকালের শোষণ-বৈষম্য-পীড়িত সমাজ-ব্যবস্থা এবং তা পরিবর্তনের অপরিহার্যতা সম্পর্কে ধীরে ধীরে সচেতন হয়ে উঠেছিলেন। সমাজ সংগঠনের ক্রুটি বিচ্যুতিও তিনি চোখে আঙুল দিয়ে দেখিয়ে দিয়েছেন, কিন্তু সে সবের পরিবর্তনে সমষ্টিগত বিপ্লবী কর্মকাণ্ডে জনমানুষকে ঝাঁপিয়ে পড়ার কথা

কোথাও সুস্পষ্ট করে বলেছেন বলে মনে হয় না। তবে ব্যক্তিগতভাবে সুন্দর ও সমুন্নত জীবনসাধনার পথে অগ্রসর হবার কথা তিনি বলেছেন। তাঁর সৃষ্ট 'মাটির কান্না', সোজন বাদিয়ার ঘাট, 'বেদের মেয়ে', 'বোবা কাহিনী' ইত্যাদি গ্রন্থ তাঁর সমাজ ও শ্রেণী সচেতনতার প্রমাণও উপস্থিত করে। জসীমউদ্দীনের চরিত্র ও ব্যক্তিত্বে যে সরল, সহজ, অকপট ও সৌন্দর্য-প্রিয়তার বৈশিষ্ট্য লক্ষ্য করা যায় তা নগর জীবনের অগ্র জৌলুস, কৃত্রিমতা, জটিলতা, কুটিলতায় কখনও আচ্ছন্ন হয়েছে বলে মনে হয় না। এটা সম্ভব হয়েছে প্রধানত বাংলার পল্লী প্রকৃতি জীবন ও লোকজ সংস্কৃতির প্রতি তাঁর প্রগাঢ় প্রীতি ও ভালোবাসা থেকে। তিনি গড়ে উঠতে থাকেন একজন সরল, উদার, মানবিক ও সৌন্দর্যপ্রিয় ব্যক্তিত্ব হিসেবে এসব কিছুর সমন্বিত প্রভাবেই তিনি হয়ে ওঠেন একজন উদার অসাম্প্রদায়িক জাতীয়তাবাদী ও মানবতাবাদী হিসেবে। তিনি অনাড়ম্বর, জীবনবাদী ও সৌন্দর্যপ্রিয় মনুষ। তাঁর জীবন-দর্শন তাই নেতি বা নৈরাশ্যবাদী নয়, তা মানবিকতা, উদারতা ও আশাবাদিতায় সমুজ্জ্বল।

রবীন্দ্রোত্তর বাংলা কবিতাকেই আমি আধুনিক বাংলা কবিতা বলে চিহ্নিত করতে চাই। আধুনিক কবিতা এবং আধুনিক বাংলা কবিতার মধ্যে বেশ কিছু পার্থক্য রয়েছে। জসীমউদ্দীন, বাংলা কাব্যের অমরদের একজন। তিনি তাঁর কবিতায় গ্রাম বাংলার রূপ-রস-গন্ধ নিয়ে এলেন—যা তাঁকে স্বাতন্ত্র্যের মুকুট পরিয়ে দিল। এমন নয় যে, তাঁর আগে কোনো বাঙালি কবি পল্লী জীবনের ছবি আমাদের উপহার দেননি ; রবীন্দ্রনাথ থেকে শুরু করে বন্দে আলী মিয়ার কবিতায় আমরা গ্রামের অনেক খণ্ড খণ্ড চিত্রের দেখা পাই। অনেকে হয়তো জানেন না জসীমউদ্দীনের কোনো কবিতার বই প্রকাশিত হওয়ার আগেই বন্দে আলী মিয়ার কাব্যগ্রন্থ 'ময়নামতীর চর' পাঠক সমাজের লক্ষ্যগোচর হয়। তবে এ কথা স্বীকার করতেই হবে জসীমউদ্দীনের মতো অন্য কোনো কবিই গ্রাম বাংলার এমন বিশদ এবং মনোমুগ্ধকর চিত্র ফুটিয়ে তুলতে পারেননি। 'নক্সীকাঁথার মাঠ' এবং 'সোজন বাদিয়ার ঘাট'-এর মতো অপূর্ব পল্লীগাথা আর কে রচনা করেছেন ? জসীমউদ্দীনের কাব্য সংকলন 'সুচয়িনী' খুলেই যখন পড়ি—

এই গাঁয়েতে একটি মেয়ে চুলগুলি তার কালো কালো,
মাঝে সোনার মুখটি হাসে আঁধারেতে চাঁদের আলো।
রানতে বসে, জল আনতে, সকল কাজেই হাসি যে তার,
এই নিয়ে সে অনেক বারই মায়ের কাছে খেয়েছে মার।
সান করিয়া ভিজে চুলে কাঁখে ভরা ঘড়ার বারে

মুখের হাসি দ্বিগুণ ছোটে কোনো মতেই থাকতে নারে।
তখন শুধু একজন গ্রাম্য মেয়ের ছবিই আমাদের মনের চোখে ফুটে উঠে না,
আমরা প্রস্তুত হই সেই জগতে প্রবেশ করার জন্যে। বলা যায় চিরন্তন মানুষ
এটি, চিরকালের দুঃখ তার মনে, চিরকালের ভালোবাসাও।
গ্রামীণ সংস্কৃতি ও পল্লী-পরিবেশ জসীমউদ্দীনকে কতটা আচ্ছন্ন রেখেছে,
কতখানি প্রভাব বিস্তার করেছে, তা তাঁর প্রতিটি কবিতায়, কাব্যে ভাস্বর হয়ে
আছে।
যেমন-

>   চলে বুনো পথে জোনাকী মেয়েরা কুয়াশা কাফন ধরি,
>   দুঃছাই! কিবা শংকায় মার পরাণ উঠিছে ভরি।

কিংবা-

>   জোনাকী মেয়েরা সারারাত জাগি জ্বালাইয়া দেয় আলো,
>   ঝিঝিরা বাজায় ঘুমের নূপুর কত যেন বেসে ভালো।

-      এ কথা, এ চিত্র কি নাগরিক শিক্ষিত পটুত্বের জীবনের অপরিহার্য
       অঙ্গ ?

>   শোন মা, আমার লাটাই কিন্তু রাখিও যতন করে,
>   রাখিও ঢ্যাপের মোয়া বেঁধে তুমি সাতনরি সিকা ভরে।
>   খেজুর গুড়ের নয় পাটালিতে হুড়ুমের কোলা ভরে,
>   ফুলঝুরি সিকা সাজাইয়া রেখো আমার সমুখ পরে।

অপ্রাচুর্যের সংসারে সামান্য চাওয়া-পাওয়ার আনন্দ-বেদনা পল্লী মায়ের ঘরের
নিত্যকার লীলা। একি কখনো ভোলা যায়।

>   ঘরের চালেতে হুতুম ডাকিছে, অকল্যাণ এ সুর,
>   মরণের দূত এলো বুঝি হায়। হাঁকে মায়, দূর দূর।

-      একি গ্রাম-বাংলার শাশ্বত ছবি নয় ? বিশ্বাস সংস্কার মিশ্রিত এ ছবি
       আমার, আপনার, সবার। পল্লীকবি পল্লীর ঘরের মানুষের ছবি আর
       তাদের মুখের বুলি কতভাবে ইনিয়ে বিনিয়ে রূপ দিয়েছেন! এ যেন
       শিশুর হাতের পুতুল। সে হাতায়ে দেখে, আবার রাখে, আবার
       দেখে। কিছুতেই তার সখ মেটেনা।
       বাঙালির মনে পল্লীচেতনা তথা লোকজীবন ও সংস্কৃতি সম্পর্কে
আগ্রহ জাগিয়ে রাখতে জসীমউদ্দীনের এই কাব্যোদ্যোগ অনেকটাই সার্থক
হয়েছিল। জসীমউদ্দীনের কাব্যসাধনা শুধু নতুন করে শিক্ষিত সমাজের দৃষ্টি
পল্লীর দিকে আকর্ষণ করেনি, তাঁদের অনেকের সামনে লোকজীবন ও লোক

সাহিত্যের ঐতিহ্যাশ্রয়ী শিল্প রচনার এক নতুন ভুবন সৃষ্টির সম্ভাবনাও উন্মোচিত করে দিয়েছিল। তাই কাব্যের আসরে আবির্ভূত হয়েই তিনি বহু মানুষের হৃদয় জয় করতে সমর্থ হয়েছিলেন। জসীমউদ্দীনের একনিষ্ঠ সাধনার বুঝি তুলনা হয় না। জন্মগত অধিকারেই যেন তিনি পল্লীবাংলার জীবন ও সংস্কৃতির একজন স্বাভাবিক প্রতিনিধি ও প্রবক্তা ছিলেন। পল্লীজীবনের গভীর থেকেই তিনি উঠে এসেছিলেন, ওখান থেকে প্রথমাবধি পুষ্টি খুঁজে নিয়েছিলেন নিজ কবি-প্রতিভার। আধুনিক শিক্ষাদীক্ষার আশীর্বাদ পুষ্ট হয়েও তিনি ঐ পল্লীবৃত্তেই সংস্থিত থেকে জীবনভর কাব্যচর্চা করেছেন। একদিকে পল্লী মানুষের আবেগ, চিন্তা ও ভাবনার মণিখনি গ্রাম্য গীতি গাথা, ছড়া-প্রবাদ, কিংবদন্তী কিস্সার রাজ্যে অশ্রান্ত পরিক্রমা চালিয়েছেন, ঐ সব সম্পদ সংগ্রহ ও সংরক্ষণের জন্যে ব্যক্তি ও প্রতিষ্ঠানের সহযোগী হিসেবে কাজ করে গেছেন, অন্যদিকে ভিতরের শিল্পচেতনার তাগিদে পরম মমতায় পল্লীজীবন ও সংস্কৃতির ভাণ্ডার থেকে প্রয়োজনীয় উপকরণ নিয়ে অতি যত্নের সঙ্গে ছোট-বড় বিচিত্র কাব্যমালিকা গেঁথে চলেছেন, আর তা পরম সমাদরে পল্লীবাসীদের কণ্ঠে পরিয়ে দিয়েছেন একের পর এক। সেই মাল্যভূষিত পল্লী নরনারীকে তিনি দেশবাসী সবাইর সামনে উপস্থাপিত করেছেন। দেশবাসী পল্লীর মানুষরা তো বটেই, শিক্ষিত নগরবাসীরাও তাদের সমাদর জানাতে কুণ্ঠিত বোধ করেনি।

জসীমউদ্দীন অভ্রান্ত শিল্পবোধ ও উচ্চাঙ্গের কবিত্বশক্তির বলে আঞ্চলিক সাহিত্যের সীমাবদ্ধতাকে অতিক্রম করে তিনি মানস প্রসারতার গুণে মেলবন্ধন রচনা করতে সমর্থ হয়েছিলেন। তিনি লোককবিদের কাব্যোপকরণকে শ্রদ্ধাভরে গ্রহণ করে নতুন কাব্য সুষমা দানে আশ্চর্য রকমের পারঙ্গমতা প্রদর্শন করতে সক্ষম হয়েছেন। তাই তাঁর চেতনায় 'মৈমনসিংহ গীতিকা' ও অন্যান্য পল্লীগীতি-গাথার জগতের সঙ্গে রবীন্দ্রনাথ-নজরুল এর প্রেম সৌন্দর্যের জগতের সহাবস্থান অস্বাভাবিক কোনো ব্যাপার হয়নি। জীবন প্রেমই তাঁকে এই গণ্ডী উত্তরণের ক্ষমতা যুগিয়েছিল।

জসীমউদ্দীনের কবি-প্রতিভার তিনটি উৎস রয়েছে : এক. প্রাচীন ও মধ্যযুগের কাহিনী ও সঙ্গীতাশ্রয়ী বিচিত্র কাব্য ঐতিহ্য ; দুই. গ্রাম্য সাহিত্য ও গ্রাম্য গান ; তিন. জনসাধারণের প্রতি জসীমউদ্দীনের অপরিসীম দরদ। তাঁর কাব্যবস্তু বিশ্লেষণ করলে তাতে কাহিনী ও সঙ্গীতাশ্রয়ী প্রাচীন ও মধ্যযুগের কাব্য-ঐতিহ্যের উপস্থিতি যেমন স্পষ্ট হয়ে ওঠে, তেমনি তাতে গ্রাম্যগীতি গাথার সুরের অনুরণনটিও স্পষ্ট শ্রুতিগোচর হয়। তারপর পল্লী নরনারীর

প্রেম-ভালবাসা, দুঃখবেদনা-সিক্ত, হাসি-অশ্রু বিগলিত কাহিনীকে তিনি এমনই সহানুভূতি ও দরদ দিয়ে বর্ণনা করেছেন যে তা প্রতিটি সংবেদনশীল হৃদয়ে দাগ কেটে দেয়।

জসীমউদ্দীন মানসিক রসপিপাসা চরিতার্থ করেছেন পুঁথি-গাথা-জারী-সারি-ভাটিয়ালির বিচিত্র আসরে। কবিতায় তাই লোকজ উপকরণ ও আধুনিক শিল্প-চেতনার চমৎকার সংশ্লেষ ঘটেছে। তিনি কাব্যের বস্তু-সম্পদ আহরণ করেছেন লোক-জীবন ও লোক-ঐতিহ্য থেকে। গ্রামীণ জীবন তিনি খুব কুশলী হাতে আঁকতে সক্ষম কিন্তু এই অঙ্কন-রীতিতে আধুনিক শিক্ষার ছাপ স্পষ্ট। 'রাখালী' অথবা 'বালুচর' কাব্যের খণ্ড কবিতাগুলোতে কৃষক, জেলে, মাঝি, বৈরাগী প্রভৃতির জীবনের পটভূমিতে প্রেমের অনুষঙ্গ পরিচর্যায় বিকশিত হয়েছে। 'নক্সীকাঁথার মাঠ' ও 'সোজন বাদিয়ার ঘাট'-এর কাহিনী বিন্যাসের মূলে 'মৈমনসিংহ-গীতিকা'র অনুসৃতি অস্পষ্ট নয়—কিন্তু এখানে কবির অনুভূতির সঙ্গে যুক্ত হলো নিবিড় নাটকীয়তা। গ্রাম-জীবন ও গ্রামীণ সংস্কৃতির অযত্ন-রক্ষিত অনুজ্জ্বল উপকরণ জসীমউদ্দীনের কবিতায় দ্যুতি-মণ্ডিত অলঙ্কারে রূপান্তর লাভ করলো। এই রূপান্তর এতই বৈপ্লবিক যে তাঁকে জন্মান্তর বললে অত্যুক্তি হয় না।

জসীমউদ্দীনের কাব্যে সমকালীন দেশ ও কালের একটি সত্যশীল ছবিই বিম্বিত হয়েছিল বলে নাগরিকতার ক্রমবর্ধমান প্রভাবের দিনেও আধুনিক পাঠকের মন জয় করতে কোনো অসুবিধাই তাঁর হয়নি। আবহমান বাংলার পল্লীজীবনের যে ঐশ্বর্য লোকসাহিত্যকে আশ্রয় করে বিচিত্র বর্ণের কলাপ মেলে যুগ যুগ ধরে পল্লীবাসী বাঙালির মনের রস-পিপাসা মিটিয়েছে, সেই লোকসাহিত্যের ঐতিহ্যের সুষ্ঠু শিল্পসম্মত প্রয়োগের জন্যেই যে জসীমউদ্দীনের কাব্য শিক্ষিত পাঠকের কাছেও অনেকটা আদরণীয় হয়ে উঠেছিল, তাতে সন্দেহ নেই। আসলে পল্লীজীবনের রূপ-সৌন্দর্য আজ অনেকটাই অপগত হলেও, পল্লী এখনও আমাদের স্মৃতির জগতে অনেক মাধুর্যের স্বপ্ন নিয়েই উপস্থিত। তাই জসীমউদ্দীনের কাব্যে পল্লীর রূপ-সৌন্দর্যের যে অপরূপ মায়ালোক সৃজিত হয়েছে, তা আধুনিক কবিতা পাঠকের নগর-প্রবাসী অন্তরে এক ধরনের নস্টালজিয়া সৃষ্টি করে। তাঁর কাব্যে প্রেম যেমন এক শাশ্বত মহিমময় অনুভূতিরূপে দীপ্ত, সুন্দর ও তেমনি এক অম্লান, অক্ষয়, অব্যয় রূপে সংস্থিত। তবে রবীন্দ্রনাথের কবিতার মত তাঁর কবিতায় চিন্তার বহুমাত্রিকতা যেমন দেখা দেয়নি, তেমনি প্রস্ফুট হয়ে ওঠেনি নিগূঢ় অনুভবের বিচিত্র জটিল রূপ। এর ফলে তাঁর প্রেম ও সুন্দরের

অনুধ্যানমূলক কবিতাগুলো বিচিত্রস্বাদী ও বর্ণাঢ্য হয়ে উঠতে পারেনি। জসীমউদ্দীন সুন্দরকে দেখেছেন 'পল্লী রাখালের হাসিতে', 'গ্রাম্য বালিকার-ক্রীড়া-চঞ্চল গতিভঙ্গিমা'য়, 'কখনও বা প্রকৃতির সনাতন প্রসাধন সজ্জিত অবস্থায়।' আর প্রেমকে দেখেছেন বৈষ্ণব কবির আকুলতা ভরা চোখে, পল্লীবালার ডাগর চোখের চাহনিতে।' এখানেও তিনি শেষ পর্যন্ত প্রাচীন কাব্য ও পল্লীগীতি গাথার ঐতিহ্যাশ্রয়ে রবীন্দ্রনাথ থেকে আপন স্বাতন্ত্র্য স্পষ্ট করে তুলেছেন।

জসীমউদ্দীন তাঁর কাব্যের ভাববস্তু যেমন আহরণ করেছেন সমাজের অভিজাত এলাকার বাইরে থেকে, তেমনি কাব্যের ছন্দ, ভাষা ও উপমা প্রয়োগেও প্রায়শ আভিজাত্যকে পরিহার করেছেন। সেই জন্যেই দেখি অভিজাত অক্ষরবৃত্ত ছন্দের পরিবর্তে অনভিজাত স্বরবৃত্ত ছন্দের প্রতিই তিনি সর্বদা পক্ষপাত দেখিয়েছেন। ঐ একই কারণে মাত্রাবৃত্ত ছন্দ ও অক্ষরবৃত্ত ছন্দের চেয়ে বেশি গ্রহণীয় মনে হয়েছে তাঁর কাছে। আধুনিক শিক্ষাদীক্ষার যে একটা সুফল এখানে প্রত্যক্ষ করি তা এই যে কবি প্রায় সর্বদাই যথার্থ শিল্পীসুলভ ঔচিত্যবোধের অনুগামী হয়েছেন। তবে ব্যতিক্রম যে নেই, তা নয়। এই ব্যতিক্রম সেখানেই ঘটেছে, যেখানে তিনি অনভিজাত এলাকা থেকে সরে এসে অভিজাত এলাকায় কাব্যবস্তু সন্ধান করেছেন। তাই দেখি নাগরিক সংস্থানে যেখানেই তিনি কাব্য রচনার প্রয়াস পেয়েছেন, সেখানেই যেন তিনি শিল্পীসুলভ মাত্রাজ্ঞান হারিয়েছেন। অর্থাৎ পল্লীপথিক কবিপল্লী পথের বাইরে কোথাও তেমন স্বাচ্ছন্দ্যবোধ করেননি। অথচ যুগধর্মে তিনি নাগরিক জীবনের তরঙ্গদোলাও কিছুটা অনুভব না করে পারেননি। তাই তাঁর কাব্যের কোথাও কোথাও যেমন নাগরিক পরিবেশের উপস্থিতি প্রত্যক্ষ করা যায়, তেমনি আধুনিক নাগরিক মানুষের ন্যায় রাজনৈতিক চেতনা ও সমাজ-ভাবনা প্রকাশের আগ্রহ দেখা যায়। এতদসত্ত্বেও স্বীকার করতে হয় কবিতার এই পরিমণ্ডলে তিনি বৈশিষ্ট্য-বর্জিত–কি ভাববস্তুর উপস্থাপনায়, কি তার রূপকর্মে। জসীমউদ্দীনের কবিত্বের প্রকৃত ক্ষেত্র প্রথমাবধি পল্লীই থেকে গিয়েছে।

জসীমউদ্দীন তাঁর কবিতায় পূর্ব বাংলার আঞ্চলিক শব্দ ব্যবহার করেছেন মাত্র ছ'টি : যথা, সান (< স্নান), বড়ু (বেড়ো), হুড়ুম (মুড়ি), খাড়ু (নূপুর), নওসা (বর) ও নিদয়া। 'রাখাল ছেলে' (মোট পংক্তি সংখ্যা ২৮) কবিতায় আঞ্চলিক শব্দ মাত্র একটি (নাও < নৌকা)। ১১৮ পংক্তিতে সমাপ্ত 'কবর' কবিতায় এরকম শব্দ সংখ্যা সাতটি : যথা, দেড়ী (দেড়), আন্ধার

(আঁধার), সপ্ (মাদুর), বা-জান (বাবা), আথাল (গোয়াল), মাথাল (কৃষকের মাথায় রোদ-বৃষ্টিতে ব্যবহৃতব্য আবরণ) এবং ভেস্ত নাজেল (বেহেশত প্রাপ্তি)। বাষট্টি পংক্তি-সম্পন্ন 'পল্লী জননী' কবিতায় অপরিচিত আঞ্চলিক শব্দ মাত্র তিনটি : হুড়ুম, বেথুল (বেতফল) ও আড়ং (রথের মেলা)। স্মর্তব্য যে উল্লেখিত চারটি কবিতাই (রাখালী, রাখাল ছেলে, কবর, পল্লী জননী) জসীমউদ্দীনের কবিতার পল্লী-পরায়ণতা প্রমাণের জন্যে প্রায়শ আলোচিত হয়ে থাকে। কৌতূহলের বিষয় যে, কবিতার উপকরণ পল্লী-জীবন সম্পর্কিত হলেও জসীমউদ্দীনের ভাষা আদৌ পল্লীমুখীন নয়। তাঁর স্বরবৃত্ত ছন্দ-নির্ভর কবিতায় যে-কথ্য ক্রিয়াপদ ব্যবহৃত, তাও নাগরিক। মাত্রাবৃত্তের এলানো ভঙ্গির জন্যে সাধু ক্রিয়াপদের প্রাচুর্য ঘটলেও তার সামগ্রিক আবেদনে সাধুভাষার জড়তা নেই, কেননা শব্দ-ভাণ্ডার মূলত তদ্ভব ও দেশি। উদাহরণ হিসেবে 'কবর' ও 'পল্লী জননী' কবিতা থেকে দুটি স্তবক উদ্ধৃত করছি—

ক.

গাছের পাতারা সেই বেদনায় বুনো পথে যেত ঝরে,
ফাল্গুনী হাওয়া কাঁদিয়া উঠিত শুনো-মাঠখানি ভরে।
পথ দিয়া যেতে গেঁয়ো পথিকেরা মুছিয়া যাইত চোখ,
চরণে তাদের কাঁদিয়া উঠিত গাছের পাতার শোক।
আথালে দুইটি জোয়ান বলদ সারা মাঠ পানে চাহি,
হাম্বা রবেতে বুক ফাটাইত নয়নের জলে নাহি।

খ.

ফেরে ভন্ ভন্ মশা দলে দলে ফুল ফুটে ঝরে বনে,
ফোঁটায় ফোঁটায় পাতা-চোঁয়া জল ঝরিছে তাহার সনে।
রুগ্ন ছেলের শিয়রে বসিয়া একলা জাগিছে মাতা,
সম্মুখে তার ঘোর কুঞ্জটি মহাকাল রাত পাতা।
পার্শ্বে জ্বালিয়া মাটির প্রদীপ বাতাসে জমায় খেল,
আঁধারের সাথে যুঝিয়া তাহার ফুরায়ে এসেছে তেল।

'বালুচর' কাব্যের সতেরোটি কবিতাই মাত্রাবৃত্ত ছন্দে রচিত। এইসব কবিতায় গ্রামীণ শব্দের ব্যবহার প্রায় অনুপস্থিত। নাগরিক কথ্যভাষার শক্তি ও গতি দুই-ই 'বালুচরে'র ভাষায় লক্ষ্য করা যায়। 'সফল সন্ধ্যা' কবিতা থেকে একটি স্তবক নীচে উদ্ধৃত করা গেল-

ও অধর আর ওই রাঙা হাসি, ওই ফুল তনুখানি,
অনাহত কোন রাগিণীতে যেন আমারে ফিরছে টানি

এত ভাল লাগে এ দেহ তোমার, সেথায় যে প্রাণ থাকে
সেকি একবার সাড়া দিতে নারে ভালবাসি এই ডাকে !
ও রাঙা ঠোঁটের কালো তিলটির ভোমর পাখার পরে,
সেকি ওই কথা উড়াতে পারে না আজিকে আমার তরে !

কিন্তু প্রয়োজনবোধে ভাষার এই কথ্য মেজাজকে অতিক্রম করে জসীমউদদীন তৎসম শব্দবহুল সাধু ভঙ্গির আশ্রয়ও কখনো কখনো নিয়েছেন। 'মুসাফির' কবিতা তার দৃষ্টান্ত!

জসীমউদ্দীনের কবি-মানস ও কাব্য-চেতনার উপলব্ধির এ সমাজ, এ স্বভাব, এ মেজাজটি জানতে হবে। জসীমউদ্দীন কাব্য-সাধনায় অবতীর্ণ হয়েছেন রবীন্দ্রনাথ ও নজরুল ইসলাম যখন উজ্জ্বল জ্যোতিষ্করূপে দেদীপ্যমান। স্বভাবতই তাঁর মধ্যে গীতি-রসাশ্রিত কাব্য সুষমা রোমান্টিকতায় মণ্ডিত হয়েছে, দেখলেই আমরা তৃপ্তি লাভ করতাম। কিন্তু তাঁর কাছে আরও একটি অতিরিক্ত প্রাপ্তি আমাদের নতুন স্বাদের সন্ধান দেয়। আমাদের সমাজে প্রচলিত লোকসাহিত্য ও তার ঐতিহ্য তাঁকে মুগ্ধ করেছে। তিনি সেটি আত্মস্থ করে নিয়ে অভিনব মোড়কে প্রকাশ করলেন। জসীমউদ্দীনের পল্লীকাব্য আধুনিকতার শ্বাসরোধকারী আবেষ্টনীর মধ্যেও আপন প্রাণশক্তিতে প্রতিষ্ঠা জমাতে সমর্থ হয়েছিল। তিনি আধুনিক কাব্যের আসরে 'পল্লীর প্রতিনিধি' কবি হিসেবে অভিনন্দিত হয়েছিলেন। পূর্ববাংলার তথা বাংলাদেশের গ্রামজীবনের গভীর থেকে উঠে- আসা এ কবির কাব্য যাত্রায় কিছু সহযাত্রী এবং অনুসারীও জুটেছিল বাস্তব কারণেই। সহযাত্রীদের মধ্যে বিখ্যাত হচ্ছেন 'ময়নামতীর চরের' লেখক বন্দে আলী মিয়া এবং 'মরাল' কাব্য-প্রণেতা কাজী কাদের নওয়াজ। বন্দে আলী মিয়া ও কাজী কাদের নওয়াজ মূলত রবীন্দ্রানুসারী কবি। তাঁরা প্রেম ও সৌন্দর্যের অনুধ্যানেই তৃপ্তি খুঁজেছেন বেশি। তবে রবীন্দ্রানুসারী অন্যান্য কবির ন্যায় তাঁরাও রোমান্টিকের স্বপ্নাচ্ছন্ন দৃষ্টি নিয়ে পল্লীর দিকে তাকিয়েছেন, পল্লীজীবনের খণ্ড ক্ষুদ্র বহু দৃশ্যকে বিশ্বস্ততার সঙ্গে কাব্যে রূপায়িত করেছেন। কিন্তু পল্লী কখনই তাঁদের আত্মার আত্মীয় হয়ে ওঠেনি। এখানেই সবার উপর জসীমউদ্দীনের জিত।

জসীমউদ্দীন পল্লীজীবন নিয়ে কবিতা লিখলেও কোথাও গ্রাম্য বা আঞ্চলিক কবি হয়ে ওঠেননি। তিনি তাঁর কবিতার উপকরণ গ্রামজীবন থেকেই প্রায়শ গ্রহণ করেছেন ; কিন্তু কবিতার প্রকরণ ব্যবহারে তিনি সর্বদা আধুনিক শিল্পী-উচিত পরীক্ষা-নিরীক্ষা ও প্রযত্নের পরিচয় দিয়েছেন। কোথাও প্রায় পল্লীকবিদের স্বভাবের পথে হাঁটেননি। একথা যথার্থ যে একদিকে

পল্লীজীবনের প্রতি অপরিসীম দরদ ও সহানুভূতি, অন্যদিকে কাব্যদেহ-নির্মাণে আধুনিক শিল্পীসুলভ প্রযত্ন তাঁর কাব্য-সাধনাকে শিক্ষিত সমাজের কাছেও প্রাণবন্ত ও আকর্ষণীয় করে তুলেছিল।

4.0 উপসংহার

মুসলিম মধ্যবিত্তের বিকাশপর্বে জসীমউদ্দীনের মতো কবির রচনায় লোকজীবনের রূপায়ণ ঘটেছিল স্বাভাবিক ভাবেই। শতাব্দীর পরবর্তী দশকগুলোতে মধ্যবিত্ত মুসলমান ক্রমশ নগরাভিমুখী হলো, গ্রামীণ জীবনের সঙ্গে তার ব্যবধান যতোই বাড়ল—মুসলমান কবিকর্মী ততোই নিরালম্ব শূন্যতার শিকার হলেন। বিভাগোত্তর কালের ঢাকায় তিরিশের অনুকরণে হতাশা নৈরাশ্য ইত্যাদির পুনরাবৃত্তি তরুণ কবিদের লেখায় – অথচ তখনো ঢাকার প্রকৃত নগরায়ণ শুরু হয় নি। কিন্তু তাই বলে এই তরুণ কবিরা কেউ আর গ্রামে ফিরে যেতে পারেন নি। সেটা স্বাভাবিকও নয়। একমাত্র আল মাহমুদের কবিতায় লোকজীবনের যে-ব্যবহার দেখা গেছে তাকে কোনো ক্রমেই লোকজগতে প্রত্যাবর্তন বলা যাবে না। স্বতন্ত্র নিবন্ধে সে বিষয়ে আলোচনার প্রত্যাশা রাখি।

5.0 তথ্য নির্দেশিকা

জসীমউদ্দীন: কাব্য সমগ্র।
জসীমউদ্দীন: জীবন কথা।
জসীমউদ্দীন: মুর্শীদা গান।
জসীমউদ্দীন: যাঁদের দেখেছি।
জসীমউদ্দীন: ঠাকুর বাড়ির আঙিনায়।
দীনেশচন্দ্র সেন: পূর্ববঙ্গ গীতিকা।
দীনেশচন্দ্র সেন: প্রাচীন বাংলা সাহিত্যে মুসলমানদের অবদান।
আশুতোষ ভট্টাচার্য: বাংলার লোকসাহিত্য ও লোক-গীতিকা।
মোহিতলাল মজুমদার: আধুনিক বাংলা সাহিত্য।
এ. কে. এম. আমিনুল ইসলাম : জসীমউদ্দীন : কবি ও কাব্য।
সুনীলকুমার মুখোপাধ্যায়: : জসীমউদ্দীন : কবি-মানস ও কাব্যসাধনা।
অচিন্ত্যকুমার সেনগুপ্ত: কল্লোল যুগ।
মুহম্মদ আবদুল হাই ও সৈয়দ আলী আহসান: বাংলা সাহিত্যের ইতিবৃত্ত।
কাজী দীন মুহম্মদ: বাংলা সাহিত্যের ইতিহাস (৪র্থ খণ্ড)

আবুল কাসেম ফজলুল হক : কবি জসীমউদ্দীন (২য় সং, ২০১০), প্রথম প্রকাশ, একুশে বইমেলা, ২০০৭।

ড. দুশন জবাতিতেল: 'সোজন বাদিয়ার ঘাট' (৭ম সং, ১৯৬০) কাব্যের পরিশিষ্টে সংযোজিত 'জসীমউদ্দীনের কবি-প্রতিভা' সম্পর্কিত বক্তব্য দ্রষ্টব্য, পৃ. ১৫০-১৫২।

বালুচর (৫ম সং, ১৯৬০)- কাব্যের শেষে সংযোজিত বারীন্দ্রকুমার ঘোষের বক্তব্য দ্রষ্টব্য।

T.S. Eliot : Tradition and The Individual Talent (1917)

হরপ্রসাদ মিত্র : 'বাংলা কবিতার কথা', সাহিত্যের নানা কথা, ইস্ট এন্ড কোং, কলিকাতা, প্রথম প্রকাশ, ১৩৬৩, পৃ. ১৮৪।

আল মাহমুদ : জসীমউদ্দীনের অহংকার, ৭ চৈত্র, ১৩৮২।

6.0 Author's Bionote

মো. হাসান আলী
এমফিল, ইসলামী বিশ্ববিদ্যালয়, বাংলাদেশ
ইমেইল : hasan.tis.iu@gmail.com.
ফোন : +৮৮০১৬৪৮৬৫৮৩৭৩

International Bilingual Journal of
Culture, Anthropology and Linguistics
ইন্টারন্যাশনাল বাইলিঙ্গুয়াল জার্নাল অফ
কালচার, অ্যানথ্রোপলজি আর লিঙ্গুইস্টিক্স

IBJCAL

eISSN: 2582-4716

Website: https://indianadibasi.com/journal/index.php/ibjcal

VOLUME: 5, ISSUE: 4 (December, 2023) || Special Issue: সাহিত্যের ভাষা: বিকাশ ও বিবর্তন

নবারুণ ভট্টাচার্যের নির্বাচিত রচনায় গালাগালি ব্যবহার: ভাষাতাত্ত্বিক বিশ্লেষণ / The Use Of Slang In Selected Works Of Navarun Bhattacharya: A Linguistic Analysis

আতোয়ার হোসেন

Abstract: We know that Slang is especially noticeable in oral language as well as in literary language. Navarun Bhattacharya, son of author of Mahasweta Dvi and play writer Bijan Bhattacharya is one of those who have used slang in literature.Who initiates abuse in poetry. Similarly, there are many slangs in his novels. The slangs used in Navarun Bhattacharya literature are bokachoda, paglachoda, dhyamnachoda, banchod, chudurbudur, chitya, shala, mal, magi, magir dalal, bheruya, khanki, khankir chhele, chhagal, pata, harami, harharami, luchchami, jadrel etc. Linguistic analysis of the mentioned slang is the main subject of our article. We will discuss the mentioned matter through analytical method.

Keywords: bokachoda, banchot, chutiya, shala, beshya, magir dalal, harharami, jadrel.

সংক্ষিপ্তসার: আমরা জানি গালি বিশেষ ভাবে লক্ষ্য করা যায় মুখের ভাষার পাশাপাশি সাহিত্যের ভাষায়ও। কারো কারো সাহিত্যে অতিরিক্ত গালি থাকায় নিসিদ্ধও হয়েছে। যাঁদের সাহিত্যে গালাগালি ব্যবহৃত হয়েছে তাঁদের মধ্যে

অন্যতম হলেন লেখিকা মহাশ্বেতা দেবী ও নাট্যকার বিজন ভট্টাচার্যের ছেলে নবারুণ ভট্টাচার্য। যিনি কবিতায় গালিগালাজের সূচনা করেছেন। তেমনি তাঁর উপন্যাসেও রয়েছে অজস্র গালিগালাজ। নবারুণ ভট্টাচার্যের নির্বাচিত সাহিত্যে ব্যবহৃত গালিগুলি হল বোকাচোদা, বানচোত/ৎ, চুতিয়া, শালা, বেশ্যা, মাগির দালাল, ভেরুয়া, খানকির ছেলে, হাড়হারামি, লুচ্চামি, জাঁদরেল ইত্যাদি। এরকম গালিগুলি কোথায় কোথায়, কীভাবে ব্যবহৃত হয়েছে এবং তার ভাষাতাত্ত্বিক বিশ্লেষণ-ই আমাদের আলোচ্য প্রবন্ধের মূল উপজীব্য বিষয়। আমরা উল্লিখিত বিষয়টি বিশ্লেষণাত্মক পদ্ধতির মধ্যে আলোচনা করব।

সূচক শব্দ: বোকাচোদা, বানচোত/ৎ, চুতিয়া, শালা, বেশ্যা, মাগির দালাল, ভেরুয়া, খানকির ছেলে, হাড়হারামি, লুচ্চামি, জাঁদরেল।

1.0 ভূমিকা

মানুষের সর্বশ্রেষ্ঠ আবিষ্কার হল ভাষা বা ভাষার ব্যবহার। ভাষার অন্যতম ব্যবহার হল গালিগালাজ। গালমন্দ বা গালির সমার্থক শব্দ হিসেবে ব্যবহার করা যেতে পারে খিস্তি করা, অপভাষা, কটুকথা, অশ্লীল শব্দ, কাজিয়া করা, মুখখারাপ করা ইত্যাদি। ইংরেজিতে যাকে বলে slang, slang language, informal words, verbal violence/war etc. গালিগালাজ মানুষের মনে বিরূপ প্রতিক্রিয়া সৃষ্টি করে বটে তবে ক্ষেত্রবিশেষে এর প্রয়োজনীয়তা অস্বীকার করার উপায় নেই। স্বাভাবিক ভাবে আমাদের প্রশ্ন জাগে এই গালি কাকে বলে। এর কি কোনও সংজ্ঞা হয় বা সংজ্ঞায় নির্দিষ্ট ভাবে প্রকাশ করা যায়।

2.0 গালির সংজ্ঞা ও গালিমাত্রই কি অশ্লীল: আমরা জানি যে কোনো বিষয়ের সংজ্ঞা নির্ণয় করতে গেলে বিষয়টির স্বরূপ ও পরিধি সম্পর্কে সম্যক ধারণা থাকা দরকার। তেমনি গালাগালি বা মুখখারাপ করা কী, সে বিষয়টি আমাদের জানা প্রয়োজন। তবে এ বিষয়ে সন্দেহ নেই যে, গালাগালি সেদিক থেকে একটি অতি দুরূহ বিষয়। কেননা, গালাগালির অর্থ ইংরেজি ভাষায় ধ্রুব নয়, সময়ের সঙ্গে সঙ্গে তা যেমন বদলেছে তেমনি তার বর্তমান অর্থ ও পরিধি সম্পর্কেও মতৈক্য প্রায় নেই ভাষাবিদ ও আভিধানিকদের মধ্যে। মার্কিন কবি কার্ল স্যান্ডবার্গ (Carl Sandburg 1878-1967) গালাগালি বিষয়ে বলেন The language which takes off its coat, spits on its hands and goes to work "তখন স্বভাবতই পাঠক গালাগালি বিষয়ে এক কবির তির্যক অনুভবের লক্ষণ দেখেন যা একজন কবির পক্ষেই স্বাভাবিক। কিন্তু এতে জানা হল না মুখখারাপের স্বরূপ কিংবা পরিধি। গালাগালি বা মুখখারপের ইংরেজি স্ল্যাং শব্দটার ব্যবহার যতই ব্যাপক হোক না কেন, এর অর্থ সম্বন্ধে মৈতক্য যে নেই তা আগেই বলেছি। আবার স্ল্যাং যে অশ্লীল হবেই এমন কথাও বলা যায় না। তবে এর প্রত্যটির সঙ্গে স্ল্যাং এর কিছু সম্পর্ক নিশ্চয় আছে। সুকুমার সেন স্ল্যাংকে 'ইতর ভাষা' বলেছেন। এ কথা সব সময় মেনে নেয়া যায় কারণ স্ল্যাং মান্য কথ্য এবং লিখিত উভয় ভাষাতে ব্যবহৃত হয়। আবার তা কোনো গোষ্ঠীবিশেষের মধ্যে সীমাবদ্ধ ইতর ভাষা হবে এমন কথাও বলা যায় না। অপভাষা শব্দটিতে ভাষার যে ইতরতার ইঙ্গিত আছে তা কিন্তু সমস্ত স্ল্যাং-এ থাকে না। স্ল্যাং শিষ্ট এবং আচারিক (formal) ভাষায় ব্যবহার্য নয় একথা ঠিক, স্ল্যাংকে সেই কারণে অশিষ্ট নিশ্চয় বলা যায়, কিন্তু স্ল্যাং মাত্রেই যে অশ্লীল বা অশালীন তা ঠিক নয়। এই কারণে ইতরতা দিয়ে স্ল্যাংকে বোঝানো যাবে না।

3.0 আমাদের সমাজে ব্যবহৃত গালি: আমাদের সমাজে গালি হিসেবে যে শব্দগুলো ব্যবহার করা হয় তা লক্ষ্য দেখা যাবে সেগুলোর অধিকাংশ এসেছে জীব জন্তু থেকে যাকে আমরা নিম্ন শ্রেণির জীব বলে থাকি সেসব থেকে। যেমন উল্লু, কুত্তা, গাধা, ছাগল, পাঁঠা, শুয়োর, ছুঁচো, মহিষ, বান্দর। কিছু এসেছে নেতিবাচক বা তুচ্ছার্থে ব্যবহৃত শব্দ থেকে। যেমন ফালতু, মূর্খ, বোকা, মরণ, পচা, পাজি ইত্যাদি। কিছু এসেছে রোগের নাম, শারীরিক ত্রুটি থেকে। যেমন পাগল, কানা, খোঁড়া, জিনধরা, কালা, কলেরা, যক্ষ্মা, বসন্ত ইত্যাদি। কিছু এসেছে পেশা থেকে। যেমন চোর, ডাকাত, কুলি, মুচি, মুটে, মেথর। কিছু এসেছে সম্পর্ক থেকে। যেমন শালা, শালী, সমন্দি, সতীন, মাগী, ভাতার, নাঙ, ভাই-ভাতারি। বাল, বাড়া, ভোদা ইত্যাদি এসেছে মানুষের যৌনাঙ্গ থাকে। আবার হেল, মাইফুট, ড্যাম, হারামি, কাফের, শয়তান, কামিনে ইত্যাদি বাংলা ভাষায় এসেছে অন্য ভাষা থেকে। এখন আমরা গালাগালির ভাষাতত্ত্ব নিয়ে আলোচনা করব।

4.0 গালির ভাষাতত্ত্ব: স্ল্যাং বা অশিষ্টবুলির ভাষাতাত্ত্বিক ব্যাখ্যা দিতে হলে মূলত দুটো দিক থেকে তাকে দেখতে হবে—শব্দগঠনগত আর ধ্বনি পরিবর্তনগত। এছাড়া একটা অর্থের দিক বা অর্থ পরিবর্তনের দিকও অবশ্য আছে। তবে প্রধানত প্রথম দুটোর কথাই বলতে হয়। নানাভাবে অশিষ্ট বুলি

তৈরি হয়। তার মধ্যে একটি প্রক্রিয়া হল সম্পূর্ণ নতুন শব্দ তৈরি করা যাকে neologism বলা হয়। দ্বিতীয় প্রক্রিয়া, পরিচিত ও প্রচলিত শব্দকে একটু বিকৃত করে বা বদলে নিয়ে ব্যবহার করা। এই বিকৃত মূলে থাকতে পারে ধ্বনি বিপর্যয় বা বিপর্যাস। ধ্বনি বিপর্যয়ের দৃষ্টান্ত হিসেবে বলা যায় কবরা। এটি এসেছে বকরা থেকে। যার অর্থ ছাগল। অন্য ভাষায় প্রচলিত শব্দকে ভেঙ্গে তার একটা টুকরো সমানে বা পিছনের অংশ নিয়ে বানানো হয় নতুন শব্দ। এভাবেই ফান্ডা এসেছে fundamental থেকে। আবার অন্য ভাষার শব্দ অর্থ বদল করে নিয়ে ব্যবহার করা হয়- ইনজেকশান এবং সিন্ডিকেট। নতুন শব্দ তৈরি স্ল্যাং এর অন্যতম বৈশিষ্ট্য। এরিক পাটরিজ তাঁর Dictionary of Slang and Uniconventional English বইয়ে যে হাজার হাজার স্ল্যাং সংকলন করেছেন তার মধ্যে আছে public ledger বা বেশ্যা, prow বা গাইয়া ইত্যাদি। শব্দগুলো তৈরি হয়েছে মূলের অর্থবদল ঘটিয়ে। ঢ্যামনা শব্দটা ভাষার শব্দভাণ্ডার থেকে নেওয়া হয়েছে। কিন্তু এর অর্থ পরিবর্তন ঘটেছে। তেমনি বাংলা স্ল্যাং হিসেবে চাটনা (ছ্যাবলামি) কথাটা চাটনি থেকে এসেছে বলে আন্দাজ করা হয়। এখানে উক্ত শব্দের ধ্বনি পরিবর্তন ও অর্থ পরিবর্তন দুই-ই হয়েছে। একটু ধ্বনি পরিবর্তন ঘটিয়ে পাওয়া গেছে 'চামচা' শব্দটা। এখানে শব্দটির অনেক অর্থ পরিবর্তন ঘটেছে। অশ্লীল কি না এ প্রশ্ন বড়োই জটিল। জটিল বিশেষত এই জন্য যে, অনেক লেখকই স্ল্যাং-এর যে-তালিকা প্রস্তুত করেছেন তার মধ্যে একটা অংশ নিশ্চিতভাবেই অশ্লীল। গালি বিশেষ ভাবে লক্ষ্য করা যায় মুখের ভাষার পাশাপাশি সাহিত্যের ভাষায়ও। কারো কারো সাহিত্যে অতিরিক্ত গালি থাকায় নিসিদ্ধও হয়েছে। যাঁদের সাহিত্যে গালাগালি ব্যবহৃত হয়েছে তাঁদের মধ্যে অন্যতম হলেন লেখিকা মহাশ্বেতা দেবী ও নাট্যকার বিজন ভট্টাচার্যের ছেলে নবারুণ ভট্টাচার্য। যিনি কবিতায় গালিগালাজের সূচনা করেছেন। তেমিন তাঁর উপন্যাসেও রয়েছে অজস্র গালিগালাজ। আমরা এখন নবারুণ ভট্টাচার্যের নির্বাচিত সাহিত্যে কোথায় কোথায় কীভাবে গালি ব্যবহৃত হয়েছে সেই দিকটি এখন আলোচনা করব।

5.0 নবারুণ ভট্টাচার্যের সাহিত্যে ব্যবহৃত গালি এবং ভাষাতাত্ত্বিক বিশ্লেষণ:

নবারুণ ভট্টাচার্যের সাহিত্যে ব্যবহৃত গালিগুলি হল (ক বি= কবিতা। হা, = হারর্বাট। কা মা= কাঙাল মালসাট। পৃষ্ঠা = পৃ/পেজ)

চুতিয়া: মুর্খার্থে 'চুতিয়া' শব্দের ব্যবহৃত হয়। এই শব্দের উৎপত্তি বিষয়ে বিভিন্ন মত হল চূত মানে আম বা আমগাছ। সংসদ অভিধানে এর অর্থ

চূত সং- চূত + অ (দীর্ঘ-উ)। জ্ঞানেন্দ্র মোহন দাশের অভিধানে চূষ (চুষা)+ ত (ম্ম)। যার অর্থ আম বা আমাগাছ। আবার চুত(ক্ষরণে)+অ (অপা) এর অর্থ প্রসব দ্বার। হরিচরণ বন্দ্যোপাধ্যায়ের মতে এর অর্থ চূৎ(ক্ষরণ)+অ(ক)-ক, দীর্ঘ (অ-টী)। যার অর্থ চূতক, চূতমঞ্জরী, চূতলতা, চূতকোরক প্রভৃতি। নগেন্দ্রনাথ বসু ও সুবল চন্দ্র মিত্রের মতে এর অর্থ উল্লিখিত অর্থগুলি ছাড়াও 'গৃহদ্বার' এবং 'মলদ্বার'। এখানে শব্দটির অর্থের সংক্রমণ ঘটেছে। তবে এখানে এটি গালি হিসেবে ব্যবহৃত হয়েছে 'চুতিয়া' কোথাকার (কা মাল, পেজ ২৪০)।

জল্লাদ: এই আরবি শব্দের অর্থ হৃদয়হীন, যে ব্যক্তির মায়া দয়া নেই, হত্যাকারী। আগে 'জল্লাদ' শব্দে বোঝানো হত একজন বিশেষ ব্যক্তিকে। এখন এর অর্থ যেকোন ধরণের হৃদয়হীন ব্যক্তি। সেদিক দিয়ে শব্দটির অর্থের প্রসারণ হয়েছে। এটি এখানে গালি হিসেবে ব্যবহৃত হয়েছে এভাবে "এই 'জল্লাদ'দের উল্লাস মঞ্চে আমার দেশ না...(এই মৃত্যু উপত্যাকা আমার দেশ না)। ...'জল্লাদ'কে ধর্মাত্ত করে তোলে।" (কা মাল, পেজ ২৪১)।

কসাইখানা: কসাইখানা শব্দের অর্থ পশু হত্যার স্থান, মাংসের দোকান। কিন্তু এখানে গালি অর্থে ব্যবহৃত হয়েছে। এখানে পশুর বদলে মানুষের হত্যার জায়গাকে বোঝানো হয়েছে। এখানে শব্দার্থের সংক্রমণ হয়েছে। যেমন "এই রক্ত স্নাত 'কসাইখানা' আমার দেশ না" (এই মৃত্যু উপত্যাকা আমার দেশ না)।

শালা: আমরা জানি এটি আত্মীয়তাবাচক শব্দ। যার অর্থ স্ত্রীর ভাই। যার সঙ্গে আত্মীয়তার সম্পর্ক আছে সেই এবং যার সঙ্গে মস্করার সম্পর্ক সেই বলতে পারেন। এখন শব্দটির ব্যপক রূপে ব্যবহৃত হয়। এখন এই শব্দটি গালি হিসেবেও ব্যবহৃত হয়। যেমন শালা, জারুয়া শালা, শালা তোর মাক/বোনকে ন্যাং (বিয়ে করি), শালা কি গরম/রোদ/ ইত্যাদি। এদিক দিয়ে শব্দার্থের সংক্রমণ ঘটেছে। এখানেও গালি হিসেবে ব্যবহৃত হয়েছে এভাবে "এক 'শালার' সঙ্গে দেখা হল"...(পেট্রল আর আগুনের কবিতা)। " গাক গাক করে চিল্লা চিল্লি 'শালা' কানে ঢুকেনা (কা মাল, পেজ ২৩৪)। আজ 'শালা' চাকতির দার খোলা হবে (কা মাল, পেজ ২৩৫)। 'শালা' বোধ হয় জন্ম বোবা। (কা মাল, পেজ ২৪০)। জন্ম ভূমিতে কী সব হচ্ছে লোকে 'শালা' কিছুই বুঝতে পারছে না (কা মাল, পৃ ২৪৪)। এই 'শালা'দের জন্যই তো পুলিশ খচরামির সুযোগ পায় (কা মাল, পেজ ২৪৫)। খোল 'শালা' চাকতির ঘর (কা মাল, পেজ ২৪৬)। 'শালা' একটা পদ্য পড়েছিলাম (কা মাল, পেজ ২৫৫)। যা

বলার ঐ 'শালা'রাই বলবে (কা মাল, পেজ ২৫৬)। করিস তো 'শালা' ভোট।"
(কা মাল, পেজ ২৬০)।

ছাগল: একটি চতুষ্পদী প্রাণী। আবার সংস্কৃতে 'ছাগ' কথাটির অর্থ ষড়রিপু। কাম, ক্রোধ, লোভ, মোহ, মদ, এবং মতসয্য। এই ষড়রিপুকে এককথায় বলে ছাগ। ছো + গ = ছাগ, +ল (লচ)। এর বিশেষ্য অর্থ অজ, পাটা। বিশেষণ নির্বোধ, মূর্খ। আগে ছাগল বলতে চতুষ্পদী প্রাণীকে, এখন ছাগল বলতে মানুষকে বোঝানো হয়। এখানে শব্দার্থের সংক্রমণ হয়েছে। এখানে শব্দটি গালি অর্থে ব্যবহৃত হয়েছে। যেমন " যতটা 'ছাগল' ভেবে ছিলাম ততোটা নয়।" (কা মাল, পেজ ২৬১)।

রাম ধোলাই: এই শব্দের অর্থ সংঘাতিক পিটুনি। তবে এটি রাগের সময় গালি অর্থেও ব্যবহৃত হয়। এখানেও ঠিক সেভাবেই ব্যবহৃত হয়েছে 'একে বারে রামধোলাই (কা মাল, পেজ২৩৩)

পোঁদ: এর অর্থ নিতম্ব, পাছা। এটি গালি হিসেবে ব্যবহৃত হয়। এখানেও একই ভাবে ব্যবহৃত হয়েছে " দেখবে সব শালা 'পোঁদ' সামলাতে ব্যস্ত" (কা মাল, পেজ ৩২৩)।

শুয়োরের ব্যাটা / নলেনের বাচ্চা: যার মা শুয়োরের সঙ্গে সংগম করেছে এমন মায়ের ছেলে। কাউকে ছোট বা হীন অর্থে এটি গালি হিসেবে ব্যবহৃত হয়। আগে শুঁয়োর বলতে চতুষ্পদী প্রাণীকে, এখন শুঁয়োর বলতে মানুষকে বোঝানো হয়। এখানে শব্দার্থের সংক্রমণ হয়েছে। এখানেও এটি গালি হিসেবে ব্যবহৃত হয়েছে। 'এই শুয়োরের ব্যাটা নলেনের বাচ্চা (কা মাল, পেজ ২৩৩)।

বেশ্যা: এই শব্দটি এসেছে সংস্কৃত 'বেশ' থেকে। মোনিয়র উইলিয়াম তাঁর 'সংস্কৃত ভাষার অভিধানে' 'বেশ' এর অর্থ হল বেশ্যার গৃহ/ বেশ্যালয়। সংস্কৃতে বেশ+য+আ। সাধারণ অর্থ চরিত্র হীন নারী। আগে বেশ্যা বলতে নির্দিষ্ট নারীকে বোঝানো হতো, এখন বেশ্যা বলতে যেকোনো নারীকে বোঝানো হয়। এখানে শব্দার্থের প্রসারণ হয়েছে। এটি গালি হিসেবে বহুল প্রচলিত। এখানেও গালি হিসেবে ব্যবহৃত হয়েছে " বেশ্যাকূলে সীতার সামিল, ভস্মে ঢালার ঘি (কবির ঔদ্ধত্য)। নিয়নের 'বেশ্যা'দের ফসফরাস...(কলকাতা)। ঘুমোতে গেছে 'বেশ্যারা' (ঘুমন্ত দৈত্য)। তুমি কি সবর হও 'বেশ্যা'বাহী শহরে বন্দরে ...(পটভূমি ১৩৮৮)।

মাগির দালাল / বেশ্যার দালাল /মাগিবাজি/ ভেড়ুয়া: দালাল হল ব্যবসা বা বাণিজ্যে ক্রয় ও বিক্রয়ের যে ব্যক্তি মধ্যস্থা করে। দালালি শব্দের

অর্থ বৃত্তি বা পেশা। বাজি শব্দের অর্থও বৃত্তি বা পেশা। আগে মাগি, বেশ্যা, দালাল, মাগিবাজি বলতে নির্দিষ্ট নারীপুরুষকে বোঝানো হতো, এখন যেকোনো খারাপ কাজের নারীপুরুষকে বোঝানো হয়। এখানে শব্দার্থের প্রসারণ হয়েছে। এখানে শব্দগুলি গালি অর্থে ব্যবহৃত হয়েছে এভাবে "'মাগির দালাল' 'ভেড়ুয়া' খদ্দের। ঐ লুটেরা 'মাগিবাজ' টাকে আদি পিতা বলে চালানো যেত (কা মাল, পেজ ৩১৫)।... লুকোচুরি খেলে ভি ডি 'বেশ্যার দালাল'...(খারাপ সময়)।

হারামি/হাড়হারামি: 'হারাম' এই ফারসি শব্দের অর্থ নিসিদ্ধ। 'হারামি' শব্দের অর্থ দুর্জন, অসৎ, জারজ, যার বাবার ঠিক নেই এমন মানুষ। হাড়হারামি শব্দের অর্থ খুবই দুর্জন, অসৎ ব্যক্তি। আগে নির্দিষ্ট লোককে বলা হত, এখন গালি হিসেবে যেকোন ধরণের লোককে হারামি/ হারহারামি বলা হয়। তাই শব্দার্থের দিক দিয়ে এই শব্দের প্রসারণ ঘটেছে। এখানে গালি হিসেবে ব্যবহৃত হয়েছে। " শালারা খুব 'হারামি' (কা মাল, পেজ ২৩৬)। ওরি শালা হেবি 'হারামি' (কা মাল, পেজ ২৫২)। এখানকার বড় ডাক্তার মানেই 'হারামি'। এ হচ্ছে লেখকের নিশ্চয় 'হারামি' পনা (কা মাল, পেজ ২৯২)। পাড়ার ছেলেরা এর পর সুধীর ডাক্তারকে 'হারামি' ডাক্তার বলে ডাকতে শুরু করে (হার, পৃষ্ঠা ৭২)। হাওড়ার কোন এলাকার অতিব খচ্চর ও 'হারামি' লোকদের ...(হার, পৃষ্ঠা ৭৭)। 'হাড়হারামি' (কা মাল, পেজ ২৪০)। সব হল গওমেনটের 'হারামিপনা'।" (কা মাল, পেজ ২৪৩)।

ফালতু: এই শব্দের অর্থ অপ্রয়োজনীয়, অকারণে, বাজে, চরিত্রহীন। আগে নির্দিষ্ট লোককে বলা হত, এখন গালি হিসেবে যেকোন ধরণের লোককে ফালতু বলা হয়। তাই শব্দার্থের দিক দিয়ে এই শব্দের প্রসারণ ঘটেছে। বর্তমানে গালি হিসেবে ব্যপক প্রচলিত। এখানেও অতিরিক্ত বা অকারণে অর্থে ব্যবহৃত হয়েছে "তোমার যত 'ফালতু' ভয়" (কা মাল, পেজ ২৩৬)।

বাড়া: এই শব্দটি এসেছে সং বৃধ্ > বাড় + আ (বাংলা)। যার অর্থ অতুনীয়, বৃদ্ধি পাওয়া, অধিক, মাত্রাতিক্ত সীমা লঙ্ঘন ইত্যাদি। তবে বর্তমানে এই শব্দটি গালি হিসেবে ব্যবহৃত হয়। আগেও এর অর্থ ছিল উল্লিখিত অর্থগুলি। এখন এর অর্থ গালি। সুতরাং এই শব্দার্থের সংক্রমণ ঘটেছে। এখানেও গালি অর্থে ব্যবহৃত হয়েছে। " যা 'বাড়া' বলে চলে গেল।" (কা মাল, পেজ ২৪০)।

বানচোদ: এটি বিদেশি শব্দ। এটি এসেছে হিন্দি শব্দ 'বেহেন' থেকে বাংলা 'বহিন'। বেহেন মানে বোন। বানচোদ মানে বোনের সঙ্গে জেনা/সঙ্গম করা। এটি গালি হিসেবে বহুল প্রচলিত। এখানেও গালি হিসেবে ব্যবহৃত হয়েছে এভাবে '...'বানচোদ'গুলো মানুষ না অ্যামিবা। এই তিনটে 'বানচোৎ'কে আবার নিয়ে এলি কেন (কা মাল, পেজ ২৪১)। নলেন 'বানচোত' সবে জানে (কা মাল, পেজ ২৭০)। বাপের বানচোদ ছেলে (হার, পৃষ্ঠা ৪৬) ঐ বানচোৎ কে বল (হার, পৃষ্ঠা ৬২)।

জাঁদরেল: হরিচরণ বন্দ্যোপাধ্যায়, জ্ঞানেন্দ্রমোহন দাস, রাজশেখর বসু, সুবলচন্দ্র মিত্রের মতে জাঁদরেল শব্দটি ইংরেজি শব্দ জেনারেল থেকে এসেছে। সংসদ অভিধানে এর অর্থ (বি) সেনাপতি, মহাবীর; বিণ-মাতব্বর, জবরদস্ত, মস্ত, প্রকাণ্ড। জ্ঞানেন্দ্রমোহন দাসের মতে এর অর্থ সেনাপতি, সেনার অধিনায়ক; বীর। জাঁকাল, জমকাল, জবরদস্ত। হরিচরণ বন্দ্যোপাধ্যায়ের মতে এর অর্থ সেনাপতি, লম্বা চওড়া জমকাল চেহারার লোক। তবে বর্তমানে এর অর্থ খারাপ, ভয়ানক লোক। আগে এর অর্থ ছিল বীর, সেনাপতি; এখন খারাপ, ভয়ানক লোক। তাই শব্দার্থের অপকর্ষ হয়েছে। তবে এখানে শ্রেষ্ঠ, মহৎ অর্থে ব্যবহৃত হয়েছে। " 'জাঁদরেল' লেখা মাক্সবাদ সর্ব শক্তিমান কারণ ইহা বিজ্ঞান" (কা মাল, পেজ ২৪৬)।

মাইফুট: মাই ফুট হল ইংরেজি গালি। ইংরেজি থেকে বাংলায় এসেছে। এখানে গালি হিসেবে ব্যবহৃত হয়েছে এভাবে " 'মাই ফুট (কাঙাল মালসাট, পৃষ্ঠা ২৩৩)।

লুচ্চামি: লুচ্চা শব্দের অর্থ লম্পট, চরিত্রহীন (বি)। 'মি' মানে হল স্বভাব। সুতরাং লুচ্চামি শব্দের অর্থ হল লম্পট, চরিত্রহীন স্বভাব। লুচ্চামি বলতে আগে নির্দিষ্ট লোককে বলা হত, এখন গালি হিসেবে যেকোন ধরণের লোককে 'লুচ্চা' বলা হয়। তাই শব্দার্থের দিক দিয়ে এই শব্দের প্রসারণ ঘটেছে। এখানেও গালি হিসেবে ব্যবহৃত হয়েছে এভাবে 'বাপ মাগুলো অগা তার উপর কমপিউটার শিখছে বা 'লুচ্চামি' (কা মাল, পেজ ২৪১)।

বাল: 'বাল' শব্দের বাংলা অর্থ চুল। আরবি, ফারসি ও হিন্দিতে 'বাল' মানে চুল। তবে বর্তমানে এটি গালি 'কাকের বা নাভীর নিচের চুল' অর্থে ব্যবহৃত হয়। কাউকে হেয় বা অপমান অর্থে এটি এখন ব্যবহৃত হয়। আগে এর অর্থ ছিল মাথার চুল, এখন এর অর্থ কাকের বা নাভীর নিচের চুল। ফলে শব্দার্থের অপকর্ষ হয়েছে। নবারুণ ভট্টাচার্যের রচনায় গালি হিসেবে ব্যবহৃত হয়েছে এভাবে "আজকাল কী সব 'বাল' ছাল লেখে।"(কা মাল, পেজ ২৪০)

গাণ্ডু: এই শব্দটি এসেছে সংস্কৃত গণ্ডু থেকে। যার অর্থ বোকা। এটি গালি অর্থে ব্যবহৃত হয়। আগে নির্দিষ্ট লোককে বলা হত, এখন গালি হিসেবে যেকোন ধরণের লোককে গাণ্ডু বলা হয়। তাই শব্দার্থের দিক দিয়ে এই শব্দের প্রসারণ ঘটেছে। বর্তমানে গালি হিসেবে ব্যাপক প্রচলিত। এখানেও ঠিক একই ভাবে ব্যবহৃত হয়েছে। "আমি বা গাণ্ডুর মতো এত বড় ঘোমটা দিতে যাব কেন (কা মাল, পেজ ২৪৪)। 'গাণ্ডুটা' একেবারে আর্মির ঢঙ্গে পজিশনাল ওয়ারের ছক কষছে।" (কা মাল, পেজ ২৪০)

মাগি: এই শব্দটির এসেছে জ্ঞানেন্দ্র মোহন দাশের মতে সং- মাতৃগ্রাম > প্রা- মাউগ্গাম > মাউগ> মাগু > মাগ > মাগী শব্দ থেকে। আবার হরিচরণ বন্দ্যোপাধ্যায়ের মতে মাগ+ই= মাগি। মাগ> মাউগ বা মাগু > মাগী। আবার মৈথিলী ভাষায় মৌগী বা মাগু হল মাগী এর প্রতি শব্দ। সুকুমার সেনের মতে মাগী শব্দটি এসেছে মার্গিতা থেকে, যার মাগিবার জিনিস। তাহলে বিভিন্ন উৎস অনুযায়ী মাগী শব্দের অর্থ সংস্কৃত নারী, মৈথিলি নারী, বাংলা অর্থ চাওয়ার জিনিস। এটি একটি স্ত্রীবাচক শব্দ যার অর্থ সৎ চরিত্রের নারী, বউ, মেয়ে, মহিলা। তবে বর্তমানের এটি গালি অর্থে অসৎ চরিত্রের রমণী, গণিকা, পতিতা হিসেবে ব্যবহৃত হয়। ফলে শব্দার্থের অপকর্ষ ঘটেছে। নবারুণ ভট্টাচার্যের সাহিত্যেও গালি অর্থে ব্যবহৃত হয়েছে এভাবে " মাগি চালান … (কা মাল, পেজ ২৪৪)। 'মাগির' গলায় একদিন পা তুলে দেব (কা মাল, পেজ ২৭০)। গোটাদেশটাকে 'মাফিয়া মাগির' সাপ্লাইয়ের হাতে তুলে দিলে। 'মাগি মাদ্দার' এর কারবার আদি কাল থেকে (কা মাল, পেজ ২৭১)। সন্ধ্যার জলখাবার খাওয়ার পর অবশ্য করনীয় কাজ 'মাগি' বাড়ি যাওয়া। (কা মাল, পেজ ২৮০)। ফ্যাতারুরা ঘেলে 'হারামি'(কা মাল, পেজ ২৪৯)। কয়েকটি ঘরে শীতার্ত 'মাগি' পাড়া (কা মাল, পেজ ২৯০)। কামুক সাহেবদের নেটিভ 'মাগি' সাপ্লাই দিত" (হার, পৃষ্ঠা ৬২)।

ইতর: এই শব্দের অর্থ নীচ, নিম্ন শ্রেণির জীব, অভদ্র। ই+তৃ+অ। তবে এটি গালি হিসেবে অন্যকে ছোট করা অর্থে ব্যবহৃত হয়। আগে নির্দিষ্ট লোককে বলা হত, এখন গালি হিসেবে যেকোন ধরণের লোককে ইতর বলা হয়। তাই শব্দার্থের দিক দিয়ে এই শব্দের প্রসারণ ঘটেছে। বর্তমানে গালি হিসেবে ব্যাপক প্রচলিত। এখানেও একই ভাবে ব্যবহৃত হয়েছে এভাবে " আমি একটা ইতরের দেশে থাকি"...(কবিতা, ইতরের দেশ।

খানকি: খানকি শব্দটি এসেছে ফারসি শব্দ 'খানগি' থেকে। যার অর্থ অসতী বা যৌনকর্মী। এটি গালি অর্থে ব্যবহৃত হয়। এখানেও ঠিক একই ভাবে ব্যবহৃত হয়েছে " সব 'খানকি'র পাকা ঘরও নেই" (কা মাল, পেজ ২৯০)।

খানকির ছেলে: খানকি শব্দটি এসেছে ফারসি শব্দ খানগি থেকে। যার অর্থ অসতী বা যৌনকর্মী। এই খানকির ছেলে শব্দের অর্থ হল যার মা যার অর্থ অসতী বা যৌনকর্মী। এটি গালি অর্থে ব্যবহৃত হয়। এখানেও ঠিক একই ভাবে ব্যবহৃত হয়েছে " বাপমা মরা 'খানকির ছেলে' (হার্বাট পৃষ্ঠা ১২)। খানকির ছেলেদের জানবি মুড়ফুড় নিয়ে কোন 'চুদুরবুদুর' নেই" (হার্বাট পৃষ্ঠা ১৪)

বিচি: বিচি/ বীজ মানে শস্যদানা। কিন্তু এখানে বিচি মানে পুরুষ অঙ্গ। এখানে শব্দার্থের সংক্রমণ হয়েছে। " একশত হাত দূরে পুলিশ ভ্যানের 'বিচি' উড়ে যাবে।"

চুদুরবুদুর: এই শব্দটি কোথা থেকে এসেছে এবিষয়ে ভাষাবিদ পবিত্র সরকার বলেছেন 'এটা নিশ্চিত অনার্য শব্দ।' বাংলা আঞ্চলিক ভাষার অভিধানে ড. মুহাম্মদ শহীদুল্লাহ এর মতে এই শব্দের অর্থ তিনটি বাড়াবাড়ি করা, গড়িমসি এবং খেলা। সংস্কৃত সন্ধির নিয়মে চূতঃ +বদরং = চূতর্বদরং, বাংলা অর্থ চূতর্বদরং। চূত মানে আম, বদর কুল। সম্পূর্ণ অর্থ আমের মধ্যে থাকা কুল। অধ্যাপক ক্ষুদিরাম দাস সংকলিত 'সাওতালি বাংলা সমশব্দ অভিধানে' এবং সত্যনারায়ণ দাশ রচিত 'বাংলায় দ্রাবিড় শব্দ' বইয়ে এ শব্দটি নেই। তাই 'চুদুরবুদুর'শব্দটি অনার্য ভাষা থেকে আসার সম্ভাবনা প্রায় নেই। তবে তাঁদের মতে শব্দটি অশ্লীল নয়। আগে নির্দিষ্ট কাজে বাড়াবাড়িকে বলা হত, এখন গালি হিসেবে যেকোন ধরণের কাজকে চুদুরবুদুর বলা হয়। তাই শব্দার্থের দিক দিয়ে এই শব্দের প্রসারণ ঘটেছে। এখানেও শব্দটি ব্যবহৃত হয়েছে এভাবে "পলিটিক্যাল চুদুড়বুদুড় (কা মাল, পেজ ২৪০)। ও সব নিয়ে 'চুদুড়বুদুড়' করে লাভ নেই" (কা মাল, পেজ ২৪৮)।

চামচাগিরি: চামচা শব্দের অর্থ তোষামত, গিরি শব্দের অর্থ করা। সম্পূর্ণ অর্থ তোষামত করে যে ব্যক্তি। আগে নির্দিষ্ট লোককে বলা হত, এখন গালি হিসেবে যেকোন ধরণের লোককে চামচা বলা হয়। তাই শব্দার্থের দিক দিয়ে এই শব্দের প্রসারণ ঘটেছে। বর্তমানে এটি গালি হিসেবে ব্যবহৃত হয়। এখানেও ঠিক একই ভাবে ব্যবহৃত হয়েছে এভাবে " চোকটারের 'চামচাগিরি' করতে হবে" (কা মাল, পেজ ২৪৯)

বোকাচোদা /পাগলাচোদা/ ঢ্যামনাচোদা: বাংলায় স্ল্যাং এ যৌনতার অন্তর্ভুক্তি ও ব্যবহার বিশেষ আলোচনার দাবি রাখে। যেমন চোদন শব্দটি। এই শব্দটি এসেছে সংস্কৃত 'চুদ'ধাতু থেকে। যার অর্থ প্রেরন করা। এই শব্দটি অন্য মান্য স্ল্যাং শব্দের সঙ্গে যুক্ত হয়ে নতুন নতুন শব্দ গটিত হয়েছে। যেমন বোকাচোদা, হোলাচোদা, কানাচোদা, পাগলাচোদা এবং ঢ্যামনাচোদা ইত্যাদি। আগে নির্দিষ্ট লোককে বলা হত, এখন গালি হিসেবে যেকোন ধরণের লোককে এগুলি বলা হয়। তাই শব্দার্থের দিক দিয়ে এই শব্দের প্রসারণ ঘটেছে। বর্তমানে গালি হিসেবে ব্যপক প্রচলিত। নবারুণ ভট্টাচার্যের রচনায়ও শব্দগুলি গালি হিসেবে ব্যবহৃত হয়েছে এভাবে "খিস্তিটা কাকে করলাম জানিস 'বোকাচোদা' ডাক্তারকে (কা মাল, পেজ ২৫৪)। সব জেনে 'বোকাচোদা'সেজে থাকে (কা মাল, পেজ ২৭০)। তার পর সব বোকাচোদা মিলে...(হার, পৃষ্ঠা ৬২)। 'ঢ্যামনাচোদার মত ফাইলের উপরের বাল আর পাগলাচোদা লেখা (কা মাল, পেজ ৩২৭-২৮)। উপরে ক্রেস দিয়ে লেখা 'পাগলচোদা' (কা মাল, পেজ ৩২৫)।

চোদনা: অভিধানে এর অর্থ প্রেরণা, প্রবর্তনা। কাউকে ছোট বা বোকা বোঝাতে এটি গালি অর্থে ব্যবহৃত হয়। শব্দার্থের এখানে অপকর্ষন ঘটেছে। এখানেও একই ভাবে ব্যবহৃত হয়েছে "হেবি 'চোদনা' টাইপের লোক তো !" (কা মাল, পেজ ২৩৫)

6.0 উপসংহার

আমরা উল্লিখিত আলোচনার ভিত্তিতে পরিশেষে বলতে পারি যে, আমাদের ভাষা, সাহিত্য, সংস্কৃতিতে রয়েছে বহু গালি। তা মোটেই অশ্লীল বা খারাপ কিছু নয়। এই গালির ভাষাতাত্ত্বিক বিশেষণের প্রয়োজনীয়তাও অনস্বীকার্য। এ প্রবন্ধে সমগ্র গালির ভাষাতাত্ত্বিক বিশ্লেষণ করা সম্ভব হয় নি সেজন্যে অতৃপ্তি রয়েগেল। তবে গালি কিছুটা হলেও আমাদের কুণ্ঠিত করে, বিব্রত করে, অপমানিত করে, হেয় করে। যা কিনা যুগের পর যুগ নারীর বিরুদ্ধে একতরফাভাবে প্রযোজ্য হয়ে আসছে। কিন্তু বুঝে বা না বুঝে আমরা তা আজো ব্যবহার করে চলছি অবলীলায়। কবির ভাষায়:

"মনের বলে সংগোপনে অনেক মাগির করেছে ছেনালী
পড়শি মেয়ে পা ফসকালে তারাই দিচ্ছে গালি।
মরদারাও সব সুযোগমতো করছে মাগিবাজী,

নালিশ করে, সালিশ করে, তারাই সাজে কাজী। (অকথ্য পঙক্তিমালা, জাহাঙ্গীর খান)

কথ্যভাষার গালি যখন কাগজে মুদ্রিত হয়ে মূর্ত হয়ে ওঠে চোখের সামনে, সত্যিই বেমানান লাগে সবার কাছে। সেই বেমানান, বড় বেমানান। আর এই বিষয়টি আমরা যেন মানানসই করার জন্য উঠেপড়ে লেগেছি। যতদিন সমাজে শোষণ-বঞ্চনা থাকবে, গালিও থাকবে তার তার ভাঁজে ভাঁজে। তবে আমরা চাই অত্যাচার, নির্যাতন, নিষ্পেষণে গালি নিপীড়নের হাতিয়ার না হয়ে হয়ে উঠুক প্রতিরোধের হাতিয়ার।

7.0 উল্লেখপঞ্জি

গোস্বামী, সত্রাজিৎ. (২০০৬). *বাংলা অকথ্যভাষা ও শব্দকোষ.* কলকাতা: একবিংশ.

দাশ, জ্ঞানেন্দ্রমোহন. (১৯৮৬). *বাঙ্গালা ভাষার অভিধান* (প্রথম প্রকাশ). সাহিত্য সংসদ.

বন্দ্যোপাধ্যায়, হরিচরণ. (১৯৬৬). *বঙ্গীয় শব্দকোষ* (প্রথম প্রকাশ). নিউ দিল্লি: সাহিত্য একাদেমি.

মিত্র, সুবলচন্দ্র. (১৯৩৬). *সরল বাংলা অভিধান* (সপ্তম সংস্করণ).কোলকাতা: নিউ বেঙ্গল প্রেস.

শহীদুল্লাহ, ডক্টর মুহাম্মদ (সম্পাদিত). (১৯৬৫). *'বাংলা দেশের আঞ্চলিক ভাষার অভিধান'.* বর্ধমান হাউস ঢাকা: বাংলা একাদেমি.

Crystal, David. (1997). *The Cambridge Encylopaedia of the English Language.*

8.0 Author's Bionote

Atowar Hossain, Research Scholar of Assam University.

কথাসাহিত্যে ভাষা ব্যবহার
উপন্যাস ও ছোটগল্প

কথাসাহিত্যে ভাষা ব্যবহার
(উপন্যাস)

International Bilingual Journal of
Culture, Anthropology and Linguistics
ইন্টারন্যাশনাল বাইলিঙ্গুয়াল জার্নাল অফ
কালচার, আনথ্রোপলজি অ্যাও লিঙ্গুইস্টিক্স

IBJCAL　　eISSN: 2582-4716

Website: https://indianadibasi.com/journal/index.php/ibjcal

VOLUME: 5, ISSUE: 4 (December, 2023) || Special Issue: সাহিত্যের ভাষা: বিকাশ ও বিবর্তন

রবীন্দ্রনাথ ঠাকুরের 'রাজর্ষি' উপন্যাস থেকে 'বিসর্জন' নাটক : সাহিত্যের সংরূপের বিবর্তনে ভাষিক প্রেক্ষিত

ড. বিকাশ মুরমু

Abstract: From the speech of the person, the word-image is created in the writing of the artist. A creative artist is never satisfied with his creation. He broke his work and built it anew. As a result, at the same time his emotional satisfaction occurs, the reader/viewer also gets a new form. In the history of Bengali literature, till the 18th century, only the poetic form had its glory. Since the beginning of the colonial rule, the new ideas of literature (prose, essays, novels, stories, dramas etc.) started to be created. Again the writers also changed their intentions in different ways. Originally, novels or stories were dramatized. Celluloid was also produced along with this. Whatever the form of literary ideas takes shape, the linguistic construction becomes predominant in all cases. The construction of language gives different structural constructions of different ideas, by which the reader can easily tell whether it is prose language, or poetry language, or drama language. But when the creative artist mixes these elements and gives them a different form, the reader is gradually made to recognize new forms of thought.

Keyword: Metamorphosis, Prose Dialogue, Linguistic Creation, Structural Evolution.

1.0 কথারম্ভ

ব্যক্তির কথনের থেকে শিল্পীর লেখনীতেই সৃষ্টি হয় বাক্‌-প্রতিমা। ভাষার লিখিত রূপকে কেন্দ্র করে সাহিত্যের যে রূপকল্পগুলি গড়ে ওঠে, সেখানে ভাষার একটি নির্দিষ্ট ব্যাকরণ-কাঠামো থাকে। যুগে যুগে সাহিত্যিকরা সেই ভাষাছাঁদকে অবলম্বন করেই নির্মান করে চলেছেন তাঁদের সৃষ্টিকে; ভেঙেছেন ও পুণরায় গড়ে চলেছেন। সৃষ্টিশীল শিল্পী কখনোই নিজের সৃষ্ট কাজে সন্তুষ্ট থাকেন না। তাঁর কাজকে ভাঙেন আবার নতুন করে গড়েন। এর ফলে একই সঙ্গে তাঁর মানসিক পরিতৃপ্তি যেমন ঘটে, তেমনি পাঠক/দর্শকেরও প্রাপ্তি ঘটে নতুন রূপের। এই ভাঙ্গাগড়ার খেলায় নির্মিত হয়ে চলেছে সাহিত্যের রূপকল্পগুলির নব নব রূপ, তাতে ভাবনার বদল হয়েছে, কাঠামোর বদল হয়েছে, পরিবর্তিত হয়েছে পরিবেশনের ভঙ্গীমা। বলাবাহুল্য এই সবটাতেই রয়েছে ভাষার নির্দিষ্ট কারুকাজ। এক অর্থে আকল্পের রূপান্তর মানে ভাষিক কাঠামোর নব রূপ। বাংলা সাহিত্যের ইতিহাসে অষ্টাদশ শতক পর্যন্ত কেবল কাব্যরূপেরই জয়রথ চলেছিল। ঔপনিবেশিক শাসন শুরুর পর থেকেই সৃষ্টি হতে শুরু হয় সাহিত্যের নব নব আকল্প (গদ্যরূপ, প্রবন্ধ, উপন্যাস, গল্প, নাটক ইত্যাদি)। আবার লেখকরাও নিজেদের আকল্পগুলিরও ভিন্ন রূপে পরিবর্তন করেছিলেন। মূলত উপন্যাস বা গল্পের নাট্যরূপই গড়ে উঠেছিল। আবার এরই পাশাপাশি সেলুলয়েড-ও নির্মিত হয়েছিল। সাহিত্যের আকল্পগুলির যখনই যে রূপ গড়ে উঠুক না কেন, সব ক্ষেত্রেই ভাষিক নির্মিতি প্রধান হয়ে ওঠে। ভাষার নির্মিতিই বিভিন্ন আকল্পের ভিন্ন কাঠামোগত নির্মিতি দান করে, যা দেখে পাঠক সহজেই বলে দিতে পারে যে এটা গদ্যভাষা, না পদ্যভাষা, না কি নাট্যভাষা। কিন্তু সৃষ্টিশীল শিল্পী যখন এই উপাদানগুলো মিলিয়ে মিশিয়ে অন্যরূপ দান করেন, তখন পাঠকও ধীরে ধীরে তৈরি হয়ে যায় আকল্পের নতুন রূপ চিনতে। এমন কাজটি যদি রবীন্দ্রনাথ ঠাকুরের মতো কেউ করেন, তবে তো কথাই নেই, ভাষার এক-একটি বাক্‌-প্রতীমাই গড়ে ওঠে তখন। গড়ে ওঠে নব সৃষ্টি। বাংলা সাহিত্যে রবীন্দ্রনাথকে অনুসরণ করে শরৎচন্দ্র, তারাশংকর বা অন্যান্য শিল্পীরাও তাঁদের আকল্পের এমন ভাষিক বিবর্তন করেছিলেন।

2.0 গবেষণা সম্বোধ্ধীয় প্রশ্নাবলী ও উদ্দেশ্য

সাহিত্যের আকল্পগুলির বিবর্তনে ভাষিক কাঠামোর কোন কোন প্রেক্ষিতগুলি নিহিত? এই প্রেক্ষিতগুলি রবীন্দ্র-বিবর্তিত-সৃষ্টিতে কিভাবে ব্যবহৃত হয়েছে? এমন প্রশ্নের সম্মুখীন হয়েই রবীন্দ্রনাথ ঠাকুরের এমন অনেক কাজের মধ্য থেকে কেবল 'রাজর্ষি' উপন্যাস থেকে 'বিসর্জন' নাটক সর্জনের পশ্চাতে যে ভাষিক প্রেক্ষিতগুলি নিহিত রয়েছে, তাই এখানে দেখানোর প্রয়াস করা হবে। এবং এই সর্জনের ফলে রবীন্দ্র নাট্যসৃষ্টিতে 'বিসর্জন' যে শ্রেষ্ঠ নাটক হয়ে উঠেছে, তা বলা হবে।

3.0 গবেষণা পদ্ধতি

এই প্রবন্ধে রবীন্দ্র-বিবর্তিত-সৃষ্টিতে অর্থাৎ উপন্যাস থেকে নাট্যরূপান্তরে ভাষিক কাঠামোকে দেখানোর প্রয়াসে দুই আকল্প থেকে ('রাজর্ষি' উপন্যাস ও 'বিসর্জন' নাটক) তথ্য সংগ্রহ করে বিশ্লেষণধর্মী পদ্ধতির (Analytical Method) সাহায্যে সমীক্ষা ও মূল্যায়নের মাধ্যমে একটি প্রতিবেদন উপস্থাপন করার চেষ্টা হয়েছে।

4.0 তথ্য সংগ্রহ ও বিশ্লেষণ

নাট্য ঘটনা ও আখ্যান বর্ণনাকে পাশাপাশি দেখার জন্য 'রাজর্ষি' উপন্যাসের গদ্যসংলাপ তথা আখ্যান বর্ণনাভঙ্গীকে যেমন দেখা হয়েছে, পাশাপাশি 'বিসর্জন' নাটকের পদ্যসংলাপকেও তেমনি দেখে ভাষিক বিবর্তন তথা ভাষিক নির্মিতিকেও দেখা হয়েছে। দেখা গেছে, উপন্যাসের ক্ষেত্রে ঘটনাবর্তকে narrate করতে হয়, ভাষা তখন হয়ে যায় বর্ণনাত্মক, বিশ্লেষণাত্মক আর নাটকের ক্ষেত্রে ঘটনাবর্তকে create করতে হয়, ভাষা হয়ে ওঠে ক্রিয়াত্মক, গতিশীল। প্রথমটির ক্ষেত্রে লেখক সামনে থেকে ঘটনা ও ভাবনাকে পাঠকের সামনে উপস্থাপন করেন আর দ্বিতীয়টির ক্ষেত্রে লেখক পশ্চাতে থাকেন, চরিত্র ও ঘটনাবর্ত ক্রিয়াত্মকরূপে পাঠকের সামনে প্রতিভাত হয়। যদিও 'রাজর্ষি' ও 'বিসর্জন' - এই দুই আকল্পের যাত্রা গদ্যসংলাপ থেকে পদ্যসংলাপে। তবে বাংলা নাট্যসাহিত্যে পদ্যাত্মক রীতির সূত্রপাত রবীন্দ্রনাথ ঠাকুরের হাত ধরেই এবং সেই প্রসঙ্গেই কাব্যনাট্য ও নাট্যকাব্যের ভাবনারও বীজ প্রোথিত হয়। আমাদের আলোচ্য 'বিসর্জন' নাটকটি একটি নাট্যকাব্য। লেখা হচ্ছে ১৮৯০ সালে। এই নাটক রচনাকালে রবীন্দ্রনাথের মতো সৃষ্টিশীল শিল্পীর মনে কাব্যের চেয়ে নাট্যরসের আবেদন বেশি – এমন অভিনবগুপ্তীয় ভাবনা কাজ করেছিল নিশ্চয়ই এবং সংস্কৃত নাটকের ভাবনাও যে কাজ

করেছিল, তা বলাবাহুল্য। এবং যুগের হাওয়ায় ইংরেজি নাট্যকার শেক্সপীয়রীয় ছকে পঞ্চাঙ্ক ঢঙে নাটকের পরিবেশন। যাইহোক, একটি রূপকল্প থেকে অন্য একটি রূপকল্পের নির্মাণে শিল্পীর যে ভাঙ্গাগড়ার খেলা এবং তার মধ্যে রয়ে যাওয়া নানান ভাষিক প্রেক্ষিতকে খোঁজার চেষ্টা করা হল।

প্রথমেই শিল্পীর ভাঙ্গাগড়ার খেলার নিদর্শন দেওয়া গেল – 'রাজর্ষি' (১৮৮৭) উপন্যাস থেকে 'বিসর্জন' (১৮৯০) নাট্যরূপান্তরে উপন্যাসের কেবল প্রথমাংশকে নেওয়া হয়েছে। উপন্যাসের পরবর্তী ঐতিহাসিক অংশ সুজা কাহিনী এবং অন্যতম ঋষিকল্প চরিত্র বিল্বন নাটকে অনুপস্থিত। নতুন চরিত্র চাঁদপাল, নয়ন রায় এবং এদের সাথে গুণবতী ও অপর্ণা এসেছে। আসলে এই নাটকে রবীন্দ্রনাথ প্রেম ও প্রতাপের দ্বন্দ্ব দেখাতে চেয়েছেন। রঘুপতির প্রভুত্বের সঙ্গে গোবিন্দমানিক্যের প্রেমের শক্তির দ্বন্দ্বই নাটকে প্রতিভাত। উপন্যাসে জয়সিংহের মৃত্যুর পরেও যেখানে রঘুপতির প্রতিহিংসাপরায়ণতা কমেনি, নাটকে জয়সিংহের মৃত্যুর পর রঘুপতির পিতৃত্ব, পুত্রস্নেহ তাকে আমূল বদলে দিয়েছে। নাটকে তাই প্রেম ও স্নেহের জয় ঘোষিত হয়েছে, যা উপন্যাসে অনুপস্থিত – এই যে ভাঙ্গাগড়ার খেলায় যে ইমারত গড়ে উঠেছে, যে ভিত্তিপ্রস্তরের উপর নির্ভর করে, সেগুলিই ক্রমান্বয়ে বলা গেল —

উপন্যাস থেকে নাট্যে রূপান্তরে যে কাজটি সর্বাগ্রে বলা যায়, তা হল লেখার রীতি, অর্থাৎ গদ্যরীতিকে বাদ দিয়ে পদ্যরীতিতে পরিবেশন। অর্থাৎ কাব্যাকারে নাট্য প্রদর্শন। এই নাট্য প্রদর্শনে ব্যবহৃত সংলাপে ক্রিয়াপদ ব্যবহারের কিছু বৈচিত্র্য দেখানো হল –

রাজর্ষি

তাহারা নানা কণ্ঠে বলিয়া উঠিল, 'আমরা ঠাকরুন-দর্শন করিতে আসিয়াছি'। রঘুপতি বলিয়া উঠিলেন, 'ঠাকরুন কোথায়! ঠাকরুন এ রাজ্য থেকে চলে গেছেন। তোরা ঠাকরুনকে রাখতে পারলি কই! তিনি চলে গেছেন। (ত্রয়োদশ পরিচ্ছেদ)

বিসর্জন

সকলে। আমরা ঠাকরুন দর্শন করতে এসেছি।

রঘুপতি। ঠাকরুন কোথায়! ঠাকরুন এ রাজ্য ছেড়ে চলে গেছেন। তোরা ঠাকরুনকে রাখতে পারলি কই? তিনি চলে গেছেন। (৩/১)

উক্ত দুই আকল্পের দিকে তাকালে এটা পরিস্কার বোঝা যাচ্ছে যে, রবীন্দ্রনাথ নাটকের এই অংশে উপন্যাস থেকে হুবহু সংলাপ ব্যবহার করেছেন। কেবল

ক্রিয়াপদের বেলায় উপন্যাসের সাধু ক্রিয়াপদ ত্যাগ করে চলিত রূপের ব্যবহার করেছেন। উপন্যাসে শিষ্ট-ইতর জনের সংলাপে সাধু ও চলিত এই দুই রূপ ব্যবহার করেছেন, নাটকে কেবল চলিত রূপের ব্যবহার নাট্যগতির প্রয়োজনে। তবে সর্বদা যে এমন হয়েছে তা নয়। একটি উদাহরণ দেওয়া গেল। যেমন প্রথম অঙ্কের দ্বিতীয় দৃশ্যে –

মন্ত্রী । একি হল!

নক্ষত্ররায় । তাই তো হে মন্ত্রী, এ কী হল! শুনেছিনু

মগের মন্দিরে বলি নেই, অবশেষে

মগেতে হিন্দুতে ভেদ রহিল না কিছু।

এখানে নক্ষত্ররায়ের সংলাপের দিকে তাকালে দু'ধরণের ক্রিয়ারূপ 'হল' আর 'রহিল' পাওয়া যাচ্ছে। তবে এখানে কাব্যের ছন্দের মাত্রার প্রয়োজনে এমনতর রূপের যে ব্যবহার, তা বোঝাই যায়।

এখানে উল্লিখিত প্রথম উদাহরণে উভয় আকল্পের ক্ষেত্রেই গদ্যসংলাপ ব্যবহৃত হয়েছে, কিন্তু আগেই বলা হয়েছে নাটকটি কাব্যাকারে পরিবেশিত এবং এখানে আমজনতা বা ইতর জন ছাড়া শিষ্ট বা অন্যান্য চরিত্রদের সংলাপেই পদ্যরূপের ব্যবহার করেছেন লেখক। উপন্যাসের গদ্যসংলাপ নাটকের পদ্যসংলাপে কিভাবে রূপায়িত হচ্ছে, তার নমুনা দেওয়া গেল –

রাজর্ষি

রাজা বলিলেন, 'এ বৎসর হইতে মন্দিরে জীববলি আর হইবে না'।

সভাসুদ্ধ লোক অবাক হইয়া গেল। রাজভ্রাতা নক্ষত্ররায়ের মাথার চুল পর্যন্ত দাঁড়াইয়া উঠিল।

চোন্তাই (পুরোহিত) রঘুপতি বলিলেন, 'আমি এ কি স্বপ্ন দেখিতেছি।'

রাজা বলিলেন, 'না ঠাকুর, এতদিন আমরা স্বপ্ন দেখিতেছিলাম, আজ আমাদের চেতনা হইয়াছে। একটি বালিকার মূর্তি ধরিয়া মা আমাকে দেখা দিয়াছিলেন। তিনি বলিয়া গেছেন, করুণাময়ী জননী হইয়া মা তাঁহার জীবের রক্ত আর দেখিতে পারেন না।' (তৃতীয় পরিচ্ছেদ)

বিসর্জন

গোবিন্দমাণিক্য। মন্দিরেতে জীববলি এ বৎসর হতে

হইল নিষেধ।

নয়নরায়। বলি নিষেধ?

মন্ত্রী। নিষেধ।

নক্ষত্ররায়। তাই তো! বলি নিষেধ!

রঘুপতি। এ কি স্বপ্নে শুনি?

গোবিন্দমাণিক্য। স্বপ্ন নহে প্রভু! এতদিন স্বপ্নে ছিনু,
আজ জাগরণ। বালিকার মূর্তি ধ'রে
স্বয়ং জননী মোরে বলে গিয়েছেন,
জীবরক্ত সহে না তাঁহার।

উপন্যাসের বর্ণনীয় ভাষার যাবতীয় বাহুল্য ছেড়ে নাটকের সংলাপের ভাষা হয়ে উঠেছে গতিশীল। উপন্যাসে রাজার বক্তব্য – 'এ বৎসর হইতে মন্দিরে জীববলি আর হইবে না' – এই গদ্যরূপকে নাটকে পরিবর্তন করা হচ্ছে – 'মন্দিরেতে জীববলি এ বৎসর হতে হইল নিষেধ' অর্থাৎ 'না বাচক' বাক্যকে দ্রুত গতি দেওয়ার জন্য 'হ্যাঁ বাচক' বাক্যে রূপান্তরিত করা হয়েছে। এই গতিশীলতার জন্যই নাটকে কখনো একটি শব্দে, কখনো বা দুটি শব্দেও বাক্য নির্মান করা হয়েছে। আবার বাক্যের পদকে মুছে দিয়ে ভিন্ন পদের আনয়নও দেখা যায়। যেমন, উপন্যাসে রঘুপতি যখন বলছে – 'আমি এ কি স্বপ্ন দেখিতেছি!' আর নাটকে বলছে – 'এ কি স্বপ্নে শুনি?' উপন্যাসের গদ্যসংলাপে 'আমি' কর্তৃপদ নাটকের পদ্যসংলাপে অনুপস্থিত অর্থাৎ বাক্যকে সংকোচন করা হয়েছে এবং 'দেখিতেছি' সাধু ক্রিয়াপদ উঠে গিয়ে 'শুনি' চলিত ক্রিয়াপদের ব্যবহার হয়েছে। 'দেখিতেছি' পদের শেষে বিস্ময়সূচক (!) চিহ্নই বলে দিচ্ছে ভাষার বর্ণনাভঙ্গী, আর 'শুনি' পদের শেষে জিজ্ঞাসাসূচক (?) চিহ্ন বলছে ভাষার গতিশীলতা। এবং গদ্যসংলাপে 'স্বপ্ন' পদটি 'কর্ম'-এর ভূমিকা নিয়েছে আর পদ্যসংলাপে 'অধিকরণ'-এ রূপান্তরিত হয়েছে।

নাটকে রাজা গোবিন্দমাণিক্য ও রঘুপতির দ্বন্দ্বই প্রতিপাদ্য। প্রেম ও প্রতাপের দ্বন্দ্বে বাক্যিক কিছু প্রয়োগ দেখানো হল। বলি নিষেধ নিয়ে রাজা ও রঘুপতির পারস্পরিক সংলাপ –

রঘুপতি। মহারাজ, কী করিছ ভালো করে ভেবে
দেখো। শাস্ত্রবিধি তোমার অধীন নহে।

গোবিন্দমাণিক্য। সকল শাস্ত্রের বড়ো দেবীর আদেশ।

রঘুপতি। একে ভ্রান্তি, তাহে অহংকার! অজ্ঞ নর,
তুমি শুধু শুনিয়াছ দেবীর আদেশ,
আমি শুনি নাই?

গোবিন্দমাণিক্য। দেবী-আজ্ঞা নিত্যকাল ধ্বনিছে জগতে।
সেই তো বধিরতম যেজন সে বাণী

শুনেও শুনে না।

রঘুপতি। পাষণ্ড, নাস্তিক তুমি! (১/২)

গোবিন্দমাণিক্যের প্রেমভাবনার যুক্তি প্রয়োগে বাক্যটি সম্পূর্ণ হয়েছে। তাই বাক্য শেষেই পূর্ণচ্ছেদ (।) বসেছে, আর রঘুপতির প্রতাপের জন্যই তার রাগ, বিস্ময়, প্রশ্ন এবং সে জন্য বাক্য থেমে থেমে [অর্থাৎ কমা (,), বিস্ময় (!), প্রশ্ন (?) ইত্যাদি] এগিয়েছে।

আবার রঘুপতির দান্তিকতাকে প্রকাশ করার জন্য প্রশ্ন ও নেতিবাচক বাক্যের প্রয়োগ করা হয়েছে। ফলে সংলাপ আরো তাৎপর্যপূর্ণ হয়ে উঠেছে নাট্যগতিকে বাড়ানোর জন্য। যেমন –

গোবিন্দমাণিক্য। বোসো চাঁদপাল। ঠাকুর, বলিয়া যাও।
মনোব্যাথা লঘু করে যাও নিজ কাজে।

রঘুপতি। তুমি কি ভেবেছ মনে ত্রিপুর-ঈশ্বরী

ত্রিপুরার প্রজা? প্রচারিবে তাঁর 'পরে

তোমার নিয়ম? হরণ করিবে তাঁর

বলি? হেন সাধ্য নাই তব। আমি

আছি মায়ের সেবক। (১/২)

নাটকের পদ্যসংলাপে চরিত্রানুযায়ী ভাষা ব্যবহার চরিত্রের অন্তর্লোককে উদ্ভাসিত করে। গোবিন্দমাণিক্য মন্দিরের বলি বন্ধ করায় রাণী গুণবতীর পুজা ফেরৎ গেছে, তাই সে মন্দিরের পূজারির কাছে অভিযোগ জানাতে এলে রঘুপতির বক্তব্য –

উঞ্ছবৃত্ত

দরিদ্রের ভিক্ষালব্ধ পূজা, রাজেন্দ্রাণী

তোমার পূজার চেয়ে ন্যূন নহে। কিন্তু

....

এই বড়ো সর্বনাশ, রাজদর্প

ক্রমে স্ফীত হয়ে, করিতেছে অতিক্রম

পৃথিবীর রাজত্বের সীমা – বসিয়াছে

দেবতার দ্বার রুধ করি, ... । (১/৪)

রঘুপতির সংলাপের ভাষায় দেখা যাচ্ছে তৎসম শব্দের আধিক্য এবং এর মধ্য দিয়েই ব্রাহ্মণ্যবাদের প্রভাব ও প্রতিপত্তির পরিচয় ফুটে ওঠে (যা সর্বযুগে, সর্বকালে সমান সত্য)।

সমাজভাষাবিজ্ঞানের পরিপ্রেক্ষিতে বলা যায়, সমাজের নারীরা ভাষা প্রয়োগের সময় সচরাচর আয়াসসাধ্য শব্দ পরিহার করে থাকে তাদের জ্ঞাপনে এবং সংস্কারের সঙ্গে নারীর যে একটা ওতপ্রোত সম্পর্ক আছে, তাও লক্ষ করা যায় তাদের সংলাপে। যেমন, নাটকে ধ্রুবকে হত্যার জন্য গুণবতী ও নক্ষত্ররায়ের সংলাপ –

গুণবতী। যে চোর করিছে চুরি তোমারি মুকুট
তাহারে সরায়ে দাও। বুঝেছ কি?

নক্ষত্ররায়। সব

বুঝিয়াছি, শুধু কে সে চোর বুঝি নাই।

গুণবতী। ওই-যে বালক ধ্রুব, বাড়িছে রাজার
কোলে, দিনে দিনে উঁচু হয়ে উঠিতেছে
মুকুটের পানে।

নক্ষত্ররায়। তাই বটে? এতক্ষণে
বুঝিলাম সব। মুকুট দেখেছি বটে
ধ্রুবের মাথায়। আমি বলি শুধু খেলা।

গুণবতী। মুকুট লইয়া খেলা? বড়ো কাল-খেলা –
এই বেলা ভেঙে দাও খেলা – নহে তুমি
সেই খেলার হইবে খেলেনা। (৩/৩)

লক্ষণীয় গুণবতীর সংলাপে একটিও যুক্ত ব্যঞ্জনের ব্যবহার কিংবা তৎসম শব্দের ব্যবহার প্রায় নেই বললেই চলে, পরিবর্তে স্বরধ্বনির বহুল প্রয়োগ এবং 'কাল-খেলা'র মতো উঠে আসা জ্ঞাপন-সংস্কার লক্ষ করা যায়, তা সে নারী, সমাজের যে স্তরেই অবস্থান করুন না কেন। - এ কথা অপর্ণা সম্পর্কেও বলা যায়। মন্দিরে জয়সিংহের খোঁজে এসে অপর্ণা বলে –

অপর্ণা – জয়সিংহ, কোথা জয়সিংহ! কেহ নাই
এ মন্দিরে। তুমি কে দাঁড়ায়ে আছ হোথা
অচল মুরতি – কোনো কথা না বলিয়া
হরিতেছ জগতের সার-ধন যত। (২/২)

সামাজিক অবস্থানানুযায়ী ব্যক্তির সম্বোধন সূচক 'রেজিস্টার' ব্যবহৃত হয়। যেমন – তুই, তুমি, আপনি ইত্যাদি। যদিও এই কাঠামো খুব সম্ভব সংস্কৃত নাট্যশাস্ত্র-কথিত সংলাপের বিভাজন-নির্দেশ, যেখানে সমাজের উচ্চবর্গের Dominate মানসিকতাই কাজ করে বলে মনে হয়। যেমন, পুরবাসীগণের সঙ্গে রঘুপতির কথনে যে সম্বোধন সূচক ব্যবহৃত হয়, জয়সিংহ

বা অন্যান্য চরিত্রদের সাথে ভিন্ন সূচক ব্যবহার করেন। পুরবাসীগণকে রঘুপতি বলেন –

রঘুপতি। দাঁড়া তোরা! (১/৫)

আবার জয়সিংহকে বলেন –

রঘুপতি। জয়সিংহ, শীঘ্র পূজার আয়োজন করো। (১/৫)

এখানে ব্রাহ্মণ রঘুপতি নিজের সামাজিক অবস্থানকে আমজনতার কাছে প্রতিভাত করে 'তোরা' সম্বোধনে, আর জয়সিংহের কাছে 'তুমি' সম্বোধনে। 'তোরা' সম্বোধনে ব্রাহ্মণত্বের সামাজিক অহংকারবোধই প্রকাশিত, অন্যদিকে নাটক ও উপন্যাসের কাহিনী অনুযায়ী জয়সিংহ ক্ষত্রিয় রাজ-সন্তান বা উচ্চবর্গের হওয়ার জন্য 'তুমি' বলে সম্বোধিত হয়।

উপন্যাসের নাট্যরূপান্তরে সংলাপের কাঠামোতে অমিত্রাক্ষর ছন্দ ব্যবহৃত হয়েছে। তবে অমিত্রাক্ষর ছন্দ কাঠামোতে যে ৮ + ৬ মাত্রার পর্ব বিভাজনরীতি, তা প্রতি চরণে কখনো কখনো না থেকে পরের চরণে তার সমতা বিধান করেছে এবং নাট্যসংলাপও দ্রুত গতি পেয়েছে। যেমন –

জয়সিংহ। সত্যই কি রাজরক্ত চাই – দেবী নিজে
কহিলেন 'চাই'।

গোবিন্দমাণিক্য।   দেবী নহে জয়সিংহ
কহিলেন রঘুপতি অন্তরাল হতে, (২/৪)

এখানে জয়সিংহের সংলাপের 'কহিলেন চাই'-এর ৬ মাত্রার চরণটি পরের চরণে অর্থাৎ গোবিন্দমাণিক্যের সংলাপের 'দেবী নহে জয়সিংহ' -এর ৮ মাত্রার সাথে সমতা বিধান করছে।

রবীন্দ্রনাথ উপন্যাসকে নাট্যরূপান্তরে গদ্যসংলাপের পদ্যসংলাপে রূপান্তর করেছেন এবং নাট্যগতিকে কাব্যাকারে যে পরিবেশন করেছেন – একথা পূর্বেই বলা হয়েছে। কাজেই পদ্যসংলাপে কাব্যরূপ গড়ে ওঠার সময় যেমন ছন্দভঙ্গীমায় কাঠামো নির্মিত হয়েছে, তেমনি অলংকারের চয়নও দেখা যায়। মূলত তিনি উপমা অলংকারই ব্যবহার করেছেন। যেমন –

রঘুপতি।   ঘোর কলি
এসেছে ঘনায়ে। বাহুবল রাহুসম
ব্রহ্মতেজে গ্রাসিবারে চায় – সিংহাসন
তোলে শির যজ্ঞবেদি – 'পরে। হায় হায়,
কলির দেবতা, তোমরাও চাটুকার
সভাসদ-সম, নতশিরে রাজ-আজ্ঞা

বহিতেছ? চতুর্ভূজা, চারি হস্ত আছ
জোড় করি। ....। (১/৩)
এখানে রঘুপতির সংলাপের মধ্য যেসকল উপমার ব্যবহার আছে, যার মধ্য দিয়ে রঘুপতির প্রতাপেরই পরিচায়ক হয়ে উঠেছে।

5.0 ফলাফল ও ব্যাখ্যা

দেখা গেল সংরূপের বিবর্তনে গদ্যসংলাপের পদ্যসংলাপে পরিবর্তন। তার জন্য বাক্যের সংকোচন, বাক্যিক রূপান্তর, বাক্যে ব্যবহৃত পদগুলির বিলোপসাধন করিয়ে নব শব্দের আনয়ন। রূপতাত্ত্বিক কিছু পরিবর্তনও করা হয়েছে, লক্ষিত হয়েছে সমাজভাষাতাত্ত্বিক কিছু প্রেক্ষিতও এবং নাট্যের কাব্যরূপের রস পরিবেশনে ছন্দ-অলঙ্কারে চরণের নির্মান। - এই সকল কাজগুলি রবীন্দ্রনাথ করেছেন মূলত তিনি সৃষ্টিশীল কবি বলে এবং আখ্যান-ঘটনাকে নাট্য-ক্রিয়াতে পরিবেশনের উপযোগী করে তোলার জন্য সংক্ষিপ্ত গতিশীল সংলাপ রচনা। ফলে অতি সংক্ষেপে একটি ভাবনাকে বিশ্বভাবনা তথা দার্শনিক ভাবনায় প্রতিস্থাপনা – এটাই গড়ে উঠেছে এই বিবর্তনে।

6.0 কথাশেষ

রসতত্ত্বে সহৃদয় রসিক বা পাঠকের কথা বলা হয়। এই রস কিন্তু ধ্বনি ও ব্যঞ্জণাবৃত্তির উপরই নির্ভর করে। আর ধ্বনি ও ব্যঞ্জনাবৃত্তি কিন্তু ভাষিক কাঠামো তথা ভাষিক আবেদনকে কেন্দ্র করেই নির্মিত হয়। কাজেই সাহিত্যের নানা আকল্প তথা রূপের যে রসাবেদন গড়ে ওঠে, তার পিছনে ভাষিক প্রেক্ষিতই যে কাজ করে, তা বলার অপেক্ষা রাখে না। রবীন্দ্র-সৃষ্ট নাট্যরূপান্তরে যে ট্রাজিক রসাবেদন, তা ভাষাগত আবেদন। কাজেই একথা বলা যেতে পারে – সাহিত্যের যে নানান নব রূপকল্প, তা ভাষার কাঠামোগত শিল্পাবেদন।

7.0 উল্লেখপঞ্জি

গ্রন্থ

ঘোষ, অজিতকুমার. (২০০৫). বাংলা নাটকের ইতিহাস. দে'জ. কলকাতা
চট্টোপাধ্যায়, কুন্তল. (২০২২). সাহিত্যের রূপ-রীতি ও অন্যান্য প্রসঙ্গ. দে'জ. কলকাতা. ISBN: 978-93-94073-00-5
দাশগুপ্ত, সুধীরকুমার. (১৯৯৮). কাব্যালোক. দে'জ. কলকাতা. ISBN: 978-81-295-1350-2

সিকদার, অশ্রুকুমার. (১৯৯৩). রবীন্দ্রনাট্যে রূপান্তর ও ঐক্য. আনন্দ. কলকাতা. ISBN: 81-7215-203-5

পত্রিকা
সংবর্তক. ভাষা বিজ্ঞান তত্ত্ব দর্শন বিশেষ সংখ্যা (পর্ব -১). ISSN: 2582-0893
Pal, Patitpaban. (2022). *Proceedings: IBWTL – 2. Part – 1. VOL -4. No: 1-2.* eISSN: 2582-4716

৪.০ গবেষক পরিচিতি

ড. বিকাশ মুরমু, সহকারী অধ্যাপক, বাংলা বিভাগ, আরামবাগ গার্লস কলেজ, ফোন – ৮৩৪৮৭১১৮৮৭, Mail ID – bikashmurmu1984@gmail.com

International Bilingual Journal of
Culture, Anthropology and Linguistics
ইন্টারন্যাশনাল বাইলিঙ্গুয়াল জার্নাল অফ
কালচার, অ্যানথ্রোপলজি অ্যান্ড লিঙ্গুইস্টিক্স

IBJCAL   **eISSN: 2582-4716**

Website: https://indianadibasi.com/journal/index.php/ibjcal

VOLUME: 5, ISSUE: 4 (December, 2023) || Special Issue: সাহিত্যের ভাষা: বিকাশ ও বিবর্তন

তারাশঙ্কর বন্দোপাধ্যায়ের উপন্যাসে লোকসংস্কার ও লোকবিশ্বাস: উচ্চবর্গ ও নিম্নবর্গের ভাষা ব্যবহারের অনুসন্ধান

বিকাশ চন্দ্র বর্মন

সারসংক্ষেপ: তারাশঙ্কর বন্দ্যোপাধ্যায়ের উপন্যাসে লোকসংস্কার ও লোকবিশ্বাস আঞ্চলিক ভাবনার বিকাশে বিশেষ ভূমিকা নিয়েছে। রাঢ় অঞ্চলের চিত্রই উপন্যাসের পরতে পরতে ফুটে উঠেছে। এই প্রবন্ধে সেই লোকসংস্কার ও লোকবিশ্বাসের দিকগুলি ভাষা ব্যবহারের বিশিষ্টতা কীভাবে ফুটে উঠেছে তারই অনুসন্ধান করা হবে। গ্রাম্য সংস্কৃতি ও গ্রাম জীবনের ছোট বড় সব কিছুই পুঙ্খানুপুঙ্খভাবে শাব্দিক কৌশলে অনাবিল সহজ সরল ভাবে অবলীলায় তুলে ধরেছেন।

মূল শব্দাবলী: তারাশঙ্কর বন্দ্যোপাধ্যায়, উপন্যাসে লোকসংস্কার ও লোকবিশ্বাস, লোকসংস্কার, লোকবিশ্বাস, আঞ্চলিক ভাবনা।

1.0 ভূমিকা

প্রখ্যাত কথাসাহিত্যিক তারাশঙ্কর বন্দোপাধ্যায় এক সাক্ষাৎকারে নিজের সম্বন্ধে বলতে গিয়ে বলেছিলেন- "তোমরা কিন্তু আমায় কবি, ছোটগল্পকার, গীতিকার বা নাট্যকার বলবে না কোনদিন। উপন্যাস লিখতেই আমি ভালবাসি। সুতরাং আমি মূলত উপন্যাসিক গণদেবতা পঞ্চগ্রাম লিখে আমি উপন্যাস রচনার তৃপ্তি পেয়েছি।"[১] তিনি যে একজন উপন্যাসিক তা তাঁর বক্তব্যের মধ্যেই প্রমাণিত। তিনি উপন্যাসিক মূলত গ্রামীণ সমাজ-সংস্কৃতির কর্ণধার, এই কথার অর্থ এই যে সমগ্র উপন্যাসের পর্যবেক্ষণে তাঁর গ্রামীণ সমাজ সমস্যামূলক উপন্যাসগুলো মানুষের কাছে বেশি সমাদৃত হয়ে উঠেছে।

একটা অঞ্চলের পরিপূর্ণ চিত্র অঙ্কনে যা যা প্রয়োজন তা তিনি সুন্দরভাবে উপন্যাসের মধ্যে তুলে ধরেছেন। এর পাশাপাশি অঞ্চলের ভাষা - উপভাষা - বিভাষা মানুষের মনের আশা - আকাঙ্ক্ষা পুঙ্খানুপুঙ্খ বিশ্লেষণে সাহিত্য সৃষ্টির সুন্দর মনোভাবটি পরে যায়। উপন্যাসে মানুষ হলো রাঢ় অঞ্চলের; মানুষের মুখের কথা হলো রাঢ়ের কথা ও তার বৃত্তীয় পরিধির শব্দাবলী। 'আমার কালের কথা'য় বলেছেন-'আমার কাল সেকাল ও একালের সন্ধিক্ষণের কাল।' যে কোনো সাহিত্যস্রষ্টার ব্যক্তিমানস ও অভিজ্ঞতা তাঁর সাহিত্যে বাণীরূপ প্রকাশ করে। সাহিত্যিকের অভিজ্ঞতালব্ধ সৃষ্টিই এনে দেয় সাহিত্যের সার্থকতা। তারাশঙ্করের ক্ষেত্রেও তাই ঘটেছে। তার সৃষ্ট উপন্যাসগুলোর সম্পর্কে আঞ্চলিকতার প্রসঙ্গ স্বভাবতই এসে পড়ে। তারাশঙ্করের উপন্যাসের বিষয়বস্তু তাঁর ব্যক্তিসত্তা, দেশ-কাল, সমাজ ও সমাজের মানুষ ও তার ব্যবহৃত মুখের ভাষাকে কেন্দ্র করে। তারাশঙ্কর নিজের অঞ্চল ও অঞ্চলের মানুষ এবং সেখানকার প্রাকৃতিক পরিবেশ সম্পর্কে সব সময়েই অন্তরঙ্গ থাকতেন। তাই তার সবকিছু সৃষ্টিতেই মিলিত আন্তরিকতা গ্রাম জীবন'ই তাঁর সাহিত্যের মূলভাবনা।– "তারাশঙ্করের উপন্যাস জুড়ে গ্রাম্য সংস্কৃতি ও গ্রামের মানুষের উৎসব অনুষ্ঠানের অবাধবিস্তার। বাংলা কথাসাহিত্যের জগতে তিন বন্দোপাধ্যায়ের নাম একইসঙ্গে উচ্চারণের সঙ্গে নিজের আসনটিকে স্থায়ী করে নিতে কোন অসুবিধা হয়নি তারাশঙ্করের।"২

তারাশঙ্কর বন্দোপাধ্যায় বাংলা কথাসাহিত্যের ধারায় একজন বিশিষ্ট শিল্পী। তাঁর রচিত উপন্যাসে গ্রাম জীবনের চিত্র অংকনে বিশেষ পারদর্শিকতা দেখিয়েছেন। রাঢ়ভূমির গ্রামে জন্মগ্রহণ করে নিজেকে যেমন পরিচালনা করেছেন সকলের সঙ্গে তেমনি সকলের কথা ও ফুটিয়ে তুলেছেন লেখার মধ্যে। তৎকালীন সমাজ ব্যবস্থার পরিপূরক নিজে ছিলেন জমিদার পরিবারের সন্তান। জমিদারি সমাজ ব্যবস্থায় নিজেকে এবং নিজের চারপাশে যা যা দেখেছেন তা সবই তুলে ধরেছেন লেখার মধ্যে। একদিকে যেমন জমিদারি প্রথা ও উচ্চশ্রেণী সমাজ ব্যবস্থা, অন্যদিকে তেমনি খেটে খাওয়া সাধারণ মানুষের নিম্নশ্রেণীয় সমাজ ব্যবস্থা। মুক্তচিন্তার অধিকারী লেখক গ্রামের মানুষের কথাই বেশি করে বর্ণনা করার চেষ্টা করেছেন। তাই লেখার মধ্যে বারবার তাঁর চারপাশের সমাজ সংস্কৃতির কথা বলতে গিয়ে মানুষের সুখ-দুঃখ, হাসি-কান্না ও রোমান্স ভরা জীবনের কথা তুলে ধরেছেন পাঠক সমাজের কাছে।

2.0 লোকবিশ্বাস ও লোকসংস্কারের ভিত্তিভূমি

তারাশঙ্করের লেখায় যে গ্রামীণ চিত্র আমরা পাই তা কোন সচ্ছল বর্ধিষ্ণু গ্রাম নয়, বীরভূম জেলার ময়ূরাক্ষী নদীর তীরবর্তী কুঁড়েঘর ও বন জঙ্গলের গ্রাম। বীরভূম এই এলাকাটি আজও প্রায় অনুন্নত শুকনো জেলা হিসেবে ধরে নেওয়া যেতে পারে। কৃষিকেন্দ্রিক সমাজ ব্যবস্থা হলেও কৃষির মান ততটা উন্নত না হওয়ার কারণে সমস্যার সম্মুখীন হতে হয়। সমসাময়িকসামন্ততান্ত্রিক গ্রামের লেখক তারাশঙ্কর। বৈজ্ঞানিক কৃষি প্রযুক্তি এবং সবুজ বিপ্লব অধ্যুষিত টেকনোলজি সে গ্রামে এখনো এসে পৌঁছায়নি। প্রাকৃতিক উপায়ে সামান্য কৃষিজ ফসল উৎপাদন ও নদী জঙ্গলের সাহারায় জীবন যাপন। জমির মালিকানা মুষ্টিমেয় কয়েকজনের হাতে থাকার কারণে বাকি সকল পরিবার অসহায় ও নিরুপায়। এমন সমাজের চিত্র তুলেছেন লেখক। সে গ্রামে জমি আছে জমিদারের হাতে। আছে জমিদারের নায়েব, গোমস্তা, পাইক, লেঠেল, ছোট কয়েকটা চাষী পরিবার। মহাজন, পাঠশালার শিক্ষক, ব্যবসায়ী, ডাক্তারও আছেন। আর আছে কামার, কুমোর, তাঁতি, গোয়ালা, হারি, মুচি, ডোম, বাগদী পাড়া, মুসলিম পাড়া, সাঁওতাল পাড়া, বৈষ্ণব, বৈষ্ণবী সবাইকে নিয়ে এক সুদৃঢ় উপন্যাস যাত্রার পাড়ি দিয়েছেন। সুচিত্রিত গ্রামীণ প্রতিচ্ছবি। নিজের সমাজের চিত্র নিজের বাড়ির কথাই হয়ে উঠেছে উপন্যাসের কথা। তথা এই চিত্রের মধ্যে সবাই নিজের নিজের সমস্যার দলিল নিয়ে উপস্থিত হয়েছেন। ফসল বোনা, ফসল কাটা, বিবাহ কেন্দ্রিক পূজা-পার্বণ, আচার-বিচার, সংস্কার-বিশ্বাস সবই যেন ঘরোয়া বাতাবরণ। উপন্যাসিক তার উপন্যাসের মধ্য দিয়ে গ্রাম জীবনকে জ্যান্ত করে তুলেছেন; কাহিনীকে করে তুলেছেন রসঘনময়। রবীন্দ্রনাথ ও শরৎচন্দ্রের লেখায় আমরা যে স্থিরচিত্রের প্রকাশ পাই তারাশঙ্কর তার থেকে উপরে উঠতে পেরেছিলেন, আর গ্রাম জীবনের চিত্র অংকনে তারাশঙ্করের সার্থকতা এখানেই।

উপন্যাসের মধ্যে কৃষি কেন্দ্রিক সমাজ ব্যবস্থায় একশ্রেণিক জমিদার তথা যাদের জমি আছে ফসল ফলায়। সুখে জীবনপরিচালনা করেন। তাদের আর্থিক অবস্থা সচ্ছল। নিজের জমিতে খাটে না কৃষক মজুরি খাটায়। সমাজে উচ্চশ্রেণীর পর্যায়ে উপনীত এরাই। এমন কয়েকজন ব্যক্তি হলেন শিবনাথ, ব্রাহ্মণ হরেন্দ্র ঘোষাল, ডাক্তার জগন ঘোষ, পাঠশালার পণ্ডিতের দেবু ঘোষ, ও কুলিন সদগপ এবং বহু সম্পত্তির মালিক শ্রী হরিপাল। এরা চাষ চষেনা কৃষাণ দিয়ে জমি চাষ করায়। নিজেরা চাষবাস তদারক করে। এই শ্রেণীর মানুষ গ্রামের এলিট (Elite) সম্প্রদায় তথা উচ্চশ্রেণীর অন্তর্ভুক্ত। অন্যদিকে

আর একদল শ্রেণীর মানুষ যারা অন্যের জমিতে সামান্যমজুরির বিনিময়ে দিনরাত পরিশ্রম করেন। এই শ্রেণীর মানুষজনেরা হলেন তাঁতি, মুচি, ডোম, প্রবৃত্ত শ্রেণীর মানুষেরা শুধুই পরিশ্রম প্রদান করেন, মূল্য তেমন কিছুই পান না বললেই হয়। তারা মজুরি পায় ফসলের এক সময় তথা ফসল তোলার সময়।বাঁধা বাৎসরিক বেতন বা উৎপন্ন ভাগের চুক্তিতে শ্রমিকেরা কাজ করে। কেহ কেহ পেট ভাতায় বা মাসের ভাতের হিসাব মত ধান নিয়ে থাকেন। অধিকাংশই; উৎপন্নের এক তৃতীয়াংশ পাইবার চুক্তিতে শ্রমিকের কাজ করে। মনিব সমস্ত চাষের সময়টা ধান দিয়ে এদের সংসার সংস্থান করে দেয়। ফসল উঠলে ভাগের ভাগ সুদ সমেত ধান কেটে নেয়। এভাবেই নির্ভরতার আবর্তে বাঁধা পড়ে যায় তাদের জীবন। মালিক-মহাজন,ভূস্বামী ও সম্ভ্রান্ত চাষীর ঋণজালে। ফসল তোলার সময় প্রাপ্যমজুরি অনেকটাই ফের মালিকের ঘরে তুলে দিতে হয়, সারা বছরের খোরাকি এবং তার ওপর সুদ বাবদ। এছাড়া পশু ব্যবসায়ীদের কাছ থেকেও সাধারণ মানুষকে বারবার তুলনায় কম মূল্যে বিক্রি করতে হয় নিজের সম্পদ।–“কিন্তু যে সুবিচার ও ন্যায়নিষ্ঠাসমাজ শাসনের ভিত্তি ছিল তাহা বহু পূর্বেই ধসিয়া পড়িয়াছে।...... ইতিমধ্যে গ্রাম্য সমাজে ধনের প্রাধান্য স্বীকৃত হইয়া উহার শাসনের নৈতিক অধিকারকে ক্ষুন্ন করিয়াছে। যে সমাজ শ্রী হরিকে শাসন করিতে পারেনা অনিরুদ্ধ তাহার কর্তৃত্ব অস্বীকার করে এইরূপে বহু শতাব্দীর যত্ন রচিত বিধি-বিধান বাহিরের অভিভব, নিজ অন্তর্জীর্ণতাও ঐশ্বর্যের নিকট নতী শিকার এই ত্রিবেদী অস্ত্রে খন্ডিত হইয়া নিজ কল্যাণ শক্তি হারাইয়াছে।”৩

প্রত্যক্ষ অভিজ্ঞতার আলোকে যে সকল বৃহৎ উপন্যাস রচনা করেন তার মধ্যে এক প্রান্তে আছে ‘ধাত্রীদেবতা’, ‘কালিন্দী’, ‘সন্দীপন পাঠশালা’, প্রভৃতি উপন্যাস এবং অন্য প্রান্তে আছে ‘গণদেবতা’, ‘পঞ্চগ্রাম’, ‘কবি’, ‘হাঁসুলিবাঁকের উপকথা’, ‘নাগিনী কন্যার কাহিনী’, প্রভৃতি ও উপন্যাস সমূহ।

3.0 লোকবিশ্বাস ও লোকসংস্কার: তথ্য বিশ্লেষণ

প্রথম শ্রেণীর উপন্যাস শিক্ষিত সচেতন উচ্চবিত্ত শ্রেণীর চরিত্ররা নায়ক। এদের জীবন ও জীবিকার উপর প্রকৃতি ও দৈব্যিক প্রভাব অনেক কম। কিন্তু দ্বিতীয় শ্রেণীর উপন্যাসের নায়ক লোকায়ত মানুষ যাদের উপর প্রকৃতি ও দৈব্যের প্রভাব অনেক বেশি। বিলিয়মান জমিদার শ্রেণীর পাশে বাউরি, কাহার, বেদে, ডোম, মুচি, বাগদি, প্রভৃতি লোকায়ত জীবনের কথা উঠে এসেছে। ঔপন্যাসিক নিজস্ব এলাকায় বিভিন্ন প্রান্তর ঘুরেফিরে উপন্যাসের

প্লটের চিত্র এঁকেছেন। ফলে মিশে থাকা যাবতীয় আচার-সংস্কার-বিশ্বাস ও সুখ-দুঃখ, হাসি-কান্না সুন্দর করে তুলেছেন নিজের লেখায়। গ্রাম্য, অশিক্ষিত, দরিদ্র, লোকায়ত এই মানুষগুলো বীরভূমের অনুর্বর লাল রুক্ষ কাকুরে মাটির সঙ্গে লড়াই করে চাষবাস করে জীবিকা নির্বাহ করে। অনেকে জমির অভাবে, খরা-বন্যার প্রভাবে প্রয়োজনটুকু মেটাতে না পেরে চুরি ডাকাতি করে। আর একদল মানুষ বাউল, বৈরাগী, কবিরদল বা ঝুমুরের দলে গা ভাসায়।এছাড়া এদের বাইরেও থাকে পথোজীবী নানা শ্রেণীর ভিক্ষুকের দল।

লোকায়ত জীবনের বিভিন্ন প্রকার আচার ও সংস্কারের মধ্য দিয়ে পূজা-পার্বণ ও উৎসব ব্যাপারটি বেশ জমজমাট মনে হয়। সমাজের মধ্যে বিভিন্ন সম্প্রদায়ের বিভিন্ন আচার পদ্ধতি,এবং বিভিন্ন প্রকার দেব-দেবীর পূজার্চনা অম্বুবাচী, রথযাত্রা, বিষহরি পূজা, নানান উৎসব ইতুলক্ষ্মীর পর্ব, পৌষ সংক্রান্তি, চামুণ্ডা দেবীর পূজা, দোল উৎসব, ঘেঁটু পূজা, অশোক ষষ্ঠী, নীল ষষ্ঠী, গাজন, ধর্ম ঠাকুরের পূজা, লক্ষ্মী পূজা, ইত্যাদি উৎসব বেশ ধুমধাম করে পূজিত ও পালিত। এই সকল পূজা-পার্বণ ও উৎসবের মধ্য দিয়ে লেখক সমাজ সংস্কার ও বিশ্বাসে রাঢ়ের ধারাটি বজায় রেখেছেন। প্রতিটি উৎসবে পূজা পদ্ধতি এবং তন্ত্র-মন্ত্রের দিকটি সুন্দরভাবে অঙ্কন করেছেন।‘গণদেবতা’ উপন্যাসের লেখক ‘ইতুলক্ষ্মীর পর্ব’ ব্রতের মধ্য দিয়ে সূর্য উপাসনার বিষয়টি সেভাবে যুক্ত করেননি। পরিবর্তে হৈমন্তী ধান ছাড়াই করার শুভারম্ভরবি শস্যের আবাহন হিসেবে এই পর্বকে দেখিয়েছেন। এই উপন্যাসেই আর পাঁচটি গ্রামের মতোই শিবকালীপুর গ্রামেও মহাসমারোহে পালিত হয় নবান্ন উৎসব। ঘরে ঘরে ধান্য লক্ষ্মীর পূজা নতুন ধানের চাল থেকে বিভিন্ন প্রকার উপকরণ তৈরি করে দেবলোক-পিতৃলোকের ভোগ দেওয়া। নবান্নের দিন কুমারী কিশোরী মেয়েদের ভিজা এলো চুলে হাতে নতুন ধানের আতপ চাল, চিনি, মন্দা, দুধ, কলা, আখের টিকলি, আদাকুচি, মুলাকুচি ও কিছু দক্ষিণা সহ সাজানো নতুন বাটি নিয়ে চণ্ডীমন্ডপে বারোয়ারী পূজা দিতে যায়। এমন সকল খুঁটিনাটি বিষয়গুলি সুন্দরভাবে উপস্থাপন করেছেন ঔপন্যাসিক তারাশঙ্কর। রাঢ়বঙ্গে ‘বিষহরি পূজার’ একটা ধারা প্রচলিত।‘নাগিনী কন্যার কাহিনী’ উপন্যাসে বর্ণিত সাঁওতালির বিষবেদের মধ্যে শ্রেষ্ঠ উৎসব হল মা ‘বিষহরি পূজা’। ভাদ্র মাসের শেষ নাগ পঞ্চমীতে দিনের বেলায় বিষহরীর অঙ্গনে বা সাঁওতালির ঘাটে এই পূজা অনুষ্ঠিত হয়। নাকড়া, বিষমঢাকি,তুমড়ী, বাঁশি, চিমটে কড়া প্রভৃতি বাদ্যযন্ত্রের ধ্বনিতে দেবদারু গাছের পাতা, ধুপ-ধুনা, দুধ, কলা ইত্যাদি দিয়ে পূজা সাঙ্গ করে। এমন একটি স্তুতি হল-‘ও আমার সাত

জন্মের বাপ-গো-তোরে দিচ্ছি বাক্-গ!'হাঁসুলীবাঁকের উপকথা' উপন্যাসে গাজনের প্রভাব বেশ উজ্জ্বল। কাশি, শিঙ্গা, ধুপের ধোয়ায়, গলায় উত্তরীয়, পরনে গেরুয়া কাপড়, কপালে সিঁদুরের ফোটা প্রভৃতি উপাদানের সমারোহে গাজনের উৎসব পালিত হয়। চড়কের পাটায় শুয়ে বনোয়ারির সংস্কারাচ্ছন্ন মন বলতে থাকে- '..... প্রাণ নাও বাবা মান রাখো আমাকে দন্ড দাও কিন্ত কাহারদের মঙ্গল কর শিব হে আসছে জন্মে উচ্চকুলে জন্ম দিও বাবা ঠাকুর তোমার ওই শিষ্য বাবা তারো পূজা দিয়েছি তোমার শিষ্যকে বলো তার বাহন 'হত্যে'রঅর্থাৎ সেই অজগরটিকে পুড়িয়ে মারার অপরাধ যেন তিনি ক্ষমা করেন, যেন হাঁসুলীবাঁকের অমঙ্গল না হয়। ক্ষেত ভরে ধান দাও, ঝড় ঝাপটা থেকে রক্ষা কর, কোপাই বেটিকে ক্ষ্যাপা বানে ভাসাতে বারণ কর।'

জন্ম-মৃত্যু-বিবাহ মানব জীবনে এই প্রধান তিন অঙ্গেই সমাজের সকল সংস্কৃতি বিজড়িত। তারাশঙ্করের ভূমিষ্ঠ হওয়ার সময়কার কথা-বার্তায় জানা যায়। -"ভূমিষ্ঠ হবার সময় নাকি খুব কেঁদেছিলাম। সেদিন যারা সূতিকা গৃহে দুয়ারে উৎকণ্ঠিত প্রতীক্ষায় উপস্থিত ছিলেন, তারা অপেক্ষাকৃত বিষন্ন হয়ে বলেছিলেন যা, মেয়ে হল! এত উঁচু গলা এ মেয়ের! আজও আমাদের দেশে বাড়ির গিন্নিরা বলেন-ছেলেরা ভূমিষ্ঠ হওয়ার সময় কাঁদে। মেয়েরা আসে, জীবনের যে কান্না তারা কাঁদবে তার ঐ সুর ধরে।"[৪] তৎকালীন সমাজ বিশ্বাসে উচ্চবিত্তের ঘরে জন্মসংক্রান্ত দুটি সংস্কার ধরা পড়ে। উঁচু গলায় কান্না করলে মেয়ে হয় এবং নিচু গলায় কাঁদলে ছেলে হয়। এমন বিশ্বাসের এক উজ্জ্বল দৃষ্টান্ত। বিবাহ একটি সামাজিক অনুষ্ঠান। সমাজের শিরোমনিরাদেখাশোনার মধ্য দিয়ে দুটি মনের মিলন ঘটানোর অনুষ্ঠান।'ধাত্রীদেবতা' উপন্যাসের শিবনাথের কিশোর বয়সে অর্থাৎ মাত্র ১৪ বছর বয়সে বিয়ে দেওয়ারউদ্যোগ দেখা যায়- 'তাই ভাবি একটা ভাগ্যমানী মেয়ের ভাগ্যের সঙ্গে শিবুকে বেঁধে দিই।'এজন্য পিসিমা গনক ঠাকুরকে দিয়ে কষ্টি বিচার করে ৯ বছর বয়সী গৌরীর সঙ্গে বিবাহ ব্যবস্থা ঠিক করেন।'নাগিনী কন্যার কাহিনী' উপন্যাসে সাঁওতালি বিষবেদে জাতির মধ্যে বাল্যবিবাহের উপস্থিতি আরো ভয়ংকর। সেখানে আরো অল্প বয়সে ছেলেমেয়েদের বিবাহ সম্পন্ন হয়। লেখকের ভাষায়- 'বেদের ঘরের মেয়ের বিয়ের কাল হয় অন্নপ্রাশনের পরই।ছয় মাস থেকে তিন বছর বয়সের মধ্যেই বিয়ে হয়ে যায়।' এ সকল প্রধান কালচারের পাশাপাশি বিভিন্ন প্রকার সংস্কৃতি ও বিশ্বাস লোকজীবনে আজীবন বয়ে চলেছে। লোকায়ত বিভিন্ন আচার-আচরণ প্রচলিত নানা প্রথা জনিত বিশ্বাস, নারী ও পুরুষের জীবনে বিশ্বাস ও সংস্কার,

প্রবাদ-প্রবচনে, লোকসঙ্গীতে, অলৌকিক ঘটনায় বিশ্বাস, জাত-পাত মূলক বিশ্বাস, স্বপ্নজনিত বিশ্বাস ও সংস্কার পদ্ধতি ইত্যাদি।'পঞ্চগ্রাম' উপন্যাসে ব্যাঙের বিবাহ উপলক্ষে এক ধরনের বিশ্বাস বহুত প্রচলিত। ব্যাঙের বিবাহ দিয়ে বৃষ্টির জল কামনা করার প্রবণতা রাঢ়বঙ্গে আজও বজায় আছে। লেখকের মতে- 'আষাঢ়-শ্রাবণেঅনা বৃষ্টি হইলে এ অঞ্চলে ব্যাঙের বিবাহ দিবার প্রথা আছে। ব্যাঙের বিবাহ দিলে নাকি আকাশ ভাঙিয়া বৃষ্টি নামে। বাল্যকালে দেবুও দল বাধিয়া গান গাহিয়া ভিক্ষা করিয়া ব্যাঙের বিবাহ দিয়াছে।ব্যাঙের বিবাহে তাহার প্রিয়তমা বিলুর বড় উৎসাহ ছিল।' (পঞ্চগ্রাম)ব্যাঙের বিবাহের মধ্য দিয়ে বৃষ্টির দেবতা ইন্দ্রকে সন্তুষ্ট করার বিশ্বাস মানুষের মনে বেশ উজ্জ্বল আকারে ধরা পড়েছে। সমাজের এই সংস্কার উপন্যাসিক লেখার মধ্যে তুলে ধরেছেন রাঢ়বঙ্গের কৃষ্টি ও কালচার কে।'হাঁসুলীবাঁকের উপকথা' উপন্যাসে ধর্মীয় বিশ্বাস সংস্কারের সমাহারে জমজমাট এক বাতাবরণ তৈরি করতে পেরেছেন উপন্যাসিক।আঞ্চলিক এই উপন্যাসটি শুরুই করেছেন অতিপ্রাকৃত বিশ্বাসের মধ্য দিয়ে এ সম্পর্কে শ্রীকুমার বন্দ্যোপাধ্যায় বলেছেন –"কর্তাবাবার বাহনের রহস্যময় শিষধ্বনীসমস্ত কাহার সমাজে যে অতিপ্রাকৃত ও নির্দেশ্য ভীতি-রোমাঞ্চ জাগাইয়াছে তাহাই সমগ্র উপন্যাসের ভাব ওজগতের ভূমিকা রচনা করিয়াছে – ইহাই ঔপন্যাসিক সংঘঠনের মূল কারণ।"৫ 'ধাত্রী দেবতা' উপন্যাসে উচ্চবিত্ত অভিজাত সমাজের নারী হিসেবে পিসিমা গো সেবা সংক্রান্ত সংস্কার বহন করেছিলেন তার মতে – গো সেবায় অপরাধ হলে হিন্দুর সংসারে অভিসম্পাত হয়। পিসিমা কোষ্ঠী বিচার করে শিবনাথের বিয়ে দিতে চায় গণক ঠাকুরের কাছে লোক পাঠাতে চায় শুভাশুভ জানার জন্য। প্রবাদ-প্রবচনে ঔপন্যাসিক সঠিক স্থান ও সঠিক সময়ের ব্যবহার লক্ষ্য করেছেন। চাষবাস সংক্রান্ত নানা প্রবাদ ব্যবহার করেছেন 'খাটে খাটায় দুটো পায়' অর্থাৎ চাষে যারা নিজেরা খাটে চাষী মজুরদের খাটায় তাদের চাষে দ্বিগুণ ফসল উৎপন্ন হয়। 'শাওনের পুরো, ভাঁদরের বারো এর মধ্যে যত পারো'- আমন ধান রোপন সংক্রান্ত প্রবাদ তারা শংকর সম্বন্ধে শ্রীকুমার বন্দ্যোপাধ্যায় জানান- " তারাশঙ্করের সর্ব প্রধান কৃতিত্ব সমগ্র সমাজ প্রতিবেশের চিত্রনে। 'গণদেবতা'তে সমাজ বন্ধন যেমন করিয়া শিথিল হইয়া পরিয়াছে, সামাজিক দলাদলির ক্রুরতা ও দুর্নীতিতে তাহা প্রতিবিম্বিত হইয়াছে।"৬

তারাশঙ্করের উপন্যাসের সার্বিক প্রকরণের আলোকে অন্যান্য আলোচনার পাশাপাশি ভাষা শৈলির আলোচনা মুখ্য বিষয় হয়ে ওঠে একজন

সাহিত্যিকের শিল্পী মনের ঠিকানা অনেকাংশে লুকিয়ে থাকে তাঁর ভাষা সচেতনতার মধ্যে। লেখক মূলত তাঁর লেখায় সহজ-সরল ও সাবলীল ভাষা প্রয়োগেই স্বচ্ছন্দ ছিলেন বেশি। গ্রামের মানুষ গ্রাম্য সহজ-সরল বাংলায় কথাবলবে এটাই স্বাভাবিকভাবে তিনি মনে করতেন। সরলতা স্পষ্টতায সাহিত্যের প্রধান বৈশিষ্ট্য, তা তারাশঙ্করের সাহিত্যে প্রধান চর্চার দিক। উপন্যাসে বিচিত্র ভাষারীতির প্রয়োগের মাধ্যমে তারাশঙ্কর বাংলাদেশের গ্রামীণ সমাজ ও তার সংস্কৃতি পরিমণ্ডলটিকে আমাদের সামনে তুলে ধরতে চেয়েছেন।।

একজন লেখক এর জীবনকে দেখার ভঙ্গি বা অবস্থানগত কৌণিক দূরত্বের পার্থক্যের কারণে কিংবা অনেক সময় রচনা বৈচিত্রের কারণে তার রচনায় প্রযুক্ত ভাষার মধ্যেও নানান রূপময়চিত্র খুঁজে পাওয়া যায়। উজ্জ্বল কুমার মজুমদার থেকে পাওয়া এই ভাবনাটির পাশাপাশি বঙ্কিমচন্দ্রের ভাষা সচেতনতার দিকটি এ প্রসঙ্গে দেখে নেওয়াযায়। বঙ্কিমচন্দ্র তাঁর আখ্যানে এই উভয় পর্যায়েই সংস্কৃত শব্দ ঘেঁষা সাধু ভাষা বা চলিত গদ্যের ফরমান ত্যাগ করে উচ্চ আদর্শ যুক্ত সাহিত্যিক ভাষা ব্যবহার করার পক্ষপাতী ছিলেন তবে তিনি মনে করতেন ভাষারে এই যুক্তির ক্ষেত্রে সচেতনতা থাকলেও বিষয় অনুসারেই রচনার ভাষার উচ্চতা বা সামান্যতা নির্ধারিত হওয়া উচিত। রচনার প্রধান গুন এবং প্রথম প্রয়োজন সরলতা ওস্পষ্টতা। যে রচনা সকলেই বুঝিতে পারে এবং পড়িবামাত্র যাহার অর্থ বুঝা যায় অর্থ গৌরব থাকলে তাহাই সর্বোৎকৃষ্ট সকলেই বুঝিতে পারে এবং বলিবার কথাগুলি পরিপুষ্ট করিয়া বলিতে হইবে যতটুকু বলিবার আছে সবটুকু বলিবে তার জন্য ইংরেজি, ফারসি, আরবি, সংস্কৃত, গ্রাম্য, বন্য যে ভাষার শব্দ প্রয়োজন তা গ্রহণ করিবে অশ্লীল ভিন্ন কাহাকেও ছাড়িবে না।

তারাশঙ্করের গ্রাম কেন্দ্রিক উপন্যাসে ভাষার অন্তর্বয়নেরপ্রযত্নটি বুঝতে শুরুতেই সে সম্পর্কে বিভিন্ন মন্তব্য গুলি স্মরণ করা হয়েছে কারণ এ ক্ষেত্রে চরিত্রের মুখের ভাষা প্রয়োগে লেখকের অভিমুখটি বুঝতে আমাদের সুবিধা হবে। সাম্প্রতিক ও তারাশঙ্করের ভাষণ কৌশল নিয়ে নানা চর্চা হলেও আমাদের মনে হয়েছে, সে আলোচনার সিংভাগঅংশ'ই 'টেক্সট' নির্ভর বা 'হোয়াট'র আলোচনা। How এরআলোচনা যেখানে অনুপস্থিত।বর্ণনা বা বিবৃতি অংশ এবং সংলাপের ভাষা এই দুই দিকেই থাকে একটি শিল্পী মনের সচেতনতার প্রকৃত পরিচয়, এই দুইয়ের অন্তর্বয়নের মধ্যে তারাশঙ্কর শিল্পসিদ্ধ বেশি। চরিত্র উপস্থাপনের ক্ষেত্রে যেমন স্থান মাত্রে রুক্ষতা ও কোমলতার

স্পর্শ অনুভূত হয় তেমনি এই পর্বের রচনায় ভাষাবয়নের ক্ষেত্রেও কাজ করেছে ওই সচেতনার সংমিশ্রণবোধ। সুরেন্দ্রনাথ মল্লিক যথার্থই বলেছেন -"চরিত্রের মুখের ভাষা অর্থাৎ সংলাপের দীর্ঘতা বা হ্রস্বতা, গভীর বা চটুলতা বাক্যের তীর্যক ধর্মিতা বা রহস্যময়তা সবটাই উপস্থাপিত পরিবেশ, ঘটনা ও পাত্র পাত্রীর শিক্ষা, সামাজিক অবস্থা ও রুচির উপর নির্ভর করে। আরো একটু কষ্ট করে বললে যে পরিবেশের কাহিনী লেখক বর্ণনা করেন না কেন বর্ণনার অংশটিকে প্রচলিত সাহিত্যিক ভাষায় (সাধু বাচলিত) ব্যবহার করা বাঞ্ছনীয়। সংলাপের ক্ষেত্রে চরিত্রাণুগ কথ্য ভাষার উপরই লেখকের নির্ভর করতে হয়।"[৭] অর্থাৎ সমাজপ্রতিবেশ ও আনুষঙ্গিক ধর্ম সংস্কৃতি প্রভৃতির উপর ভাসিক সংস্থা নির্ধারিত।

'হাঁসুলীবাঁকের উপকথা' উপন্যাসে রাঢ়ী উপভাষার পরিমণ্ডলে বীরভূমের বিভাষা বিশেষভাবে জড়িয়ে আছে কাহার কুলের মধ্যে প্রচলিত নিজস্ব সংলাপে। নিমতেলের পানুবলে 'জান মুরুব্বী কথাটা আমি বাপু ভয়ে বলি নাই এতদিন তা কথা যখন উঠল বুয়েছ কিনা আর কি বলে যেয়ে বনোয়ারীর বসে বসেই খেশরে খানিকটা এগিয়ে এসে প্রশ্ন করে কি হয়েছে বল দিকিনি?' এখানে 'কেশরের' মতো প্রাকৃত শব্দ ও যেমন বর্তমান, তেমনি 'বাপু বুয়েছ কিনা বলে যেয়ে।'"বল দিকিনির' মতো বিভাষার ও নিদর্শন মিলে। 'হাঁসুলী বাঁকের উপকথা' উপন্যাসের ভাষা প্রসঙ্গে আচার্য সুনীতি কুমার চট্টোপাধ্যায় এর কথাটি এখানে স্মরণ করা যায়,- " সম্প্রতি যে দুইখানা বই পড়িয়া মাতৃভাষার সাহিত্য সম্বন্ধে আমার গৌরবোধ আরো বাড়িয়াছে সেই দুইখানির একখানি হইতেছে আপনার 'হাঁসুলী বাঁকের উপকথা'......আপনি বাংলাদেশের আদিম যুগের মানুষের মনের একখানে নিখুঁত ছবি দিয়েছেন। ..... ভাষাণুসন্ধানীর কৃতজ্ঞতা বাউরীদের ভাষার টুকিটাকি অনেক জিনিস পাইলাম যা কাজে লাগিবে।"[৮]

'গণদেবতা' উপন্যাসে দুর্গার মায়ের উক্তি – 'রাক্ষস প্যাটে আগুননাগুক –আগুন নাগুক। মরুক মরুক মরুক।..... সর্ব্বাগ্যে তোর যাওয়ার কি দরকার- শুনি?' এছাড়া দুর্গার উক্তি 'দেবতা ললপাচ্ছে' (পঞ্চগ্রাম) 'ইখান থেকে আমরা উঠে যাচ্ছি ও গো- হ- ই মৌরাক্ষীর লতুন চরাতে!', তু বলগা যেয়ে মোড়ল মাঝিকে। আমি যেতে লারব।', 'হুঁসিটি তো আমরা দেখছি। ইটিও সেই তেমনি, সিটির পারা বটে। তা সিটিই তো আমাদের রাজাবাবু। উআর লেগে আমরা সুসুরে (খরগোশ) মেরে এনেছি।' (কালিন্দী) প্রভৃতি অসংখ্য বিভাষা থেকে এই পর্বের রচনায় শুধু ভাষা

উপাদান হিসেবে ব্যবহার করেছেন এমনটা নয়, এর মধ্য দিয়ে উপন্যাসের ভাবনা লোকে কথকও চরিত্রের আত্তিময় সম্পর্কেও গড়ে ওঠে। কোন কোন ক্ষেত্রে আঞ্চলিক উপভাষাকে কেন্দ্র করে ভিন্ন ভাষা প্রকার গড়ে ওঠেএবং বক্তা ও শ্রোতার কথন বিন্যাসে তা বিবৃত থাকে। অঞ্চল ভেদে স্থানভেদে ভাষার মধ্যে বা কথার মধ্যে থাকে বিভিন্নতা। আমাদের সাধারণ দৃষ্টিতে সেগুলি এড়িয়ে গেলেও তারাশঙ্কর সেই ভাষা প্রয়োগের মাধ্যমে কোন কোন চরিত্রের সামাজিক ও সাংস্কৃতিক অবস্থান সূচিত করে দেন। আসল কথা হল কোন চরিত্র একই সময়ে অনেকগুলি সামাজিক ভূমিকা পালন করে বা একটি চরিত্র ভিন্ন ভিন্ন সামাজিক 'রোলপ্লে' করে সেই একই সময়ে।

গোষ্ঠী জীবন কেন্দ্রিক মানুষের ভাষাবয়নকৌশল নিয়ে আলোচনায় মানবেন্দ্র মুখোপাধ্যায় দেখিয়েছেন করালী ও বনোয়ারীর একই গোষ্ঠীভুক্ত হওয়া সত্ত্বেও গোষ্ঠী আনুগত্যের প্রশ্নে তাদের দুজনের অবস্থানের ওই সূচক Index হিসেবে উপস্থিত। বিষয়টি আরো পরিষ্কার হওয়া যায় নির্মল দাস এর কথা থেকে " করালি আর বনোয়ারী দুজনেই ইংরেজি 'Time' শব্দটির অপভ্রংশ রূপ ব্যবহার করেছে : করালীরমুখে Time > টায়েম, বনোয়ারীর মুখে Time > টায়েন, এক্ষেত্রে করালির চেয়ে বনোয়ারের মূল শব্দ থেকে বেশি দূরবর্তী অর্থাৎ নতুন ভাষিক প্রবর্তনের দিক থেকে বনওয়ারী করালির চেয়ে অনেক পশ্চাদ ভর্তি ও পরোক্ষ। 'চৈতালীঘূর্ণি' তে গোষ্ঠ যখন গ্রামে, উপন্যাসের শুরুতেই স্ত্রীর সঙ্গে কথোপকথনে তখন শুনতে পাই, ' একটা দীর্ঘশ্বাস ফেলিয়া গোষ্ঠ কহে, হুঁ, ভাবছি – ভাবছি কি জান, তুমিও তো অনেক দিন এসেছ, বল দেখি, গাখানা কি ছিল আর কি হল?' সেখানেই থাক, ' গোষ্ঠ বলে, জান, আজ মাঠ থেকে ফিরতে নদীর ধারে দাঁড়িয়ে গা শিউরে উঠল। সমস্ত গাঁটা যেন আবছা ধোঁয়াতে ছেয়ে গিয়েছে, নদীর বুকে বাতাসে তপ্ত বালি হু হু করছে, নদীর ওপারেই শ্মশানের ছাই ছাই উড়ছে, শিয়াল কুকুর শকুনি চেচাচ্ছে।' আধা শহরে এসে সেই গোষ্ঠর মুখের বুলি হয় এরকম- গোষ্ঠ মুখ বাকাইয়া কহে, কেয়াখরচ, কিসকেখরচ, খরচহামারা নেহিহ্যায়, জমাকরে লেও, সবজমা হোগা, এইভাবে তার কথার মধ্যে বিশুদ্ধ ভাঙ্গা ভাঙ্গা হিন্দি শব্দের বিমিশ্রণে গোষ্ঠীপরিমণ্ডলের দূরত্ব স্পষ্ট হয়ে যায়। অর্থাৎ 'হাঁসুলীবাঁকের উপকথা'য়যেমন একটি মূল শব্দের অপভ্রংশরূপ চরিত্রের সাংস্কৃতিক দূরত্ব নির্ধারণ করে দেয়, এখানে তেমন একই ব্যক্তির মুখে দুই ধরনের শব্দ ব্যবহার করে লেখক গ্রাম-আধাশহর এমনকি গোষ্ঠী ও গোষ্ঠীবিচ্ছিন্নতার আসল রূপটিকে ফুটিয়ে তোলা হয়েছে। এই উপন্যাসেই

'স্টেশন' কে 'ইস্টিশন','ট্রেন' কে 'ট্যান' বলাহয়েছে। রঙ>অঙ, রাম>আম, রজনীকে>অজুনি, রীতকরণকে>ইতকরণ, রাতবিরেত>আতবিরেত, ইত্যাদি। গ্রামাঞ্চলে কোন কোন সময় একজন ব্যক্তির প্রকৃত নামের পাশাপাশি একটি করে ডাকনামবা সাংকেতিক নাম থাকে। নামকরণের এই প্রবণতাটির মধ্যে লুকিয়ে থাকে ভাষা সচেতনতার ভিন্ন দিকটি। ডেভিড লজ বলেছিলেন : " The naming of characters is always an important part of creating them involving many considerations and hesitation which I can must conveniently illustrate from my own experience."* স্বভাবতই গ্রাম জীবন নির্ভর উপন্যাসে এর বিশেষ পরিচয় পাওয়া যায় কিছু আশ্চর্যের বিষয় নয়। বিশেষ করে এই নামকরণের পেছনে ও তার উৎস মূলের যিনি থাকুন না কেন; তার ভাষা জ্ঞানের প্রশ্নটি তখন আর অব্যক্ত থাকেনা। বিভিন্ন প্রয়োজনের তাগিদে উঠে আসা এই নামকরণের বৈচিত্র এই পর্বের উপন্যাসে যত্রতত্র দেখা মেলে। তাছাড়া উপন্যাসের ভাষা আলোচনায় এই বিষয়টি গুরুত্বপূর্ণ বলে মনে হয়।যখন হাঁসুলী বাঁকের উপকথা উপন্যাসের কথক উল্লেখ করেনযে, এ বিষয়ে তাদের একটা প্রাক পৌরাণিক মৌলিকত্ব আছে। বস্তু বা মানুষের আকৃতি বা প্রকৃতির লক্ষ্য করে নিজেদের ভাষা জ্ঞান অনুযায়ী সুসমঞ্জস্য নামকরণ করে! তখন দেখা যায়, প্রচলিত ব্যাকরণের বাইরে গিয়ে কখনো কখনো কোনো বস্তুর সাদৃশ্য বা কখনো বিশেষ্যের সঙ্গে বিভিন্ন প্রত্যয় যোগ করে কিংবা নানান কারণে নামকরণের এই যৌক্তিকতাকে তাদের ভাষা দক্ষতার দিকটি স্পষ্ট হয় সর্বত্র।

তারাশঙ্কর বন্দ্যোপাধ্যায়ের উপন্যাসে আমরা মূলত রাঢ় এলাকার মুখের ভাষাটাই বেশি করে পাবো। এই অঞ্চলের লোকায়ত জনসমষ্টির বিশ্বাস ও সংস্কার মূলক স্নিগ্ধ রুপের চিত্রণে শব্দচয়ন, বাক্যগঠন, প্রত্যয়, উপসর্গ-অনুসর্গ, ইত্যাদি দিকের পাশাপাশি প্রবাদ-প্রবচন, উপমা প্রয়োগ, উচ্চারণ-রীতি ইত্যাদি দিকগুলি পাই।

'সনজে হয়ে এলো, চলেন, বাড়িযাই। সেই কখন আইচেন বলেন দেখি।' (ধাত্রীদেবতা)

'খিদে নেগেছে, আর সব যে যার বাড়ি গিয়েছে।' (ধাত্রীদেবতা)

অ > ই = এসেছেন>আইচেন । এ > ই = গেছে>গিয়েছে। ও > উ = কোথা>কুথা, তোমাকে>তুমাকে,তোর>তুর। ইত্যাদি।

আ-কারের পরিবর্তে অ কারের ব্যবহার। যেমন – দেখলাম>দেখলম, দিলাম>দিলম।

ধ > জ = সন্ধ্যে>সনজে। ল > ন = লেগেছে>নেগেছে, নজর>লজর।

'অবশেষে একদিন রাত্রি রঅন্ধকারে মা আসিয়া ছেলের সম্মুখে দাঁড়াইলেন। কোজাগরী পূর্ণিমা পার হইয়া গিয়াছে ....তাহারই মধ্যে সুনীতি নিঃশব্দে অহীন্দ্রের পাশে আসিয়া দাঁড়াইল। অহীন্দ্র জানিতে পারিলনা।' (কালিন্দী)

আলোচ্য উক্তির মধ্যে তৎসম শব্দের ('রাত্রি', 'অন্ধকার', 'সম্মুখ', 'পূর্ণিমা' ইত্যাদি) ব্যবহার ঘটেছে, তেমনি সাধুক্রিয়া পদের ('আসিয়া', 'দাঁড়াইলেন', 'গিয়াছে' ইত্যাদি) ব্যবহার ঘটেছে।

'ওকেই বলি ভাগ্যিমানী। বড়োলোক না হোক 'ছচল-বচল' সংসার তেমনি স্বামী আর ছেলেটি।' (গণদেবতা)

আলোচ্য উক্তিতে 'ছচল-বচল' (অনুকার) শব্দদ্বয় লক্ষণীয়। 'ভাগ্যিমানী' শব্দটি এসেছে এভাবে ভাগ্যবান> ভাগ্যবানী> ভাগ্যমানী> ভাগ্যিমানী। (গ্রাম্য স্ত্রীলোকদের স্ত্রীলিঙ্গ প্রত্যয় প্রয়গের বিশেষত্ব)

'আজ্ঞে উনি এখন ছি হরি ঘোষম শাই গো। ....জমিদারের কাগজ পত্তরে' (গণদেবতা) – 'ছিহরি' শব্দটি এসেছে এভাবে শ্রী> ছিরি (বিপ্রকর্ষ ও তালব্যীভবন) > ছি/ছিরু (আদরার্থে), ছি + হরি = ছিহরি। 'পত্তরে' শব্দটি এসেছে এভাবে – পত্র> পত্তর (বিপ্রকর্ষ) পত্তরে ('এ' – কারের আগমন)।

'সতীশ বলিল – হোথা থেকে এলাম তো দেখি, ডাক্তোর বাবু পাড়ায় এয়েছেন, - বলছেন – টিপছাপ দিতে হবে, দরখাস্ত পাঠাবেন। তা হাঁ মশায়, দরখাস্তে কি হবে গো? এই তো ঘর – পোড়ার লেগে দরখাস্ত করলাম – কি হল? তাছাড়া দরখাস্ত করলে সেটেলমেন্টোর হাকিম যদি রেগে যায়।'

সতীশের মুখে 'হোথা' শব্দটি এসেছে – অত্র> হেথা> হোথা(দূর বাচক সর্বনাম)

'এয়েছেন' = এসেছেন > এয়েছেন। (য়- শ্রুতি)

'লেগে' = লাগিয়া > লাইগ্যা (অপিনিহিতি) > লেগে (অভিশ্রুতি)

'জন্য' অনুসর্গ হিসেবে ব্যবহৃত হয়েছে।

রাঙা দিদির সংলাপে যে 'সোমথ' শব্দটি এসেছে এভাবে – সমর্থ > সোমথ (তদ্ভবশব্দ)

'উবগার' = উপকার > উবকার (ঘোষীভবন) > উবগার (ঘোষীভবন)

দৌলত শেখের ভাষাতে 'ই-কাম' তে 'ই' – 'এই' অর্থে ব্যবহৃত হয়েছে। 'হি > ই' (হ এর লোপ), নিকট সর্বনাম অর্থে ব্যবহৃত। 'কাম' শব্দটি এসেছে – কর্ম > কম্ম > কাম।

রহম চাচার মুখের ভাষাতে 'কুথাকে' শব্দটি 'কোথায়' অর্থে ব্যবহৃত হয়েছে, এবং 'এক্কারে' শব্দটি – একেবারে > এক্কারে, (সমীভবন)। 'ফেলালছে' - ফেলেছে > ফেলালছে ('ল' ব্যঞ্জন ধ্বনীর আগমন)।

4.0 উপসংহার

ঔপন্যাসিক উপন্যাসের মধ্যে ভাষা ব্যবহারে গ্রাম্যতা তথা আঞ্চলিকতার পরিচয় দিলেও উচ্চবিত্তের মুখে বেশিরভাগ সময় শিষ্ট ভাষার ব্যবহারটাই বেশি করে করেছেন। এই দুই শ্রেণীর মানুষের মধ্যে পার্থক্য না দেখালেও ভাষায় এবং পোষাকে একটু হলেও কোথাও যেন মতভেদ দেখা দিয়েছে। তবে স্থান ও পাত্র অনুযায়ী মুখের সংলাপ ব্যবহারে পারদর্শিকতা দেখিয়েছেন।

5.0 তথ্যসূত্র

১. ভট্টাচার্য, তরুণ, (প্রধানসম্পাদক), 'তারাশঙ্কর বন্দ্যোপাধ্যায় সংখ্যা', বর্ষ ৩১, সংখ্যা ৫-৯, ১লা আগস্ট ১৯৯৭, পশ্চিমবঙ্গ সরকার, কলকাতা ০০১, পৃ. ২০১

২. তদেব, পৃ. ২০৪

৩. বন্দ্যোপাধ্যায়, শ্রীশ্রীকুমার, 'বঙ্গসাহিত্যে উপন্যাসের ধারা', মর্ডাণ বুকএজেন্সী প্রাইভেট লিমিটেড, পৃ. ৩০৩

৪. বন্দ্যোপাধ্যায়, তারাশঙ্কর, ' তারাশঙ্কর রচনাবলী (১০ম খণ্ড), আমার কালের কথা', মিত্র এন্ড ঘোষ পাবলিশার্স, প্রাঃ লিঃ, পৃ. ৩৫১

৫. বন্দ্যোপাধ্যায়, শ্রীশ্রীকুমার, 'বঙ্গসাহিত্যে উপন্যাসের ধারা', মর্ডাণ বুকএজেন্সী প্রাইভেট লিমিটেড, পৃ. ৫৭০

৬. তদেব, পৃ. ৩০৫

৭. মল্লিক, সুরেন্দ্রনাথ,' তারাশঙ্কর : জীবন ও সাহিত্য', প্রতিভাস, পৃ. ২০১

৮. ১৯ অক্টোবর ১৯৪৭ তারাশঙ্কর বন্দ্যোপাধ্যায়কে লিখিত সুনীতিকুমার চট্টোপাধ্যায়ের চিঠি, জলার্ক তারাশঙ্কর সংখ্যা- ১ থেকে উদ্ধৃত।

৯. Devid Lodge, The art of Fiction, Penguin Books, 1992, p.37

১০. আলোচ্য প্রবন্ধে ব্যবহৃত চরিত্রের উক্ত উক্তিগুলি তুলে ধরা হয়েছে – বন্দ্যোপাধ্যায়, তারাশঙ্কর, ' তারাশঙ্কর রচনাবলী' (১ম – ২২ তমখণ্ড), মিত্র এন্ড ঘোষ পাবলিশার্স প্রাঃ লিঃ, নতুন সংস্করণ।

6.0 Author's Bionote

বিকাশ চন্দ্র বর্মন রায়গঞ্জ বিশ্ববিদ্যালয়ের গবেষক (বাংলা বিভাগ), যোগাযোগ – ৮৯০৬৮৯৩৪৩৭।

International Bilingual Journal of
Culture, Anthropology and Linguistics
ইন্টারন্যাশনাল বাইলিঙ্গুয়াল জার্নাল অফ
কালচার, অ্যানথ্রোপলজি অ্যান্ড লিঙ্গুইস্টিক্স

IBJCAL

eISSN: 2582-4716

Website: https://indianadibasi.com/journal/index.php/ibjcal

VOLUME: 5, ISSUE: 4 (December, 2023) || Special Issue: কৃষিজের ভাষা: বিকাশ ও বিবর্তন

বীরভূম জেলার কৃষিকাজ-কেন্দ্রিক ভাষার ব্যবহারে তারাশঙ্কর বন্দ্যোপাধ্যায়: একটি অনুসন্ধান / Tarashankar Bandopadhyay in the Use of Agricultural Language of Birbhum Districts: An Enquiry

গোপীনাথ দাস

Abstract

The identification of lexical choices and the use of language is one of the best and most distinguishing method to identify an author. We also get learn about the psyche of the author through this also. Tarashankar Bandopadhayay is a renowned fiction writer of Rarh. The majority population of this area is engaged with agriculture. Characters in Tarashankar's tales are mostly peasants. Even the central motif in most of these novels is agriculture. Four such novels are Gonodebota, Ponchogram, Hansuli Banker Upokotha and Dhatridebota. These novels belong to many parts of the Birbhum district. The regional variations of language are not spotted in the use of language regarding agricultural practices. In this case, he has used mostly the language of his own native place Labhpur and vicinities. Still we can detect class and community variations in his use of language regarding farming practices. Even we can see the tongue of Tarashankar through his different characters in their use of language regarding agricultural practices. We can use this method as one of the ways in identifying the writings of Tarashankar.

Keywords: Tarashankar Bandyopadhyay, Birbhum district, Agricultural words, Cultivation.

সারসংক্ষেপ

লেখকের শব্দচয়ন এবং ভাষার ব্যবহার লেখককে চেনার একটা অন্যতম উপায়। এতে লেখকের মানসিকতারও প্রকাশ ঘটে অনেকাংশে। রাঢ় অঞ্চলের খ্যাতনামা কথাকার তারাশঙ্কর বন্দোপাধ্যায়। এই অঞ্চলের এক বৃহৎ অংশের মানুষের জীবিকা কৃষিকাজ। তারাশঙ্করের বিভিন্ন রচনার পাত্র-পাত্রী কৃষিজীবী। এমনকি বিভিন্ন উপন্যাসের কাহিনির কেন্দ্রেও রয়েছে কৃষিকাজ। সেইসূত্রে কৃষিকাজ কেন্দ্রিক ভাষার ব্যবহারও তারাশঙ্করের উপন্যাসে এসেছে। এমনই চারটি উপন্যাস হলো গণদেবতা, পঞ্চগ্রাম, হাঁসুলী বাঁকের উপকথা ও ধাত্রীদেবতা। উপন্যাসগুলির স্থান বীরভূম জেলার বিভিন্ন অঞ্চল। যদিও উপন্যাসগুলোতে কৃষিকেন্দ্রিক ভাষার ব্যবহারে অঞ্চলগত পার্থক্য তেমন চোখে পড়েনা। এক্ষেত্রে তিনি মূলত তাঁর এলাকার অর্থাৎ লাভপুর ও তৎসলগ্ন এলাকার ভাষাই ব্যবহার করেছেন। তবুও তাঁর কৃষিকেন্দ্রিক ভাষার ব্যবহারে শ্রেণিগত ও গোষ্ঠীগত পার্থক্য রয়েছেই। এমনকি বিভিন্ন সময় বিভিন্ন চরিত্রের মুখে কৃষিকেন্দ্রিক ভাষার ব্যবহারে তারাশঙ্করের হস্তক্ষেপ লক্ষণীয়। এর প্রয়োগ তারাশঙ্করকে চেনার এক অন্যতম উপায় হিসেবে ব্যবহৃত হতে পারে।

মূল শব্দাবলী: তারাশঙ্কর বন্দ্যোপাধ্যায়, বীরভূম, কৃষিকাজ বিষয়ক শব্দ, রাঢ় অঞ্চল, আঞ্চলিক শব্দ।

1.0 ভূমিকা

তারাশঙ্কর বন্দ্যোপাধ্যায়ের রচনার পটভূমি মূলত রাঢ় বাংলা হলেও তাঁর সৃষ্টির আবেদন শুধু রাঢ় বাংলার মধ্যে সীমানাবদ্ধ নয়। তাই তারাশঙ্করকে আঞ্চলিক ঔপন্যাসিক বা আঞ্চলিক গল্পকার বলে খাটো করার প্রয়াস একটি ব্যর্থ প্রয়াস ছাড়া কিছুই নয়। প্রসঙ্গত উল্লেখ্য লেখককে তাঁর উপন্যাস বা গল্পের পটভূমি হিসেবে একটা স্থানকে নির্বাচন করতেই হয়। তারশঙ্কর বেশিরভাগ রচনার

পটভূমি তাঁর আজন্ম পরিচিত রাঢ়ভূমি। তাই তাঁর রচনায় রাঢ় অঞ্চলের সংস্কৃতি, ঐতিহ্য, লোককথার ছড়াছড়ি। এর সঙ্গে অনেক রচনায় তারাশঙ্কর রাঢ় অঞ্চলের ভাষাকেও ব্যবহার করেছেন। অধিকাংশ রচনায়ই তারাশঙ্করের লোকভাষা ব্যবহারে মুন্সিয়ানা লক্ষ করা যায়। পাশাপাশি ভাষা ব্যবহারের নিরিখেও তারাশঙ্করের মানসিকতাকে অনেকাংশে আমরা চিনে নিতে পারি। তারাশঙ্করের বেশ কিছু রচনার বিষয় কৃষি ও কৃষকসমাজ। এইসব রচনায় তিনি কৃষি বিষয়ক ভাষাকে ব্যবহার করেছেন। লেখকের বর্ণনায় ও বিভিন্ন চরিত্রের মুখে কৃষি বিষয়ক ভাষার ব্যবহার থেকে তারাশঙ্করের মানসিকতাকে কিছুটা উপলব্ধি করতে পারি। আমাদের আলোচনায় বেছে নেওয়া হয়েছে *গণদেবতা, পঞ্চগ্রাম, হাঁসুলী বাঁকের উপকথা* ও *ধাত্রীদেবতা* উপন্যাস চারটিকে। এই উপন্যাসগুলির রচনাকাল ১৩৪৫ থেকে ১৩৫৩ বঙ্গাব্দের মধ্যে। চারটি উপন্যাসই বীরভূম জেলার বিভিন্ন অঞ্চলের পটভূমিতে রচিত। গণদেবতা ও পঞ্চগ্রাম উপন্যাসের পটভূমি স্থান বীরভূম জেলার ময়ূরাক্ষী তীরবর্তি সাঁইথিয়া শহরের উত্তর তীরবর্তি বিস্তীর্ণ অঞ্চলের। কঙ্কণা-কুসুমপুর-মহাগ্রাম-শিবকালীপুর-দেখুরিয়া নামগুলির অস্তিত্ব ঠিক এই অঞ্চলে পাওয়া যায়না ঠিকই। তবে উপন্যাসে লেখকের বর্ণনা থেকে এই বিস্তীর্ণ অঞ্চল যে উল্লেখিত অঞ্চলেই অবস্থিত, সেই ইঙ্গিত লক্ষ করা যায়। ধাত্রীদেবতা উপন্যাসের পটভূমি তিন জায়গার: কুয়ে নদীসংলগ্ন লাঘাটা বন্দর,ময়ূরাক্ষী তীরবর্তী বিল্বগ্রাম(উপন্যাস কথিত) অঞ্চল ও কলকাতা। হাঁসুলী বাঁকের উপকথা উপন্যাসের পটভূমি কোপাই নদী-তীরবর্তী হাঁসুলী বাঁকে বাঁশবাদী(উপন্যাস কথিত) গ্রাম। যদিও উপন্যাস-কথিত স্থান-কাল-পাত্রের সঙ্গে বাস্তবের হুবহু মিল হবে—এমনটা আশা করা যায়না। তাহলে আর সেটা 'সাহিত্য' থাকবে না। প্রখ্যাত সমালোচক রামকৃষ্ণ ভট্টাচার্যের মন্তব্য এ প্রসঙ্গে স্মরণীয়—

'গল্পটি শতকরা একশভাগ সত্যি হলে সেটিকে আর ফিকশন বলা যায় না। জীবনী, আত্মজীবনী, বেড়ানোর গল্প, পাহাড়ে চড়ার অভিজ্ঞতা ইত্যাদি 'ন্যারেটিভ' এর আওতায় পড়বে না—এমন ধরে নেওয়াই দস্তুর। তবে ঘটনাস্থল ও চরিত্রদের নামধাম পালটে দিলে দিব্যি ফিকশন হয়ে যাবে—হ য ব র ল-এর রুমাল হয়ে যায় বেড়াল। অর্থাৎ ফিকশন হতে গেলে কোনো গল্পের পক্ষে সত্যি ঘটনা হওয়াটা গুণের নয়, দোষের। মিমোসিস (অথবা মাইমেসিস) বা অনুকৃতির পাশাপাশি ফানটাসিআ বা কল্পনার একটা জায়গা শিল্পসাহিত্যে

থাকে। এই নির্জলা সত্যের চেয়ে খাদ মেশানো গল্পই ন্যারেটিভ এর পক্ষে আদর্শ।'[1]

তারাশঙ্কর বন্দ্যোপাধ্যায় তাঁর সাহিত্যে কল্পনার মিশ্রণে অনেক বাস্তব অভিজ্ঞতাকে কাজে লাগিয়েছেন। ভাষা ব্যবহারে তারাশঙ্কর অনেকাংশে রাঢ় অঞ্চলের প্রচলিত কথ্যভাষা ব্যবহার করেছেন বিভিন্ন আঙ্গিকে। পূর্বে উল্লেখিত চারটি উপন্যাসেই একটা বড়ো জায়গা দখল করে আছে কৃষিকাজ ও কৃষক সমাজ, জমিদার ইত্যাদি। প্রতিটি উপন্যাসেই কৃষিকেন্দ্রিক ভাষার ব্যবহারে মুন্সিয়ানা ও তাঁর পরিপ্রেক্ষিতে তারাশঙ্করের মানসিকতাকে বিচার করে দেখা যেতে পারে।

2.0 গবেষণা সম্বন্ধীয় প্রশ্নাবলী ও উদ্দেশ্য

উপন্যাসে ভাষার ব্যবহার ঔপন্যাসিকের একটা গুরুত্বপূর্ণ কাজ। বিভিন্ন চরিত্রের মুখে সেই চরিত্রের উপযোগী ভাষার ব্যবহার উপন্যাসকে বাস্তবমণ্ডিত করে। অপরদিকে লেখকের বর্ণনাতেও ভাষার ব্যবহারে নিপুণতা উপন্যাসকে সার্থক করে। এ বিষয়ে রামকৃষ্ণ ভট্টাচার্য মন্তব্য করেছেন—

'যে কোনো গল্পের বিবরণ-অংশ ও সংলাপ অংশ অংশ পাঠকের মনে কতটা দাগ কাটবে তা নির্ভর করে ভাষার ওপর। লেখকের ভাষা যদি দুর্বল হয়, সংলাপে কোন ধার না থাকে, তবে সে গল্পে সমাজ বাস্তবতার প্রতিফলন যতই নিখুঁত হোক, কখনোই তা পাঠকের মনে ছাপ ফেলতে পারবে না। ভালো নাট্যকারের মতো ভালো গল্পকারও সংলাপের ভাষা দিয়েই চরিত্রের আলাদা করেন।'[2]

একই কথা উপন্যাস বা ঔপন্যাসিকের ক্ষেত্রেও খাটে। উপন্যাসের ক্ষেত্রে সাধারণত লেখক মান্যচলিত বা সাধুভাষা ব্যবহার করেন। এবং চরিত্রের মুখে সেই চরিত্রের উপযোগী ভাষা ব্যবহার করেন। বাংলা সাহিত্যের প্রথম সার্থক ঔপন্যাসিক বঙ্কিমচন্দ্র মূলত সাধুগদ্যই ব্যবহার করেছেন দুই ক্ষেত্রেই। রবীন্দ্রনাথ, শরৎচন্দ্রকে অতিক্রম করে তিন বন্দোপাধ্যায়ে এসে বাংলা উপন্যাস চলিত গদ্যকেই বেশি প্রাধান্য দিয়ে ফেলে। তারাশঙ্কর বন্দ্যোপাধ্যায়ের অধিকাংশ উপন্যাসের পটভূমি রাঢ় কেন্দ্রিক। তাই তাঁর সাধারণ চরিত্রের মুখে বীরভূম-অধ্যুষিত রাঢ় বাংলার লোকভাষা ব্যবহৃত

---

[1] ভট্টাচার্য, রামকৃষ্ণ. (২০১৪), ন্যারেটলজি: ছোটোগল্প: ছোটোদের গল্প(প্রথম সংস্করণ), কোরক, কলকাতা, পৃষ্ঠা: ২১।
[2] তদেব পৃষ্ঠা: ২৯।

হয়েছে। অপরদিকে লেখকের বর্ণনা বা অভিজাত ও শিক্ষিত চরিত্রের মুখে মান্যচলিত ভাষা বা সাধুগদ্যের ব্যবহার লক্ষ করা গেছে। সমালোচক ভব রায় এ বিষয়ে মন্তব্য করেছেন—

'তারাশঙ্করের স্বকীয় বৈশিষ্ট্য বা স্বাতন্ত্র্যের সুবাদে সাধারণভাবে রাঢ়-বাংলার লোকভাষা ও বিশেষভাবে বীরভূমের উপভাষা নানা ব্যঞ্জনায় ও বহু বিচিত্র আঙ্গিকে তাঁর উল্লেখযোগ্য সাহিত্যকর্মে একটি গুরুত্বপূর্ণ স্থান দখল করে রয়েছে। এবং সন্দেহাতীত ভাবে এই মন্তব্য করা যায় যে, সাহিত্যে আঞ্চলিক লোকভাষা বা উপভাষা প্রয়োগের ব্যাপারে তারাশঙ্কর সর্বোতভাবে তুলনাহীন ও অনন্যসাধারণ।'[3]

তারাশঙ্কর অনেক উপন্যাসের মধ্যেই কৃষিকাজ ও কৃষক সমাজ সম্পৃক্ত হয়ে আছে। তাই অনেক উপন্যাসেই চাষবাসের ভাষা বহুল পরিমাণে ব্যবহৃত হয়েছে। যদিও স্থান-কাল-পাত্র ভেদে চাষবাসের ভাষা পরিবর্তনশীল। তাই চরিত্র ভেদে চাষবাসের ভাষা ব্যবহারেও পার্থক্য ঘটানো ঔপন্যাসিকের কর্তব্য। চাষবাসের ভাষা ব্যবহৃত হয় বিভিন্ন শ্রেণির মানুষের মুখে। বিভিন্ন ধরনের কৃষক(প্রান্তিক ভূমিহীন এবং অভিজাত), জমিদার, ভূমি সংক্রান্ত অফিসের কর্মচারী, এমনকি চাষের সঙ্গে যুক্ত নয় এমন মানুষের মুখেও। উচ্চারণ বিকৃতি ও লৌকিক শব্দ সাধারণত অশিক্ষিত এবং অনুন্নত গোষ্ঠীর মুখে ব্যবহৃত হয়। তাই বলে তারা সবসময় যে উচ্চারণ বিকৃতি বা লৌকিক শব্দের মধ্যে আটকে থাকতে চাই এমনটাও ঠিক নয়। অভিজাত বা উচ্চ শ্রেণির কৃষকও যে সবসময় লেখ্য বা ভদ্র শব্দ উচ্চারণ করবে এমনটাও ঠিক নয়। তাই বাংলার কৃষক সমাজে লৌকিক, বিকৃত, লেখ্য নির্বিশেষে সমস্ত শব্দ ব্যবহৃত হতে দেখা যায়। তাই তারাশঙ্কর কোন প্রেক্ষিতে কেমন কৃষিকেন্দ্রিক ভাষা ব্যবহার করছেন, তার প্রেক্ষিতে তারাশঙ্করের ভাষা ব্যবহারে মুন্সিয়ানা অনুসন্ধানই এই গবেষণার মূল উদ্দেশ্য। এছাড়াও কৃষিজীবী মানুষ সম্পর্কে তারাশঙ্করের মানসিকতা বিচারও এই গবেষণার অন্যতম উদ্দেশ্য।

৩.০ গবেষণা পদ্ধতি
তারাশঙ্করের উপন্যাসগুলোর মধ্যে চারটি কৃষিকাজের সঙ্গে ওতপ্রোতভাবে জড়িত উপন্যাসকে নমুনা হিসেবে নির্বাচিত করা হয়েছে। উপন্যাসগুলো

---

[3] রায়, ভব (১৪০৪ বঙ্গাব্দ), তারাশঙ্করের কথাসাহিত্যে রাঢ়-বীরভূমের উপভাষা-লোকভাষা, পশ্চিমবঙ্গ, ৩১(৫-৯), পৃষ্ঠা: ১৪৪।

হলো গণদেবতা, পঞ্চগ্রাম, হাঁসুলী বাঁকের উপকথা ও ধাত্রীদেবতা। সেই উপন্যাস গুলো থেকে কিছু গুরুত্বপূর্ণ চাসবাস কেন্দ্রিক ভাষা এবং সংলাপ উদ্ধার করে সেগুলি লেখক কোন পরিস্থিতিতে ব্যবহার করছেন সে বিষয়ে গভীর অনুসন্ধান করা।

4.0 তথ্য সংগ্রহ, বিশ্লেষণ

গণদেবতা ও পঞ্চগ্রাম উপন্যাসের বিষয় দেবু ঘোষের নেতৃত্বে সাধারণ খেটে খাওয়া মানুষের শ্রীহরির মতো জমিদারদের বিরুদ্ধে সঙ্ঘবদ্ধ হওয়া ও অবশেষে জমিদারের প্রবল প্রতাপ এর কাছে প্রায় আত্মসমর্পণ। যদিও দেবু ঘোষকে তারাশঙ্কর আত্মসমর্পণ করাননি, বরং তাকে শেষ পর্যন্ত অসহায় এবং ব্যর্থ করেও নিজের স্বাধীনভাবে বেঁচে থাকার কথা ঘোষণা করেছেন। এই দুই উপন্যাসে বিভিন্ন শ্রেণির মানুষের আনাগোনা। জমিদার শ্রেণি, শিক্ষিত-মার্জিত চাষ করে না অথচ ভূমির মালিক এরকম চাষি এবং ভূমিহীন বা প্রায় ভূমিহীন কিন্তু চাষই যাদের প্রাণ সে সমস্ত মানুষ। এছাড়াও আমিন, প্রেসকার, গোমস্তা ইত্যাদি জমি জরিপের সঙ্গে যুক্ত মানুষজন। লেখকের বর্ণনাতেও রয়েছে কৃষি বিষয়ক ভাষার ব্যবহার। পুরোপুরি চাষবাসের সঙ্গে যুক্ত অথচ ভূমিহীন মানুষদের মুখে উচ্চারণ-বিকৃতি লৌকিক শব্দের ব্যবহার ঘটিয়েছেন। সে বিষয়ে তারাশঙ্করের কৃতিত্ব অস্বীকার করার কোন জায়গা নেই। কয়েকটি দৃষ্টান্ত তুলে ধরা যাক— খেটে খাওয়া বাদ্যকর সম্প্রদায়ের মানুষ পাতু বলেছে 'গোটা গেরামের লোকের আঙট জুতি আমাকে জোগাতে হয়'। দেবুর রাখালের মুখে উচ্চারিত হয় 'মনিব্যান' (মনিবের স্ত্রী)। পঞ্চগ্রাম উপন্যাসে সতীশের মুখে শুনি 'মাঠে একটা কাঠ বাঁধতে হবে'। এই উপন্যাসে করাতী আবু শেখের মুখে 'বড় ভাই সোনাডাঙ্গালের মাঠে আউশের ক্ষ্যাতের গাছটারে দাও না কেন বেচ্যা।' কিছু শব্দ বিভিন্ন শ্রেণীর মানুষের মুখে বিভিন্নভাবে ব্যবহৃত হয়েছে। যেমন 'নবান্ন' শব্দটিকে চৌকিদার ভূপাল বলেছে 'লবান্ন'। দেবু ঘোষ বলেছে 'নবান্ন'। লেখক তার বর্ণনাতে লিখেছেন 'নবান্ন'। শ্রী হরি ঘোষের মুখে ও লেখকের বর্ণনাতে এমনকি অনিরুদ্ধ কর্মকারের মুখে দেখেছি 'সেটেলমেন্ট', কিন্তু সাধারণ খেটে খাওয়া অল্প জমির মালিক সতীশের মুখে শুনে 'সেটেলমেন্টার'। উপযুক্ত চরিত্রের মুখে উপযুক্ত সংলাপ ব্যবহার করেছেন তারাশঙ্কর এ বিষয়ে কোনো সন্দেহ নেই। কিন্তু কখনো কখনো লেখক লৌকিক কথ্য ভাষা ব্যবহার করেছেন উদ্ধৃতি চিহ্নের মধ্যে। প্রয়োজনে কোন লৌকিক শব্দের ব্যাখ্যাও তিনি করে

দিয়েছেন। এটাও একটা লেখকের কর্তব্যের মধ্যেই পড়ে। কিন্তু চাষি অথচ সম্ভ্রান্ত চরিত্রের মুখে ও কোনো কোনো জায়গায় লেখকের বর্ণনাতেও এই লৌকিক শব্দের ব্যবহারকে যথাসম্ভব পরিহার করার মধ্য দিয়ে, লৌকিক শব্দের প্রতি একটু মুখ ফিরিয়ে নিয়ে সেটা যে অনুন্নত তথাকথিত নীচু শ্রেণির মানুষের মুখের ভাষা বলে অভিহিত করার মানসিকতার প্রকাশ আছে, তা অনুমান করা কি যুক্তিসঙ্গত নয়? তারাশঙ্কর ছিলেন জমিদার বংশের সন্তান। তিনি দরিদ্র এবং উপজাতির মানুষদের সঙ্গে মিশে তাদের অভাব অনটনে পাশে থেকেছেন তাদেরকেই তিনি লেখার উপকরণ করে তুলেছেন; কিন্তু তাদের ভাষাকে শুধু 'তাদের ভাষা' বলেই সীমাবদ্ধ করে রেখেছেন। তাই কোন উচ্চ সম্প্রদায়ের চরিত্রের মুখে তিনি এই ভাষাকে যথাসম্ভব পরিহার করে চলেছেন এমনকি নিজের বর্ণনাতেও এই ভাষা ব্যবহার করতে একটু হলেও কুণ্ঠিত। গ্রাম বাংলার অবস্থানরত উচ্চগোষ্ঠীর চাষী সম্প্রদায় ও যে লৌকিক শব্দ ব্যবহার করেন যথেষ্ট পরিমাণে—কিন্তু এর প্রতিফলন তারাশঙ্করের উপন্যাসে খুব কম চোখে পড়ে। তারাশঙ্কর বন্দ্যোপাধ্যায় লেখক এর বর্ণনায় লৌকিক ভাষার প্রয়োগ ঘটিয়েছেন অনেক ক্ষেত্রেই। কখনও কখনও এরকম দৃষ্টান্ত দেখা গেছে যে লৌকিক শব্দ ব্যবহারের ঠিক পরেই তিনি মান্যচলিত ভাষা ব্যবহার করে যেন তার উপন্যাসের শুদ্ধতা রক্ষা করেছেন। যেমন – 'এমন বর্ষায় চাষি মাঠে ঝাঁপাইয়া পড়ে পাউসের মাছের মত।'[4] এখানে 'পাউশের মাছ' একেবারে লৌকিক শব্দ। এর পরেই লেখক লিখছেন 'পাঁচটার পর বাড়ি আসিয়া স্নানাহার করিয়া আবার বীজচারা তুলিবে। জল কাদায় হাঁটু গেড়িয়া বসিয়া দুই হাতে চারা তুলিবে, প্রকাণ্ড চারার বোঝা মাথায় লইয়া বাড়ি ফিরবে রাত্রি দশটায়।'[5]

লক্ষণীয় এখানে বীরভূম অঞ্চলে 'বীজচারা'র লৌকিক রূপ 'বীচন' বা 'আফোর' ব্যবহৃত হচ্ছে না।

আর একটি উদাহরন- 'চাষের ধান পোঁতার কাজ প্রায় শেষ হয়ে আসিল, বিশেষ করিয়া যাহারা স্বচ্ছল অবস্থার লোক তাহাদের রোয়ার কাজ কয়দিন আগেই শেষ হইয়া আসিয়াছে।'[6] এখানে লক্ষণীয় প্রথমে 'ধান পোঁতা'

---

[4] বন্দ্যোপাধ্যায়, তারাশঙ্কর, (১৪২৩), রচনাবলী খণ্ড ৪(একাদশ মুদ্রণ), মিত্র ও ঘোষ, কলকাতা, পৃষ্ঠা: ৫৮।

[5] তদেব।

[6] তদেব, পৃষ্ঠা: ৮২।

একেবারে লৌকিক শব্দ এরপরই সমার্থক শব্দ 'ধান রোয়া' ব্যবহৃত হয়েছে, যা একটু বেশি ভদ্র শব্দ বলেই পরিগণিত হয়। উপরিউক্ত দুটি উদাহরণ থেকে একথা আন্দাজ করা যেতে পারে তারাশঙ্কর হয়তো আঞ্চলিক শব্দ ব্যবহারে যে কুণ্ঠা সেটা কাটিয়ে উঠছেন পরক্ষণেই অপেক্ষাকৃত 'শুদ্ধ' শব্দ প্রয়োগ করে। অবশ্য ব্যক্তি তারাশঙ্করেরও তথাকথিত নীচু সম্প্রদায়ের মানুষদের একটু পৃথক করে দেখার প্রবণতা ছিল একথা খুব ভুল নয়। তিনি কলকাতা থেকে লাভপুরে এলে দরিদ্র উপজাতিদের কিছু দান করতেন একথা জানা যায়। ব্যক্তিজীবনে মহামারীর সময়ে এ সমস্ত মানুষদের সাহায্য করেছেন। কিন্তু তার কোন উপন্যাস এই সমস্ত মানুষদের সন্তান-সন্ততিদের স্কুলে ভর্তি হচ্ছে—এরকম দেখা যাচ্ছে না। অবশ্য সন্দীপন পাঠশালা উপন্যাসে সাহা পড়ার স্কুল স্থাপিত হচ্ছে চাষীর সন্তান এক শিক্ষকের উদ্যোগে; কিন্তু বাউরি মুচি ইত্যাদি আরো অনুন্নত উপজাতির কোন সন্তান সেখানে পড়তে আসছেন এরকম দেখা যাচ্ছে না।

'ধাত্রীদেবতা' উপন্যাসে সাধারণ চাষির স্থান অল্প। তবুও এই উপন্যাসে জমিদার শ্রেণির মানুষের স্থানই বেশি; তাই এই উপন্যাসে জমিদার সংক্রান্ত ভাষার উল্লেখ রয়েছে। যা কৃষি বিষয়ক ভাষার মধ্যেই পড়ে। যেমন মৌজা, তৌজি, খাস, আদায়, উসুল ইত্যাদি। পাশাপাশি কিছু লৌকিক কৃষিবিষয়ক শব্দও ব্যবহৃত হয়েছে। অপরদিকে 'হাঁসুলী বাকের উপকথা' উপন্যাসে চাষ মুখ্য না হলেও এই অঞ্চলের মানুষের মুখে যে চাষবাসের ভাষার প্রয়োগ পাওয়া যায় তা একেবারে এই শ্রেণির মানুষের ভাষা বলেই পরিগাণত হয়। যেমন:

'প্রহ্লাদ পানুকে বললে হারে পানা, মোর মুনিবের পাল বাছুরটা ক দাঁত হ'ল রে?

—দু দাঁত।

—এবার জোয়াল গতাবে?

—তা খানিক-আধেক করে না গতিয়ে রাখলে চার দাঁত হলে তখন আর উ জোয়াল লেবে ঘাড়ে?

— ত্যাজ কেমন হবে বুঝছিস?

—ওঁ, বেপয্যয় ত্যাজ! 'লেঙুড়ে' হাত দেয় কার সাধ্যি? পিঠে পাঁচন ঠেকলে চার পায়ে লাফিয়ে ঝাঁপিয়ে ঘুরবে। ওকে বেচবে মুনিব। পিটবে একহাত।'[7]

এই সংলাপ হলো একেবারে চাষি মানুষের সংলাপ। কিন্তু এই উপন্যাসের নতুন জমিদার এককালের চাষি মাইতো ঘোষ বা উচ্চ শ্রেণির সম্পন্ন চাষিদের মুখে এরকম কোন ভাষার প্রয়োগ ঘটে নি। বরং এক শ্রেণির মানুষের প্রতি অবজ্ঞাসূচক ভাষা 'এল ডাউরি, মলো বাউড়ি'।

5.0 ফলাফল ব্যাখ্যা ও মূল্যায়ন

চারটি উপন্যাসের মধ্যে দুটি উত্তর বীরভূমের পটভূমিতে ও দুটি দক্ষিণ বীরভূমের পটভূমিতে লিখিত। তাঁর উপন্যাসে চাষবাসের ভাষার এই যে অঞ্চলগত সূক্ষ্ম পার্থক্য তা চোখে পড়ার মতো নয় বরং তিনি তার নিজস্ব অঞ্চলের (লাভপুর সংলগ্ন) উপভাষাকে সব ক্ষেত্রে ব্যবহার করেছেন। তার উপন্যাসে চাষবাসের ভাষার পার্থক্য শ্রেণিগত। তবে তা নিজস্ব এলাকার চাষবাসের ভাষার উপর যথেষ্ট দখল ছিল একথা অস্বীকার করার কোনো জায়গা নেই। তাই বিভিন্ন উপন্যাসে লেখকের বর্ণনাতেও চাষবাসের ভাষায় প্রয়োগ লক্ষ্য করা যায়। হেলে বলদ, খৎ, আউয়াল জমি, বাকুড়ি, মুনিশ, জোলান জমি ইত্যাদির মত অজস্র শব্দ 'গণদেবতা' উপন্যাসে; লাঙলা দড়ি, গাঁইটে গরুর পাল, আছোড়ার বীজ, দোয়াইয়া (হাল বহনে অভ্যস্ত করা) প্রভৃতি শব্দ পঞ্চগ্রাম উপন্যাসে লক্ষ করা যায়। বতর, তেপেখে কলাই, বাতের চাষ ইত্যাদি শব্দ 'হাঁসুলী বাঁকের উপকথা' তে লক্ষ করা যায়। 'ধাত্রীদেবতা'য় তুলনামূলক কম চাষবাসের লৌকিক ভাষার ব্যবহার ঘটেছে বরং জমিদারি সংক্রান্ত পরিভাষায়ই বেশি ব্যবহৃত হয়েছে। যার ব্যবহারেও তারাশঙ্কর সিদ্ধহস্ত ছিলেন। কারণ তারশঙ্কর ছিলেন জমিদার বংশের সন্তান একথা পূর্বেই বলা হয়েছে। এবং তিনি নিজেও প্রথম জীবনে জমিদারি কাজ সামলেছেন। কৃষি বিষয়ক প্রবাদ প্রবচনের ব্যবহারে নিপুন শিল্পীর পরিচয় দিয়েছেন তারাশঙ্কর। 'গণদেবতা'য় 'ফাগুনের আট চৈতের আট, সেই তিল দায়ে কাট', 'পটল রুইলে ফাল্গুনে ফল বাড়ে দ্বিগুণে', 'খাটে খাটাই দুনো পায়' প্রভৃতি। পঞ্চগ্রাম উপন্যাসে 'শাওনের পুরো ভাদ্রের বার এর মধ্যে যত পারো', 'আষাঢ়ে রোপণ পায় কে, শ্রাবণে রোপণ ধানকে, ভাদ্রে রোপণ

---

[7] বন্দ্যোপাধ্যায়, তারাশঙ্কর(২০১৭), হাঁসুলী বাঁকের উপকথা(সাতচল্লিশতম মুদ্রণ), বেঙ্গল পাবলিশার্স, কলকাতা, পৃষ্ঠা: ৬৫-৬৬।

শিসকে, আশ্বিনে রোপণ কিস্কে' ইত্যাদি প্রবাদ লক্ষণীয়। লেখকের মাটি মানুষের সম্পর্ক অত্যন্ত নিবিড় না হলে এর প্রয়োগ সম্ভব নয়। পাশাপাশি অম্বুবাচী, মুঠলক্ষ্মী সংক্রান্তি, দাওন ইত্যাদির মত কৃষি কেন্দ্রিক উৎসবের বর্ণনা রয়েছে। আর একটি বিশেষ লক্ষণীয় বিষয় চাষবাসের বিষয় নিয়ে রচিত গান। পঞ্চগ্রাম উপন্যাসের সতীশ বাউরী লেখা একটি গান উল্লেখের দাবি রাখে -

'কলি কাল ঘুচল অকালে!

দুখের পরে সুখ যে বাসা বাঁধলে কপালে।।

কারো ভূঁইএ কেউ জল না কাটে, মাঠের জল রইচে মাঠে,

(পরে) দেয় পরের কাটে আলের গোঙালে।'[৪]

গণদেবতা উপন্যাসে সেটেলমেন্ট কে কেন্দ্র করে লেখা গানও উল্লেখযোগ্য। এসব গান তো তারাশঙ্করেরই লেখা। লোককবি সতীশের মতোই তিনিও চেয়েছিলেন হিংসাদ্বেষ বর্জিত একটা সমাজ। এর প্রতিফলন তাঁর বহু রচনাতেই লক্ষ করা যায়। একইসঙ্গে কৃষি বিষয়ে অভিজ্ঞতা এবং কৃষিজীবীদের প্রতি সদর্থক মানসিকতারও কোন অভাব তারাশঙ্করের ছিল না। যুগান্তর পত্রিকায় ১৯৬৩ থেকে ১৯৬৮ খ্রিস্টাব্দ পর্যন্ত প্রতি শনিবার তারাশঙ্করের 'গ্রামের চিঠি' প্রকাশিত হতো। অনেক চিঠিতেই চাষবাসের সমস্যা ও এই সমস্যা থেকে নিরসনের উপায় বর্ণনা করেছেন। উচ্চ শ্রেণির মানুষের মুখে লৌকিক শব্দের ব্যবহারে যে সামান্য কুণ্ঠা, তাকে সময় ও ব্যক্তি মানুষের প্রভাবই বলা যায়, এইসব সীমাবদ্ধতাকে মাথায় রেখেও কৃষি বিষয়ক ভাষার প্রয়োগে তারাশঙ্করের মুন্সিয়ানাকে অস্বীকার করার কোন জায়গা নেই।

6.0 উপসংহার

পরিণত বয়সের একটা বড়ো সময় কলকাতায় কাটালেও তারাশঙ্করের মনোভূমিতে সবসময় জাগরূক ছিল তাঁর শৈশব-কৈশোর-যৌবনের বিচরণভূমি লাভপুর সহ রাঢ় বাংলা। ক্ষয়িষ্ণু জমিদার পরিবারের সন্তান হওয়ার সুবাদে লক্ষ করেছিলেন কৃষক প্রজাদের জীবনযাত্রা, জমিদার-কৃষক সম্পর্ক এবং রাঢ় অঞ্চলের প্রধান জীবিকা কৃষিকাজকে। তারাশঙ্করের এই দেখা বেশিরভাগ সময়ই জমিদারের দেখার সীমাবদ্ধতাকে অতিক্রম করে কৃষক সমাজেরই এক সদ্যশ্যের দেখা হয়ে উঠেছে। তাই তাঁর সাহিত্যের মধ্যে ছড়িয়ে ও জড়িয়ে থাকা কৃষি ও কৃষক সমাজের চিত্র জীবন্তভাবে ফুটে

---

[৪] বন্দ্যোপাধ্যায়, তারাশঙ্কর, (১৪২৩), রচনাবলী খণ্ড ৪(একাদশ মুদ্রণ), মিত্র ও ঘোষ, কলকাতা, পৃষ্ঠা: ৯৯।

উঠেছে। কৃষিকেন্দ্রিক ভাষার ব্যবহারেও ঠিক একই অবস্থা ঘটেছে। কোনো কোনো সময় তাঁর দৃষ্টি জমিদারের দৃষ্টির মধ্যে আটকে গিয়েও খুব শীঘ্রই অর্গলমুক্ত হয়েছে। কিন্তু ক্ষয়িষ্ণু হলেও ক্ষীণ জমিদারি মেজাজ যে একেবারেই ছিল না, একথা জোর দিয়ে বলা যায় না। তবুও এই সঙ্কীর্ণতাকে একপাশে সরিয়ে রাখলে কৃষি ও কৃষক সমাজের শুভাকাঙ্খী তারাশঙ্কর আমাদের মধ্যে বিরাজ করবেন।

7.0 উল্লেখপঞ্জি

বন্দ্যোপাধ্যায়, তারাশঙ্কর. (১৪২৩). রচনাবলী খণ্ড ৪ (একাদশ মুদ্রণ), কলকাতা: মিত্র ও ঘোষ.

বন্দ্যোপাধ্যায়, তারাশঙ্কর. (২০১৭). *হাঁসুলী বাঁকের উপকথা* (সাতচল্লিশতম মুদ্রণ), কলকাতা: বেঙ্গল পাবলিশার্স.

ভট্টাচার্য, রামকৃষ্ণ. (২০১৪). *ন্যারেটলজি: ছোটোগল্প: ছোটোদের গল্প* (প্রথম সংস্করণ). কলকাতা: কোরক.

রায়, ভব. (১৪০৪ বঙ্গাব্দ). *তারাশঙ্করের কথাসাহিত্যে রাঢ়-বীরভূমের উপভাষা-লোকভাষা.* পশ্চিমবঙ্গ ৩১(৫-৯).

International Bilingual Journal of Culture, Anthropology and Linguistics
ইন্টারন্যাশনাল বাইলিঙ্গুয়াল জার্নাল অফ কালচার, অ্যানথ্রোপলজি অ্যান্ড লিঙ্গুইস্টিক্স

IBJCAL

eISSN: 2582-4716

Website: https://indianadibasi.com/journal/index.php/ibjcal
VOLUME: 5, ISSUE: 4 (December, 2023) || Special Issue: সাহিত্যের ভাষা: নির্মাণ ও বিনির্মাণ

'কালের মন্দিরা' উপন্যাসের ভাষাপ্রকল্প / Language used in Sharadindu Bandyopadhyay's 'Kaler Mondira'

দেবলীনা সেন

Abstract: Sharandindu Bandyopadhyay (30th March1899 -22nd September 1970) was a famous Indian author, who wrote short stories, detective stories, plays, screenplays, novels etc. Some of his historical fictions are *Kaler Mondira, Gourmallar, Tungovodrar Tire* etc. Sharadindu Bandyopadhyay's Historical Fiction 'Kaler Mondira' was first published in 1951. The time of the storyline is fourth century's India. Here, author used, the time of king Skandagupta. In this essay, we want to observe how author used the languages, words, nouns, pronouns, adjectives, verbs and imagery to create the 4th century's India.

Keywords: Fiction, History, Historical Fiction, Languages, Words.

সারসংক্ষেপ: শরদিন্দু বন্দ্যোপাধ্যায়ের (৩০ শে মার্চ ১৮৯৯ – ২২ শে সেপ্টেম্বর ১৯৭০) প্রথম ঐতিহাসিক উপন্যাস কালের মন্দিরা প্রকাশিত হয় শ্রাবণ, ১৩৫৮ বঙ্গাব্দে, ইংরাজীর ১৯৫১। তার উপন্যাসের কাহিনীর সময়ফাল খ্রীষ্টীয় চতুর্থ শতাব্দীর দ্বিতীয় অর্ধ – স্কন্দগুপ্তের শাসনকালীন ভারতবর্ষ। বিশ শতকের দ্বিতীয় অর্ধে দাঁড়িয়ে চতুর্থ শতককে নির্মাণ করতে গিয়ে শরদিন্দু এ

উপন্যাসে কী ধরনের ভাষাপ্রকল্প ব্যবহার করলেন? বিশেষ্য থেকে সর্বনাম, বিশেষণ থেকে ক্রিয়ার ব্যবহার চিত্রকল্প থেকে অলংকার কি পারল সেই স্কন্দগুপ্তের কালকে নির্মাণ করতে? কী ধরনের শব্দ প্রয়োগ করলেন লেখক? ভাষার প্রসাদগুণে আধুনিক সময়ে দাঁড়িয়ে পাঠকের মন কি পৌঁছাতে পারে সেই অতীতের আবহে, তার থেকে বহু দূরে বহু পেছনে ফেলে আসা এক ভারতবর্ষে, যার যাপনের সঙ্গে, সংস্কৃতির সঙ্গে, সমাজের সঙ্গে আধুনিক বাঙালীর ইতিমধ্যে তৈরী হয়ে গেছে বহু লক্ষ যোজন দূরত্ব? এই সমস্ত প্রশ্নের উত্তর খুঁজতেই এ প্রবন্ধের অবতারণা।

Keywords: আখ্যান, ইতিহাস, ইতিহাসনির্ভর আখ্যান, ভাষা, শব্দ, সাধুভাষা।

1.0 ভূমিকা

'নশ্বরের চিতাভস্ম
অহর্নিশি উড়িছে আকাশে
সেই ভস্ম অঙ্গে মেখে
মহাকাল অট্টহাসি হাসে।

দুনিয়ায় খাঁটি কথা হলনা বলা
যা কিছু বলেছি সব ছলনা-কলা।'[১]

'শরদিন্দু অমনিবাস' এর দ্বাদশ খণ্ডে *ইতিহাস* শীর্ষক কবিতায় শরদিন্দু বন্দ্যোপাধ্যায়ের এই বক্তব্য কি কোথাও ধরে রেখেছে তার সমগ্র ঐতিহাসিক রচনার নির্যাসকে? শুরুতেই বলে রাখা ভাল, তাঁর সমস্ত ঐতিহাসিক লেখা এ প্রবন্ধের বিষয়বস্তু নয়, তা নিয়ে এক পৃথক গবেষণা সন্দর্ভ লেখা যেতে পারে। এখানে আমরা মূলত তাঁর লেখা প্রথম ঐতিহাসিক উপন্যাস *কালের মন্দিরা* কে নিয়ে দু একটা কথা বলতে চাইছি মাত্র। শরদিন্দুর ঐতিহাসিক উপন্যাস প্রসঙ্গে কথা বলতে গিয়ে গবেষক, সমালোচকেরা সকলেই প্রায় মোটের উপর সহমত যে, এ ধরনের সাহিত্য সৃষ্টিতে তিনি বঙ্কিমকেই তার আদর্শ করেছেন। শরদিন্দু নিজেও তাঁর দিনলিপিতে এবং অন্যত্রও পূর্বসূরী হিসেবে বঙ্কিমের ঋণ স্বীকার করেছেন নিজেই। এ বিষয়ের সত্য মিথ্যা যাচাইয়ের পরিসরও এটা নয়।

2.0 গবেষণা সম্বন্ধীয় প্রশ্নাবলী ও উদ্দেশ্য

আমরা এখানে খুব সংক্ষেপে দেখে নিতে চাইছি কোন উদ্দেশ্য থেকে শরদিন্দু ঐতিহাসিক লেখায় হাত দিলেন এবং সেই লক্ষ্যকে সার্থক করে তুলতে, ইতিহাসের কাল ও আবহ, সময়কে বর্তমানে বিশ্বাসযোগ্য তাঁর ঐতিহাসিক উপন্যাসের ভাষা তাঁকে কতদূর সাহায্য করেছে?

3.0 গবেষণা পদ্ধতি

এই প্রশ্নগুলির উত্তর খোঁজার জন্য আমরা মূলত কালের মন্দিরা উপন্যাসের টেক্সচুয়াল অ্যানালিসিস করতে চাইছি। টেক্সট এর শব্দপ্রয়োগ, বাক্যবিন্যাস এর আলোচনার সূত্রে দেখে নিতে চাইছি শরদিন্দু এ উপন্যাসে নির্মাণ করতে পারলেন কি গুপ্ত সাম্রাজ্যের শাসক স্কন্দগুপ্তের সময়টি?

4.0 তথ্য সংগ্রহ ও বিশ্লেষণ

একটু চলে আসা যাক, শরদিন্দুর দিনলিপিতে। কেন তিনি হাত দিচ্ছেন ঐতিহাসিক সাহিত্য রচনায়, ইতিহাসকে তিনি ঠিক কীভাবে দেখতে চাইছেন, কেন অনুভব করছেন ইতিহাসের গুরুত্ব তার উত্তর খুব স্পষ্টভাবেই মিলে যাবে ১৯৫১ তে লেখা তাঁর প্রায় পাঁচটি দিনের দিনলিপিতে। মন-কণিকায় ৫১ এর বিশে ফেব্রুয়ারী তিনি বলছেন, বঙ্কিমচন্দ্র লিখিয়াছেন, যে জাতির ইতিহাস নাই তাহার ভবিষ্যৎ নাই। আমাদের ইতিহাস আছে, চার পাঁচ হাজার বছরের ইতিহাস আছে, কিন্তু আমরা তাহা ভুলিয়া গিয়াছি। ইতিহাসের পরিবর্তে আমরা কিছু পৌরাণিক রূপকথা মনে করিয়া রাখিয়াছি। আমাদের ইতিহাস থাকিয়াও নাই। . . . ভারতীয় কৃষ্টির স্বধর্ম এই যে উহা কিছুকেই অবজ্ঞা করে না; ধর্ম অর্থ কাম মোক্ষ সবগুলিই তাহার কাছে সমান আদরণীয়। কোনও বিশিষ্ট পন্থার প্রতি তার বিরাগ নাই; জীবনের ধন কিছুই যায় না ফেলা। মধুমৎ পার্থিবং রজঃ। ইহাই আমাদের সংস্কৃতির মর্মকথা। ইহাই আমাদের ইতিহাস। ঘটনার ইতিহাস নয়, ধাতু প্রকৃতির ইতিহাস।[২]

একটা বিষয়, 'আমাদের ইতিহাস নাই' বলে বঙ্কিমকে আক্ষেপ করতে শোনা গিয়েছিল ভারতের পরাধীনতার যুগে, আর শরদিন্দু এই আক্ষেপ করছেন ভারত স্বাধীন হওয়ার প্রায় চার বছর পরে। শরদিন্দুর প্রথম ইতিহাসনির্ভর উপন্যাস কালের মন্দিরায় মোঙের বিলাপের মধ্যে দিয়ে প্রতিধ্বনিত হয় না কি সেই আক্ষেপ খানিক অন্যভাবে – 'মেষ! গড্ডালিকা! হুণ জাতি আর নাই, ভেড়া বনিয়া গিয়াছে। পঁচিশ বৎসর পূর্বে যাহারা সিংহ ছিল, তাহারা আজ

ভেড়া। কাহাকে দোষ দিব? আমাদের যিনি রাজা, যিনি একদিন স্বহস্তে এদেশের বীর্যহীন অধিপতির মাথা কাটিয়া শূলশীর্ষে স্থাপন করিয়াছিলেন, তিনি আজ অহিংসা ধর্ম গ্রহণ করিয়াছেন, বরাহ পর্যন্ত আহার করেন না। ধর্ম! তরবারি যাহার একমাত্র দেবতা, সে চৈত্য নির্মাণ করিয়া কোন্ এক মৃত ভিক্ষুকের অস্থি পূজা করিতেছে।' [কালের মন্দিরা, ঐতিহাসিক কাহিনী সমগ্র, শরদিন্দু বন্দ্যোপাধ্যায়, আনন্দ, সপ্তদশ মুদ্রণ, মার্চ ২০২৩, পৃ – ২৭৮]। ঠিক এর পরের দিনের (২১.০২.১৯৫১) দিনলিপিতেই তিনি বললেন,

কিন্তু ইতিহাস বলিতে পূর্বপুরুষদের গৌরবকাহিনীও বুঝায়। আমার যদি জানা থাকে যে আমার পূর্বপুরুষ বীর ছিলেন, অসিহস্তে সিপাহী যুদ্ধে লড়াই করিয়াছিলেন। তাহা হইলে আমি ভীরুচিত কার্য করিতে লজ্জা পাইব। জাতীয় জীবনেও সেইরূপ। . . . বাঙালীরও ইতিহাস আছে কিন্তু তাহা প্রাকমুসলমানযুগের ইতিহাস। সেই ইতিহাস বাঙালীকে শোনাইতে পারিলে বাঙালীর আত্মচৈতন্য জন্মিতে পারে।[৩]

তারপরের দিনের দিনলিপিতেই শরদিন্দু যেন ঘোষণা করে দিচ্ছেন আজকের দিনের লেখকের কর্তব্য –

কিন্তু কেবল পৈতৃক মূলধন আঁকড়াইয়া ধরিয়া বসিয়া থাকিলে চলিবে না, নূতন ধন অর্জন করিতে হইবে, নূতন tradition সৃষ্টি করিতে হইবে। . . . সেকালে ভাট ও চারণ জাতীয় কবিরা যেমন গান গাহিয়া এবং গল্প বলিয়া জাতির ঐতিহ্য বাঁচাইয়া রাখিতেন, একালের কবি ও গল্পলেখকদের উপর সেই কর্তব্য আসিয়াছে।[৪]

ইতিহাসবিদ হব্সবম যাকে বলছেন ইনভেন্টিং ট্র্যাডিশন, শরদিন্দুর দিনলিপির এই 'নূতন ট্র্যাডিশন' এ সেই সমউচ্চারণ নয়? বঙ্কিম যেমন প্রাতিষ্ঠানিক সুশিক্ষিত ইতিহাসরচয়িতার জন্য বসে থেকে দিন গুনতে চাননি, ইতিহাস লেখবার কাজে যেমন তিনি প্রায় এক বৈপ্লবিক স্পর্ধার কথা বলে বসলেন, 'কে লিখিবে? তুমি লিখিবে, আমি লিখিব, সকলেই লিখিবে।', রাজা রাজড়াকে ছাড়িয়ে জনতার, সাধারণের ইতিহাস যেমন তিনি উদ্ধার করে আনতে চেয়েছিলেন, ইতিহাসের বড় বড় বাঁকের ফাঁকে ফাঁকে লুকিয়ে থাকে যে মানুষের কথা, যাকে তিনি বিস্মৃতির গহ্বর থেকে তুলে আনতে চেয়েছিলেন এবং এসবের পেছনে আসলে লুকিয়ে ছিল যে বাঙালীর আইডেনটিটির আকাঙ্ক্ষা, আত্মপরিচয়ে আলো ফেলার বাসনা, আত্মতার বোধ, তারই প্রকাশ দেখা গেল আবাল্য বঙ্কিমের অনুরাগী পাঠক শরদিন্দুর ঐতিহাসিক রচনায়। ২৩ শে ফেব্রুয়ারী, ১৯৫১ এর দিনলিপিতে স্রষ্টা নিজেই স্পষ্ট করে জানিয়ে

দিলেন তাঁর ঐতিহাসিক রচনাগুলি ঠিক কী করতে চায়, কোন্ প্রতিক্রিয়া তারা তৈরী করতে চায় পাঠকের মনে?

ইতিহাস অবলম্বন করিয়া কাহিনী লেখা বঙ্গভাষায় প্রচলিত নয়। বঙ্কিম ও রমেশচন্দ্র ইহার সূত্রপাত করিয়াছিলেন, কিন্তু সে সূত্র ছিঁড়িয়া গিয়াছে। প্রাক্‌মুসলমান যুগের ঐতিহ্য বাঙালী যেন ভুলিয়া গিয়াছে। রাখালদাস স্মরণ করাইয়া দিবার চেষ্টা করিয়াছিলেন; কিন্তু তিনি ইতিহাসবিৎ ছিলেন, গল্পলেখক ছিলেন না; তাই তাঁহার চেষ্টা সার্থক হয় নাই। বাঙালী জাতির হৃদয়ে শশাঙ্ক ধর্মপাল স্থান করিয়া লইতে পারে নাই।

আমি আমার অনেকগুলি গল্পে প্রাচীন ভারতের ঐতিহ্য ও সংস্কৃতিকে ধরিবার চেষ্টা করিয়াছি। কেহ কেহ বলেন এইগুলিই আমার শ্রেষ্ঠ রচনা। শ্রেষ্ঠ হোক বা না হোক, আমি বাঙালীকে তাহার প্রাচীন tradition এর সঙ্গে পরিচয় করাইয়া দিবার চেষ্টা করিয়াছি। এ চেষ্টা আর কেহ করে না কেন? বাঙালী যতদিন না নিজের বংশগরিমার কথা জানিতে পারিবে ততদিন তাহার চরিত্র গঠিত হইবে না; ততদিন তাহার কোনো আশা নাই। যে জাতির ইতিহাস নাই তাহার ভবিষ্যৎ নাই।৫ (নজরটান চিহ্নিত অংশগুলি লক্ষণীয়) খেয়াল করার মত, এই দিনলিপি যে সময়ে লেখা হচ্ছে, তার কিছুদিন পরে ঘটবে কালের মন্দিরার প্রথম প্রকাশ (শ্রাবণ, ১৩৫৮) এবং লেখা চলছে গৌড়মল্লার (এই উপন্যাস লেখা চলেছে ১৯৫০ এর জুন থেকে ১৯৫২ র সেপ্টেম্বর ধরে।)। ফরাসি ঔপন্যাসিক জর্জ সাঁদ (১৮০৪-১৮৭৬) বলেছিলেন, 'El recuerdo es el perfume del alma.' যার ইংরেজী অনুবাদ করলে দাঁড়ায়, 'Memory is the perfume of the soul.' বাঙালী ও বাংলাদেশের ইতিহাসের প্রতি গভীর আকর্ষণ ছিল শরদিন্দুর। নানান সূত্র থেকে যত্ন করে পাঠ করেছেন তা তিনি। রাজারাজড়াদের সঙ্গে সঙ্গে বাংলাদেশের জনজীবন কোনোটিকেই উপেক্ষা করেন নি তিনি। এ প্রসঙ্গে উল্লেখ করা যেতে পারে, দেশ ২রা জুন,২০১৮ সংখ্যায় প্রকাশিত 'স্মৃতি, পরিচিতি আর সময়ের স্বাদ' শীর্ষক প্রবন্ধে আব্দুল কাফি মহাশয়ের অসামান্য পর্যবেক্ষণটি –

শরদিন্দুর ইতিহাস-ঘেঁষা আখ্যানসমূহ ইতিহাসের শক্তিনির্ভর, কিন্তু স্মৃতির নিভৃত সুখ ও সৌরভ সঞ্চারী। বস্তুত স্মৃতিই তাঁর লক্ষ্য। ইতিহাসের বনেদ না পেলে সেই নিভৃতি, সেই সৌরভ ফুটে উঠবে না বলেই কেবল ইতিহাসের দ্বারস্থ হন তিনি বারবার। . . . . তাঁর চৈতন্যে এই জ্ঞানই অনুবাদিত

120

হয়েছে স্মৃতিতে। স্মৃতিবিদ্যা চর্চার পরিভাষা ব্যবহার করে বলা যেতে পারে সেমনটিক মেমরি এসে দাঁড়িয়েছে এপিসোডিক মেমরিতে।

লেখক তাঁর এই স্মৃতি গড়িয়ে দিতে চেয়েছেন পাঠকের মেমরিতে। এ প্রসঙ্গে মনে পড়ে যাবে তুঙ্গভদ্রার তীরে র উর্মিমর্মর এর সেই কথা –

তুঙ্গভদ্রার এই উর্মিমর্মর ইতিহাস নয়, স্মৃতিকথা। কিন্তু সকল ইতিহাসের পিছনেই স্মৃতিকথা লুকাইয়া আছে। যেখানে স্মৃতি নাই, সেখানে ইতিহাস নাই।[৬]

এ কথা কেবল তাঁর বিখ্যাত ও বহুআলোচিত উপন্যাস তুঙ্গভদ্রার তীরের ক্ষেত্রে সত্য এমন নয়, তার প্রায় সমস্ত ঐতিহাসিক রচনার ক্ষেত্রেই প্রযোজ্য। এখন স্মৃতিকে ইতিহাস বলে ধার্য করা যেতে পারে কি না? স্মৃতি সত্য না কি মিথ্যা? স্মৃতিকে ভর করে গড়ে ওঠা ইতিহাস সত্য না মিথ্যা এইসমস্ত বিতর্ক উঠতেই পারে, কিন্তু সেটি আমাদের প্রবন্ধের বিষয় নয় বলেই কেবল শরদিন্দুরই দুটি কবিতার থেকে এই সত্য-মিথ্যা বাইনারির প্রতি তাঁর বক্তব্যের টুকরো উদ্ধৃত করে এই আলোচনা এখানেই গোটানো হল।

ওরে কবি, আর কত দিন
ছদ্মবেশে আপনারে করিবি বঞ্চনা?

… … … … … … … … …

আজি তুই ফেলিয়া দে ওই দীন হীন
কপট গৈরিক
সত্যের উত্তরী, ভূমার সঙ্ঘটি,
উলঙ্গ নির্লজ্জ প্রাণে বল্ ঊর্ধ্বস্বরে,
‘মিথ্যার উদ্‌গাতা আমি
রসের ঋত্বিক, রূপ পুরোহিত।’[৭] (নজরটান অংশটি লক্ষণীয়) [সত্য-মিথ্যা]

সত্য যদি মিথ্যা হত মিথ্যা হত সত্য
আমরা সবাই সত্যবাদী হয়ে যেতাম সদ্য।[৮] [সত্যমিথ্যা]

মূল বিষয়ে প্রবেশ করার আগে, আমরা এতক্ষণ ধরে খুব সংক্ষেপে বোঝানোর চেষ্টা করছিলাম শরদিন্দু কেন ঐতিহাসিক সাহিত্য রচনায় আগ্রহী হলেন এবং সেই ইতিহাস ঠিক কোন্ ধরনের ইতিহাস, সেই ইতিহাস তৈরী হচ্ছে কীভাবে? এবার আমরা চলে আসছি শরদিন্দুর ভাষা ব্যবহার কীভাবে

তার ঐতিহাসিক উপন্যাসকে গড়ে দিয়েছে? তাঁর ভাষা কি এই রচনার উদ্দেশ্য পূরণের ক্ষেত্রে পরিপূরকের কাজ করেছে? তাঁর ভাষা প্রয়োগ কি ঐতিহাসিক উপন্যাসের উদ্দেশ্য পূরণে সার্থক এবং এই আলোচনা আমরা এখানে করতে চাইছি কালের মন্দিরা উপন্যাসটির সূত্রে। কালের মন্দিরার সৃষ্টি কীভাবে হল, সে কথা বলতে গিয়ে লেখক জানাচ্ছেন, ১৯৩৮ সালে মুঙ্গেরে থাকাকালীন তিনি এই রচনায় হাত দেন, কিন্তু বোম্বেজীবনের আহ্বান এসে যাওয়ায় মাঝে প্রায় বারো বছর এ রচনায় হাত পড়েনি। ১৯৫০ এর ৪ ঠা ফেব্রুয়ারী শেষ হল তাঁর প্রথম ঐতিহাসিক উপন্যাস। প্রকাশিত হল শ্রাবণ ১৩৫৮, ইংরাজীর ১৯৫১ তে। বিশ শতকের পাঁচের দশকে দাঁড়িয়ে বাঙালী যখন প্রায় ইংরেজ প্রভুর দুশ বছরের অধীনতা স্বীকার করে ফেলেছে, আধুনিক পৃথিবীতে দাঁড়িয়ে সে যখন দুটো বিশ্বমহাযুদ্ধের নগ্নতা দেখেছে, দেশবিভাজনের যন্ত্রণা স্বীকার করে তাকে যখন স্বাধীনতা পেতে হয়েছে, তখন শরদিন্দু বাঙালীকে নিয়ে যাচ্ছেন স্কন্দগুপ্তের আমলে। শরদিন্দু নিজেই জানাচ্ছেন, এই আখ্যানের ইতিহাসের অংশটুকু তিনি গ্রহণ করেছেন রাখালদাস বন্দ্যোপাধ্যায়ের *বাঙ্গালার ইতিহাস* গ্রন্থের প্রথম ভাগের দ্বিতীয় সংস্করণ থেকে। পূর্বোক্ত গ্রন্থ থেকে জানা যাচ্ছে, প্রথম কুমারগুপ্তের মৃত্যুর পর অনুমান তাঁর প্রথম পত্নীর সন্তান স্কন্দগুপ্ত সিংহাসনে অধিষ্ঠান করেন। ইতিহাস বলছে, প্রথম কুমারগুপ্তের মৃত্যু হয়েছিল ৪৫০ থেকে ৪৫৫ খ্রীষ্টাব্দের মধ্যবর্তী কোন এক সময়ে। স্কন্দগুপ্ত যৌবরাজ্যে পুশ্যমিত্রীয় ও হূণগণকে পরাস্ত করে পিতৃরাজ্য রক্ষা করেন। প্রথমবার পরাজিত হয়ে হূণরা উত্তরাপথ আক্রমণ করে, কপিশা ও গান্ধার অধিকার করে নতুন রাজ্য স্থাপন করে। হূণরাজ তোরমান পঞ্চনদ প্রদেশে মহীশাসক সম্প্রদায়ের বৌদ্ধাচার্যগণের জন্য একটি সঙ্ঘারাম নির্মাণ করেছিলেন। রোট সিদ্ধবৃদ্ধির পুত্র রোট জয়বৃদ্ধি কতৃক এই সঙ্ঘারাম নির্মিত হয়। স্কন্দগুপ্তের মৃত্যু ঠিক কোন্ সময়ে ঘটেছিল তা জানা যায় না, তবে ৪৫৭ খ্রীষ্টাব্দে সৌরাষ্ট্র তার অধিকারভুক্ত হয়। এই সময় থেকেই অন্তর্বিদ্রোহ এবং বহিঃশত্রুর আক্রমণের ফলে গুপ্ত রাজাদের ক্ষমতার হ্রাস ঘটেছে। ইতিহাস বলছে, ৪৬৫ খ্রীষ্টাব্দের পরে হূণগণ পুনর্ব্বার ভারতবর্ষে প্রত্যাগমন করে ও বারবার গুপ্তসাম্রাজ্য আক্রমণ করে। ইতিহাসের এই প্রসঙ্গ এখানে অবতারণা করার একমাত্র উদ্দেশ্য এটা দেখানো যে ১৯৫১ তে দাঁড়িয়ে শরদিন্দু পাঠকদের চতুর্থ শতকে যখন নিয়ে যাচ্ছেন, তখন তাঁকে খুব যত্ন করে নির্মাণ করতে হয়েছে সেকালের সম্রাট, সেনাপতি, সামন্ত, প্রজা, চরিত্রদের নাম-ধাম, সংলাপ,

কথোপকথনকে। বিশেষ্য, বিশেষণ, সর্বনাম, ক্রিয়াপদের দিকে লক্ষ রাখতে হয়েছে তাকে যাতে কালানৌচিত্য দোষ না ঘটে যায়। কালের মন্দিরা লক্ষ করলেই দেখা যাবে আমাদের প্রাতিষ্ঠানিক ইতিহাসের প্রধান চরিত্ররা তাঁর নায়ক নায়িকা নন, তিনি নিজেই স্বীকার করেছেন, কেবল স্কন্দগুপ্ত ঐতিহাসিক চরিত্র, অথচ এ আখ্যানে স্কন্দগুপ্তের প্রত্যক্ষ উপস্থিতি খুবই কম সময়ের জন্য, ওদিকে তাঁর কাহিনীর যারা প্রধান পাত্রপাত্রী তাদের কোনো ঐতিহাসিক সত্য আছে এমন দাবি লেখকও করছেন না। কিন্তু ওই চরিত্রগুলিকে স্কন্দগুপ্তের ইতিহাসের মধ্যে, হুণ আক্রমণের সময়ের মধ্যে সার্থকভাবে স্থাপন করার ক্ষেত্রে তাদের নাম থেকে ধাম, তাদের গঠন থেকে সংলাপ তৈরী করার সময়ে লেখককে মনে রাখতে হয়েছে চরিত্রগুলি যেন কোনোভাবেই ওই চতুর্থ শতাব্দী থেকে বেরিয়ে না যায়। তাই এই কাহিনীর হুণ সৈনিকদের নাম হয় – মোঙ, তুষ্ফাণ, চু-ফাঙ, হুণদের প্রধান পুরুষের নাম হয় রোট্র, হুণ রাজদুহিতার নাম হয় রট্টা যশোধারা। অন্যদিকে আর্যবংশের উত্তরাধিকারীর নাম হয় তিলক বর্মা, তার ধাত্রী পৃথা, তার কন্যার নাম সুগোপা। খেয়াল করার মত তিলক বর্মা যখন নিজের সত্য পরিচয় জানতনা, সে যখন হুণের কাছে মানুষ হয়েছে, হুণ তার নাম দিয়েছে চিত্রক। এ প্রসঙ্গে মোঙের উক্তিটি খেয়াল করার মত, ‘তোমার নাম সার্থক বটে, তোমার সর্বাঙ্গে অস্ত্রাঘাত চিহ্ন দেখিয়া তোমাকে চিতা বাঘ বলিয়াই মনে হয়। এরূপ নাম কেবল হুণদের মধ্যেই ছিল-সিংহ শূকর নাগ বৃষ – যাহার যেরূপ আকৃতি প্রকৃতি সে সেইরূপ নাম গ্রহণ করিত।’ [কালের মন্দিরা, শরদিন্দু বন্দ্যোপাধ্যায়, ঐতিহাসিক কাহিনী সমগ্র, আনন্দ, সপ্তদশ মুদ্রণ, মার্চ ২০২৩, পৃ – ২৮২]। নামবাচক বিশেষ্য প্রয়োগে কতটা সতর্ক লেখক তার প্রমাণ পাওয়া যাচ্ছে। আবার ঐতিহাসিক উপন্যাসের ক্ষেত্রে লোকেশন এর ভূমিকাও অপরিহার্য। খ্রিস্টীয় চতুর্থ শতককে নির্মাণ করতে গেলে তাকে কাহিনীতে নিয়ে আসতে হবে সেকালের নগর, জনপদ। এ প্রসঙ্গে মনে পড়ে যেতে পারে জন মুলানের উদ্ধৃতিটি – *If the location can be particularized, the psychology takes root.*[৯] তাই স্থানবাচক বিশেষ্যর নাম হিসেবে চলে আসে মগধ, গান্ধার, পুণ্ড্রবর্ধন বিটঙ্ক, কপোতকূট ইত্যাদি। সংখ্যাবাচক বিশেষ্য হিসেবে চলে আসে সে কালের প্রচলিত কার্ষাপণ, দীনার। এবার চলে আসা যাক খাদ্য প্রসঙ্গে। মুলান বলছেন, *A meal is a focus of ordinary social and family life.*[১০] সেকালের আবহকে তৈরী করার জন্য সেকালের মানুষের খাদ্যাভ্যাসটিকে তুলে ধরা প্রয়োজন, যা

আসলে সেকালের সমাজের সাংস্কৃতিক, অর্থনৈতিক, সামাজিক যাপনকে পরিস্ফুট করবে। আর একটি বিষয় খেয়াল করার মত, লেখক অতীতের আবহটিকে তৈরী করার জন্য খাদ্যের নামের ক্ষেত্রে শব্দের প্রাচীনরূপ ব্যবহার করছেন। কোনোকোনো ক্ষেত্রে শব্দের সংস্কৃত বা তৎসম রূপটি তিনি রাখছেন যেমন গমের সংস্কৃত রূপ গোধূম। আবার কোনো ক্ষেত্রে কোনো একটি অতি প্রচলিত সাধারণ শব্দের একটা আনুমানিক সংস্কৃত চেহারা তিনি বানিয়ে নিচ্ছেন নিজেই, যার থেকে ডিকোডিং করে পাঠকের অর্থ বুঝতে ক্লেশ হচ্ছেনা অথচ রুটিকে সে যখন রোটিকা পড়ছে, একটা অতীতের খানিক অপরিচিত, অপ্রচলিত পরিমণ্ডল তৈরী হচ্ছে তার চোখের সামনে। দু একটা দৃষ্টান্ত দেখা যাক –

১. পথে চলিতে চলিতে শীঘ্রই একটি মোদক ভাণ্ডার তাহার চোখে পড়িল। থরে থরে বহুবিধ পক্বান্ন সজ্জিত রহিয়াছে-পিষ্টক লড্ডু ক্ষীর দধি কোনও বস্তুরই অভাব নাই। [কালের মন্দিরা, ঐতিহাসিক কাহিনী সমগ্র, শরদিন্দু বন্দ্যোপাধ্যায়, আনন্দ, সপ্তদশ মুদ্রণ, মার্চ ২০২৩, পৃ – ২৯৯]

২. চিত্রক উপবিষ্ট হইলে কিঙ্করী নিঃশব্দ ক্ষিপ্রতার সহিত মদিরা-ভৃঙ্গার, চষক ও সুচিত্রিত স্থালীতে মৎস্যাণ্ড আনিয়া তাহার সম্মুখে রাখিল। - শুঁড়িখানার খাদ্যের বর্ণনা। [কালের মন্দিরা, ঐতিহাসিক কাহিনী সমগ্র, শরদিন্দু বন্দ্যোপাধ্যায়, আনন্দ, সপ্তদশ মুদ্রণ, মার্চ ২০২৩, পৃ –৩০২]

৩. প্রচুর পিষ্টক পৌলিক মোদক পরমান্নের আয়োজন। [পূর্বোক্ত, পৃ- ৩১৫]

৪. জম্বুক ভোজ্য বস্তুর দীর্ঘ তালিকা দিল। প্রথমেই মিষ্টান্নঃ মধু পিষ্টক লড্ডু ও ক্ষীর; তারপর শাক ঘৃত-তণ্ডুল মুদ্গ-সূপ, ময়ূর ডিম্ব; সর্বশেষ রোটিকা পুরোডাশ ও তিন প্রকার অবদংশ সহ উখ্য মাংস শূল্য মাংস ও দধি। [পূর্বোক্ত, পৃ -৩৩৮]

বিশেষ্যগুলি কীভাবে ওই চতুর্থ শতাব্দীর আবহকে তৈরী করছে তা আর দু একটি দৃষ্টান্তের মধ্যে দিয়ে দেখা যাক – প্রপালপালিকা, পীঠিকা, গড্ডলিকা, দীনার স্তূপ, লৌহজালিক, শিলাপট্ট, দাঁতন, কফোনি, সম্মার্জনী, কুষ্মাণ্ড, বংশযষ্টি, কার্ষাপণ, কঙ্কতিকা, মন্দুরা, শৌণ্ডিকালয়, মধুমন্ত্রিকা, কবাট, চর্মচটিকা, অর্গল, নহাপিত, তাম্বূল, কুড্য, কুটঙ্গক, দেবায়তন, গড্ডল, কম্বোজ, মন্দুরা, উষ্ট্র, পাশুপাল, জম্বুক, গোধূম, ঋক্ষ, পার্ষ্টি, পুস্তপাল, উশীর ইত্যাদি বিশেষ্যের প্রয়োগে পাঠককে শরদিন্দু নিয়ে যান সেই স্কন্দগুপ্তের কালে। সর্বনাম প্রয়োগের ক্ষেত্রেও দেখা যাবে তুচ্ছার্থক সর্বনামের ব্যবহার

নেই বললেই চলে। দু একটা দৃষ্টান্ত দেখা যাক। রাজাধিরাজ স্কন্দগুপ্ত যখন উদ্দিষ্ট, তখন লেখক কীভাবে সর্বনামের ব্যবহার করেন দেখা যাক –

১. তবে স্কন্দগুপ্তের শরণ লইব। তাঁহার নাম শুনিলে কিরাত ভয় পাইবে, বিরুদ্ধিতা করিতে সাহস পাইবে না। কালের মন্দিরা, ঐতিহাসিক কাহিনী সমগ্র, শরদিন্দু বন্দ্যোপাধ্যায়, আনন্দ, সপ্তদশ মুদ্রণ, মার্চ ২০২৩, পৃ – ৩৪৫।]

 আবার দুষ্ট চরিত্র কিরাত প্রসঙ্গে বলা হচ্ছে –

২. কিরাত মিষ্ট কথায় ধর্মাদিত্যকে মুক্তি দিবে না। তাহার কূট অভিপ্রায় ব্যর্থ হইয়াছে জানিলে সে আরও ক্রুদ্ধ হইবে। [পূর্বোক্ত, পৃ -৩৪৫।]

এমনকি চিত্রককে যখন রাজকুমারীর ঘোড়ার চোরের অভিযোগে রাজসভায় আনা হয়েছে কোট্টপাল তার সঙ্গে কথা বলার সময় তুমি সর্বনাম ব্যবহার করছে, তুই নয়। আবার চিত্রক যখন সভায় নিজেকে মগধের রাজদূত হিসেবে পরিচয় দিচ্ছে, তখন কোট্টপাল থেকে মহাসচিব প্রত্যেকেই তাকে আপনি সম্বোধনে সম্বোধিত করছে। অর্থাৎ এখানে কিন্তু সামাজিক মর্যাদা অনুসারে সর্বনামের প্রয়োগ হচ্ছে। প্রেম ও বিবাহের সম্পর্কে বদ্ধ হওয়ার আগে পর্যন্ত রাজকুমারীর সঙ্গে কথা বলতে গিয়ে চিত্রক আপনি সর্বনাম ব্যবহার করছে, কিন্তু আখ্যানের অন্যান্য নারী যেমন সুগোপা বা পৃথার সঙ্গে কথা বলার সময়ে তার ব্যবহৃত সর্বনাম তুমি। চলে আসা যাক বিশেষণ ব্যবহারের দৃষ্টান্তে। প্রথম সাক্ষাতে চিত্রক প্রপালপালিকা সুগোপাকে বলছে, *'তুমি সাহসিকা বটে। . . . সাহসিনি, এখন কোন্ অস্ত্র ব্যবহার করিবে?'* [কালের মন্দিরা, ঐতিহাসিক কাহিনী সমগ্র, শরদিন্দু বন্দ্যোপাধ্যায়, আনন্দ, সপ্তদশ মুদ্রণ, মার্চ ২০২৩, পৃ – ২৮৩।] অথবা *'পিপ্পলী মিশ্র কিছুক্ষণ তূষ্ণীভাব অবলম্বন করিয়া শেষে মাথা নাড়িলেন . . .'* [কালের মন্দিরা, ঐতিহাসিক কাহিনী সমগ্র, শরদিন্দু বন্দ্যোপাধ্যায়, আনন্দ, সপ্তদশ মুদ্রণ, মার্চ ২০২৩,পৃ -৩৫৫।] অর্থাৎ বিশেষ্য থেকে বিশেষণ প্রতিটি ক্ষেত্রে শব্দচয়নের সময়ে লেখককে অত্যন্ত সতর্ক থেকে শব্দপ্রয়োগ করতে হচ্ছে যাতে অনৌচিত্য এবং অসঙ্গতি দোষ না ঘটে। লেখক শব্দ ব্যবহারে কতটা সচেতন তার আরও একটি পরিচয় পাওয়া যাবে *গৌড়মল্লার* উপন্যাস প্রসঙ্গে লেখকেরই কিছু কথা থেকে। তিনি নিজে জানাচ্ছেন, 'বেতসকুঞ্জ হইতে ধনুর্বেদ পর্যন্ত' শব্দ সংগ্রহ করেছেন যোগেশচন্দ্র রায় বিদ্যানিধির পুস্তক থেকে। কয়েকটি প্রাচীন শব্দের জন্য তিনি আচার্য সুনীতিকুমারের ঋণ স্বীকার করতেও ভোলেননি। তাঁর প্রথম গল্পগ্রন্থ *জাতিস্মর* (১৩৩৯), যেটি অমিতাভ, মৃৎপ্রদীপ ও রুমাহরণ এ তিন

'ইতিহাসগন্ধী' গল্পের সমষ্টি, সেখানে লেখক নিজে প্রাচীন শব্দের অর্থের একটি তালিকা দিয়ে দেন, যাতে পাঠকের কাছে তাঁর লেখা ১৯৩২ খ্রীষ্টাব্দের আধুনিক বাঙালীর সামনে তুলনায় সেসময়ে অপ্রচলিত বা স্বল্পপরিচিত প্রাচীন শব্দের অর্থের দুর্বোধ্যতা কারণে, কালের দূরত্বের কারণে উদ্দেশ্যভ্রষ্ট না হয়ে যায়। সেই তালিকার মধ্যে যে শব্দগুলি অন্তর্ভুক্ত হয়েছে সেগুলি হল – অষ্টশীল, অর্হৎ, ইন্দ্রকীলক, ইন্দ্রকোষ, ঔদকদুর্গ, কঞ্চুকী, কুলিক, ক্ষত্রপ, গুল্ম, গোষ্ঠীসমবায়, জয়স্কন্ধাবার, ত্রি-শরণ, ধর্মচক্র, নবপত্রিকা পট্টমহাদেবী, পত্রচ্ছেদ্য, পরমভট্টারিকা, পরিব্রাজিকা, মাৎসন্যায়, লৌহজালিক, শ্রেণী, সমাপানক, সংঘাটি, সংবাহক, সান্ধিবিগ্রহিক, হস্তিনখ। (এই তালিকাটি শরদিন্দু অমনিবাস, ষষ্ঠ খণ্ড, আনন্দ, ত্রয়োদশ মুদ্রণ, ১৯৮৮ এর 'প্রাচীন শব্দের অর্থ' শীর্ষক অধ্যায়ে উপস্থিত।)

আবার ফিরে আসা যাক কালের মন্দিরা উপন্যাসে। আবার সমাসবদ্ধ শব্দেরও বহুল ব্যবহার দেখা যাচ্ছে উপন্যসে। দেখা যাবে শরদিন্দুর এই ঐতিহাসিক উপন্যাসের ভাষাব্যবহার প্রসঙ্গে বিদ্যানিধি মহাশয় বলবেন,

দুইখানি পুস্তকে সংস্কৃত শব্দ পুঞ্জীভূত হইয়াছে, কিন্তু সে সকল শব্দ অজ্ঞাত নয় এবং তদ্দারা বাংলার স্বরূপ উজ্জ্বল হইয়াছে।[১১]
আবার রাজশেখর বসু বলছেন,

প্রাচীন ভারতের জীবিতবৎ চিত্র অঙ্কনে আপনি অদ্বিতীয়। . . . আর একটি কথা – আপনার পরিচ্ছন্ন শুদ্ধ ভাষা।[১২]

5.0 ফলাফল ও ব্যাখ্যা

আসলে তাঁর ঐতিহাসিক উপন্যাসের ভাষা তাঁরই ইচ্ছাপ্রসূত তৈরী করা এমন একটা প্রকল্প, যেটা অতীতের আবহ তৈরী করতে সাহায্য করে। তিনি এমন কিছু অচেনা শব্দ ব্যবহার করছেন, এমন একটা সাধু ভাষা প্রয়োগ করছেন, যেটা খুব জটপাকানো নয়, এই সাধুভাষা পাঠককে অতীতের দিকে ঠেলে দেয়। এবং শরদিন্দু এমন একটা সময়ে দাঁড়িয়ে এই সাধু ভাষা ব্যবহার করছেন, যখন বাঙালীর কাছে ইতিমধ্যে সাধুভাষা অতীত হয়ে গেছে। বিশ শতকের পাঁচের দশকে দাঁড়িয়ে বাঙালী সাধু ভাষা বলতে বোঝে বঙ্কিমকে, বোঝে উনিশ শতকের আখ্যানকে। সাধু ভাষাকে কীভাবে ব্যবহার করছেন লেখক তা একটু সাধু ভাষার কয়েকটি ভাষাতাত্ত্বিক বৈশিষ্ট্য অনুযায়ী সূত্রাকারে দেখে নেওয়া যাক –

- সাধারণত সাধুভাষার শব্দভাণ্ডারে তৎসম (সংস্কৃত) শব্দ বেশি থাকে। তৎসম শব্দ অর্থাৎ যে সমস্ত শব্দ প্রাচীন ভারতীয় আর্যভাষা (বৈদিক/সংস্কৃত) থেকে একেবারে অপরিবর্তিতভাবে বাংলায় এসে গেছে। চতুর্থ শতকের আবহকে ধরে রাখার জন্য শরদিন্দু এখানে তৎসম শব্দের ব্যবহার করেছেন। সমগ্র উপন্যাসে তৎসম শব্দের ব্যবহার মোট শব্দের অনুপাতে প্রায় অর্ধেকের কাছাকাছি বা বলা যায় অর্ধেকের বেশী। কয়েকটি দৃষ্টান্ত দেখা যাক – করলগ্নকপোল, নীলাঞ্জন, রাজউদ্যান, অন্ধকূপকক্ষ, নির্বীর্য, উত্তরোত্তর, শম্পাকীর্ণ, খঞ্জ, উষ্ণীষ, ইত্যাদি, তস্কর, হস্তী, পিণ্ড, উষ্ট্র, দিগ্ধলয়, কুরুবক, ইন্দ্রকোষ, অভিজ্ঞান, স্কন্ধাবার, সন্নিধাতা, পরমভট্টারক ইত্যাদি। আবার এ উপন্যাসে এমন কিছু প্রয়োগ ঘটেছে, যাকে ইচ্ছাকৃত প্রয়োগ বলা যেতে পারে। একটি উদাহরণ সহযোগে বোঝানো যাক। গুল্ম শব্দের সাধারণ অর্থ ছোটো ঝোপঝাড়, কিন্তু এখানে গুল্ম বলতে বোঝানো হল ক্ষুদ্র সেনা ছাউনি, ইংরেজিতে যাকে পিকেট বা সেন্ট্রিপোষ্ট বলা হয়ে থাকে। একে আমরা অতিবিশিষ্ট অপ্রচলিত প্রয়োগ বলতে পারি। আবার অনেকসময়ে একেবারে আটপৌরে নিত্য ব্যবহার্য শব্দের একটা পুনর্গঠিত আনুমানিক সংস্কৃত রূপ দেওয়া হয়েছে। যেমন কাপড় অর্থে কপটি, রুটি অর্থে রোটিকা, বাতি অর্থে বর্তিকা। আবার অনেক সময়ে কেবল অতীতের আবহকে জাগিয়ে তোলার জন্য শব্দের সংস্কৃত চেহারাটি ব্যবহৃত হয়েছে। অন্যদিকে এমন কিছু স্থানে কোনো একটি শব্দের সংস্কৃত রূপ কেবল ব্যবহৃত হচ্ছে হাস্যরস সৃষ্টির জন্য, তামাশার জন্য। *'রাজা বলিলেন- 'ঠিকই হইয়াছে, তোমার বুদ্ধি ও কলেবর দুই-ই কুম্মাণ্ডবৎ"* [কালের মন্দিরা, ঐতিহাসিক কাহিনী সমগ্র, শরদিন্দু বন্দ্যোপাধ্যায়, আনন্দ, সপ্তদশ মুদ্রণ, মার্চ ২০২৩,পৃ – ২৮৭] অথবা *'পিণ্ড গলাধঃকরণ করিয়া কঞ্চুকী বলিল – 'তা তা – দেবদুহিতার যদি তাহাই অভিরুচি।"* [কালের মন্দিরা, ঐতিহাসিক কাহিনী সমগ্র, শরদিন্দু বন্দ্যোপাধ্যায়, আনন্দ, সপ্তদশ মুদ্রণ, মার্চ ২০২৩,পৃ – ৩২২] একটি বাক্যের মধ্যেই লেখক একাধিক প্রাচীন শব্দের ব্যবহার করছেন পাঠককে সেই স্কন্দগুপ্তের কালে ফিরিয়ে নিয়ে যাওয়ার উদ্দেশে। দু একটা বাক্য দেখা যাক –

১. অশ্ব হইতে অবতরণ করিয়া শূলধারী প্রধান দ্বারপালের সম্মুখে দাঁড়াইল। [কালের মন্দিরা, ঐতিহাসিক কাহিনী সমগ্র, শরদিন্দু বন্দ্যোপাধ্যায়, আনন্দ, সপ্তদশ মুদ্রণ, মার্চ ২০২৩, পৃ –৩৫৩]

২. কঙ্ক ডুণ্ডুভ-শীষ্ম কম্বোজ দুটিকে মন্দুরায় লইয়া যা, যব-শক্তু শালি-প্রিয়ন্তু দিয়া সেবা কর।

[পূর্বোক্ত, পৃ – ৩৩৬]

৩. সুন্দর কম্বোজীয় অশ্ব, মধুপিঙ্গলবর্ণ ত্বকে চীনাংশুকের মসৃণতা, গ্রীবার চামর মুক্তামালায় মণ্ডিত, পৃষ্ঠে কোমল রোমাবলি নির্মিত আসন, বল্গার রজ্জু স্বর্ণালঙ্কিত। [পূর্বোক্ত, পৃ – ২৮৪]

আর একটি বিষয় উপন্যাসের প্রথম দিক থেকে শেষের দিকে তৎসম শব্দের প্রয়োগ বেড়েছে। কপোতকূট নগর, বিটঙ্ক রাজ্য হুণ রাজার হাত থেকে আর্য বংশীয় তিলকবর্মার হাতে চলে আসছে, আর্যকে সরিয়ে দিয়ে একদিন হুণরা অধিকার করেছিল এ রাজ্য, আবার উপন্যাসের শেষে দেখা যাচ্ছে, এই হুণদের থেকেই পিতা-পিতামহের রাজ্য দখল করে নিচ্ছে আর্য তিলকবর্মা - এর সঙ্গে কি উপন্যাসের শেষদিকে তৎসম শব্দ সংখ্যা এবং সমাসবদ্ধ পদের সংখ্যা প্রথমদিকের তুলনায় বৃদ্ধি পাওয়ার কোনো বিশেষ সম্পর্ক আছে? এটি কি লেখকের ইচ্ছাকৃত কোনো প্রকল্প?

- সমাসবদ্ধ পদের সংখ্যা সাধু ভাষায় বেশি। এ উপন্যাসে লেখক যথেষ্ট পরিমাণে সমাসবদ্ধ শব্দ ব্যবহার করেছেন।

- সাধু ভাষাতে সর্বনামের পূর্ণ বিস্তৃত রূপ ব্যবহৃত হয়। এ উপন্যাসের সর্বনাম ব্যবহারের দিকে একটু তাকানো যাক – ১. স্ত্রীজাতিকে কদাপি বিশ্বাস করিতে নাই। তাহাদের মত অবিশ্বাসিনী ক্লেশদায়িনী দুষ্টপ্রকৃতি . . .’ [কালের মন্দিরা, ঐতিহাসিক কাহিনী সমগ্র, শরদিন্দু বন্দ্যোপাধ্যায়, আনন্দ, সপ্তদশ মুদ্রণ, মার্চ ২০২৩,পৃ   ৩০৫]

২. পৃথার মৃত্যুর পরদিন প্রাতঃকালে চিত্রক যখন রাজপুরীতে ফিরিয়া আসিল তখন তাহার মুখের ভাব ক্লান্ত, ঈষৎ গম্ভীর; তাহার অন্তরে যে শীততন্দ্রাচ্ছন্ন বুভুক্ষু নাগ জাগিয়া উঠিয়াছে . . .’ [কালের মন্দিরা, ঐতিহাসিক কাহিনী সমগ্র, শরদিন্দু বন্দ্যোপাধ্যায়, আনন্দ, সপ্তদশ মুদ্রণ, মার্চ ২০২৩,পৃ – ৩২৫]

- সন্ধিযুক্ত পদের প্রয়োগ সাধুভাষায় বেশী। আলোচিত উপন্যাস থেকে দু একটি দৃষ্টান্ত দেখা যাক –

১. এই সময় তাহাদের বিশ্রম্ভালাপে বাধা পড়িল। [কালের মন্দিরা, ঐতিহাসিক কাহিনী সমগ্র, শরদিন্দু বন্দ্যোপাধ্যায়, আনন্দ, সপ্তদশ মুদ্রণ, মার্চ ২০২৩,পৃ – ২৮১]

২.তারপর সূচিকাভরণ প্রয়োগ করিলেন। [কালের মন্দিরা, ঐতিহাসিক কাহিনী সমগ্র, শরদিন্দু বন্দ্যোপাধ্যায়, আনন্দ, সপ্তদশ মুদ্রণ, মার্চ ২০২৩,পৃ – ৩২৪]

৩. তাহার সর্বাঙ্গে অসি-রেখাঙ্ক, [কালের মন্দিরা, ঐতিহাসিক কাহিনী সমগ্র, শরদিন্দু বন্দ্যোপাধ্যায়, আনন্দ, সপ্তদশ মুদ্রণ, মার্চ ২০২৩,পৃ – ৩২৫]

৪. চারিদিকে সূর্যকরোজ্জ্বল পূরভূমি। [কালের মন্দিরা, ঐতিহাসিক কাহিনী সমগ্র, শরদিন্দু বন্দ্যোপাধ্যায়, আনন্দ, সপ্তদশ মুদ্রণ, মার্চ ২০২৩,পৃ – ৩২৫]

৫. স্থানটি উচ্চ হইলেও দুরধিগম্য নয়; [কালের মন্দিরা, ঐতিহাসিক কাহিনী সমগ্র, শরদিন্দু বন্দ্যোপাধ্যায়, আনন্দ, সপ্তদশ মুদ্রণ, মার্চ ২০২৩,পৃ – ৩৩৩]

বোঝাই যাচ্ছে সন্ধিবদ্ধ শব্দের ব্যবহার এ উপন্যাসে অগণিত। দৃষ্টান্তস্বরূপ আর কয়েকটি কেবল সন্ধিবদ্ধ পদের উল্লেখ করা হল – ছায়ান্ধকার, উপলাকীর্ণ, ভ্রাতুষ্পুত্র, দত্তধাবন, দিগ্বিজয়, মদালস, দীপালোকিত, চিত্রার্পিত, শয্যাশ্রয়, দুর্গাধিপ প্রভৃতি।

- সাধুভাষায় ক্রিয়ার দীর্ঘরূপ প্রচলিত। এই আখ্যানে অধিকাংশ ক্ষেত্রে লেখক ক্রিয়ার দীর্ঘরূপটিই ব্যবহার করেছেন। দু একটা উদাহরণ দেখে নেওয়া যাক –

১. একটি গবাক্ষ হইতে পীতবর্ণ বস্ত্র লম্বিত হইয়া অলস বাতাসে দুলিতেছে। [কালের মন্দিরা, ঐতিহাসিক কাহিনী সমগ্র, শরদিন্দু বন্দ্যোপাধ্যায়, আনন্দ, সপ্তদশ মুদ্রণ, মার্চ ২০২৩,পৃ – ৩৩৩]

২.আমার পিতা তূষফাণ স্বহস্তে পূর্ববর্তী আর্য রাজার মস্তক স্কন্ধচ্যুত করিয়াছিলেন। [কালের মন্দিরা, ঐতিহাসিক কাহিনী সমগ্র, শরদিন্দু বন্দ্যোপাধ্যায়, আনন্দ, সপ্তদশ মুদ্রণ, মার্চ ২০২৩, পৃ – ৩৭২]

৩. আর্য চিত্রক, আপনি নিশ্চয় অনেক দেশ দেখিয়াছেন? [কালের মন্দিরা, ঐতিহাসিক কাহিনী সমগ্র, শরদিন্দু বন্দ্যোপাধ্যায়, আনন্দ, সপ্তদশ মুদ্রণ, মার্চ ২০২৩, পৃ – ৩৩২]

৪. সুগোপা অদূরে পীঠিকার ন্যায় একটি উচ্চ প্রস্তরখণ্ডের উপর বসিয়া করলগ্নকপোলে শুনিতেছিল। [কালের মন্দিরা, ঐতিহাসিক কাহিনী সমগ্র, শরদিন্দু বন্দ্যোপাধ্যায়, আনন্দ, সপ্তদশ মুদ্রণ, মার্চ ২০২৩, পৃ – ২৭৮।]

৫. লক্ষ্মণ কঞ্চুকী চতুর ভট্টের মনোগত অভিপ্রায় বুঝিয়াছিল। [কালের মন্দিরা, ঐতিহাসিক কাহিনী সমগ্র, শরদিন্দু বন্দ্যোপাধ্যায়, আনন্দ, সপ্তদশ মুদ্রণ, মার্চ ২০২৩, পৃ – ৩১৪]

উপরের প্রতিটি দৃষ্টান্তই ক্রিয়ার সাধুরূপের পরিচয় দিচ্ছে।

- এখানে ব্যবহৃত অনুসর্গগুলিও সাধুভাষার ন্যায়।

সাধু ভাষায় যৌগিক ক্রিয়াপদের ব্যবহার বেশী। এই আখ্যায়িকাতে যৌগিক ক্রিয়া ব্যবহার করেছেন লেখক বহুক্ষেত্রেই। দু একটা দৃষ্টান্ত দেখে নেওয়া যাক –

১. কয়েকটা অসুরাকৃতি সদ্ধাহক আসিয়া তাহাকে ধরিয়া ফেলিল এবং তাহাকে প্রায় উলঙ্গ করিয়া সবেগে তৈল মর্দন করিয়া দিল। [কালের মন্দিরা, ঐতিহাসিক কাহিনী সমগ্র, শরদিন্দু বন্দ্যোপাধ্যায়, আনন্দ, সপ্তদশ মুদ্রণ, মার্চ ২০২৩, পৃ – ৩১৫]

২. পুরুষভাগ্যের বিচিত্র ভুজঙ্গ গতির কথা চিন্তা করিতে করিতে চিত্রক ঘুমাইয়া পড়িল। [পূর্বোক্ত।]

৩. এখন তাঁহাকে বিশ্রাম মন্দিরে লইয়া যাও। [কালের মন্দিরা, ঐতিহাসিক কাহিনী সমগ্র, শরদিন্দু বন্দ্যোপাধ্যায়, আনন্দ, সপ্তদশ মুদ্রণ, মার্চ ২০২৩, পৃ – ৩১৪]

৪. চিত্রক উদ্বেল হৃদয়ে জাগিয়া রইল। [কালের মন্দিরা, ঐতিহাসিক কাহিনী সমগ্র, শরদিন্দু বন্দ্যোপাধ্যায়, আনন্দ, সপ্তদশ মুদ্রণ, মার্চ ২০২৩, পৃ – ৩৫২।]

৫. দুইজন যামিক নগররক্ষী ডাকিয়া আন, তাহারা আজ রাত্রে চোরকে বাঁধিয়া রাখুক। [কালের মন্দিরা, ঐতিহাসিক কাহিনী সমগ্র, শরদিন্দু বন্দ্যোপাধ্যায়, আনন্দ, সপ্তদশ মুদ্রণ, মার্চ ২০২৩, পৃ – ৩০৩]

সাধুভাষায় বাক্যের যে কর্তা-কর্ম-ক্রিয়া র বিন্যাসক্রম, তা এখানে রক্ষিত হয়েছে। কোনো কোনো স্থানে বাক্য বেশ দীর্ঘ।

ইতিহাস বলছে, স্কন্দগুপ্তের সময়ে হুণরা প্রথমবার পরাজিত হয়ে যখন গান্ধার, কপিশা জয় করছে, পঞ্চনদ অঞ্চলে প্রবেশ করছে, হুণরাজ তোরমাণ পঞ্চনদে প্রবেশ করে মহীশাসক সম্প্রদায়ের বৌদ্ধদের জন্য একটি সঙ্ঘ নির্মাণ করেছেন। এই কাহিনীতেও দেখা যাচ্ছে হুণরাজ ধর্মাদিত্য সংঘের শরণ নিচ্ছেন। রাজকন্যা ও চিত্রক যখন বিটঙ্ক রাজ্য ছেড়ে চণ্টন দূর্গের দিকে যাত্রা করছে, তখন একটি বৌদ্ধ সংঘের দেখা মিলেছে। এই বৌদ্ধ আবহাওয়াতে পাঠককে নিয়ে যেতে লেখক পালি ভাষায় বুদ্ধমন্ত্রের উচ্চারণ রাখছেন টেক্সটে – 'নমো তস্স ভগবতো অরহতো সম্মা সম্বুদ্ধস্স।' [কালের মন্দিরা, ঐতিহাসিক কাহিনী সমগ্র, শরদিন্দু বন্দ্যোপাধ্যায়, আনন্দ, সপ্তদশ মুদ্রণ, মার্চ ২০২৩, পৃ – ৩৩৩]। তেরো নম্বর পরিচ্ছেদে দেখা যাচ্ছে গুরুশিষ্য সম্ঘলিত একটি চৈনিক পরিব্রাজক দলকে, যারা চীন থেকে এদেশে এসেছেন, গুরুর নাম টো ইঙ। লেখক এই তথ্যটুকু বলে দিচ্ছেন 'ইঁহারা পালি ভাষায় কথা

বলেন।' [পূর্বোক্ত, পৃ – ৩৪৩]। কোনো কোনো ক্ষেত্রে বাক্যের মধ্যে বাংলা শব্দের পাশেই সংস্কৃত বাক্যাংশ বসে গিয়ে বাক্য গঠন করেছে – '*এরূপ ক্ষেত্রে কি করিবে স্থির করিতে না পারিয়া চিত্রক ন যযৌ ন তস্থৌ হইয়া রহিল।*' [পূর্বোক্ত, পৃ-২৮৮]। অথবা '*যাক যাহা হইবার হইয়া গিয়াছে – নির্বাণ দীপে কিমু তৈলদানম্।*'[পূর্বোক্ত, পৃ – ৩১২]। স্কন্দগুপ্তের পূর্বপুরুষ দ্বিতীয় চন্দ্রগুপ্ত ওরফে বিক্রমাদিত্যের (আনুমানিক শাসনকাল ৩৮০ খ্রীষ্টাব্দ থেকে ৪১৫ খ্রীষ্টাব্দ) সভাকবি ছিলেন কালিদাস। কালিদাসের কাব্যের কিছু অংশও এ উপন্যাসে এসেছে লোকের মুখে মুখে প্রচলিত শ্লোকের সূত্র ধরে। পনেরো নম্বর পরিচ্ছেদে দেখা যাবে পিপ্পলী মিশ্র মেঘদূত এর শ্লোক আওড়ান গৃহিণীর বিরহে – '*কিং পুনর্দূরসংস্থে*' [কালের মন্দিরা, ঐতিহাসিক কাহিনী সমগ্র, শরদিন্দু বন্দ্যোপাধ্যায়, আনন্দ, সপ্তদশ মুদ্রণ, মার্চ ২০২৩, পৃ – ৩৫৪]। আবার 'গৃহিণী কি বস্তু' অবিবাহিত স্কন্দগুপ্তের এ প্রশ্নের উত্তরে পিপ্পলী মিশ্র উদ্ধৃত করেন রঘুবংশম এর সেই বিখ্যাত শ্লোক – '*গৃহিণী সচিবঃ সখী প্রিয়শিষ্যা ললিতে কলাবিধৌ।*' [পূর্বোক্ত, পৃ - ৩৫৪]। লেখক আসলে ওই কালটিকে নির্মাণ করার জন্য ভাষাব্যবহারের প্রতিটি ডিটেলিং এ নজর রেখেছেন। স্থানাভাবে এখানে অলঙ্কার ও ইমেজারি নিয়ে বিস্তৃত আলোচনার সুযোগ নেই, সেটি পৃথক ও বিস্তৃত গবেষণার অংশ। এখানে ইমেজারির কেবল একটি দৃষ্টান্ত দিয়ে দেখানোর চেষ্টা হল লেখক কীভাবে আবহটিকে নির্মাণ করতে চাইছেন – 'মনে হয় পূর্বদিকে পর্বতকন্দর হইতে নির্গত এক রজতবর্ণ নাগ শ্লথগতিতে অস্তাচলের পানে কোনও নূতন বিবরের সন্ধানে চলিয়াছে।' [পূর্বোক্ত, পৃ – ৩৩৬]।

6.0 উপসংহার

পরিসমাপ্তিতে বলা যায়, শরদিন্দু বন্দ্যোপাধ্যায় তাঁর সাহিত্যিক পাণ্ডিত্য আর কল্পনাশক্তি, ইতিহাসের সামান্য সূত্র আর স্মৃতির মিশ্রণে এ উপন্যাসে এপিক যুগের এক ভারতের চিত্র আঁকলেন। আর এ কাজে তাঁর প্রধান সহায়ক তাঁর ভাষা প্রকল্প। উপন্যাসের ডিটেলিংস থেকে সেটিংস, লোকেশন থেকে পরিমণ্ডল বিশ্বাসযোগ্য হয়ে উঠল উপন্যাসের ভাষার গুণে। স্কন্দগুপ্ত, মোঙ, রট্টা, চিত্রক প্রতিটি চরিত্র, উপন্যাসের প্রতিটি ঘটনা, বিবরণ কালানৌচিত্য দোষে দূষিত হয় না একমাত্র তাঁর অসামান্য ভাষা প্রয়োগের কারণে। ভাষার জালে জড়িয়েই শরদিন্দু পাঠককে নিয়ে যান সেই স্কন্দগুপ্তের কালে।

7.0 উল্লেখপঞ্জি

7.1 তথ্যসূত্র

১. বন্দ্যোপাধ্যায়, শরদিন্দু. (১৩৬৩). শরদিন্দু অমনিবাস খণ্ড ১২ (প্রথম সংস্করণ), পৃষ্ঠা ১৩৫. আনন্দ পাবলিশার্স. ISBN: 978-8170660620.

২. বন্দ্যোপাধ্যায়, শরদিন্দু. (১৩৬৩). শরদিন্দু অমনিবাস খণ্ড ১২ (প্রথম সংস্করণ), পৃষ্ঠা ৩৭৮. আনন্দ পাবলিশার্স. ISBN: 978-8170660620.

৩. বন্দ্যোপাধ্যায়, শরদিন্দু. (১৩৬৩). শরদিন্দু অমনিবাস খণ্ড ১২ (প্রথম সংস্করণ), পৃষ্ঠা ৩৭৮. আনন্দ পাবলিশার্স. ISBN: 978-8170660620.

৪. বন্দ্যোপাধ্যায়, শরদিন্দু. (১৩৬৩). শরদিন্দু অমনিবাস খণ্ড ১২ (প্রথম সংস্করণ), পৃষ্ঠা ৩৭৮. আনন্দ পাবলিশার্স. ISBN: 978-8170660620.

৫. বন্দ্যোপাধ্যায়, শরদিন্দু. (১৩৬৩). শরদিন্দু অমনিবাস খণ্ড ১২ (প্রথম সংস্করণ), পৃষ্ঠা ৩৭৯. আনন্দ পাবলিশার্স. ISBN: 978-8170660620.

৬. বন্দ্যোপাধ্যায়, শরদিন্দু. তুঙ্গভদ্রার তীরে (আষাঢ় ১৩৬৬), পৃষ্ঠা ৪. বুকল্যাণ্ড প্রাইভেট লিমিটেড. ISBN: 978-8170664116.

৭. বন্দ্যোপাধ্যায়, শরদিন্দু. (১৩৬৩). শরদিন্দু অমনিবাস খণ্ড ১২ (প্রথম সংস্করণ), পৃষ্ঠা ৬৭. আনন্দ পাবলিশার্স. ISBN: 978-8170660620.

৮. বন্দ্যোপাধ্যায়, শরদিন্দু. (১৩৬৩). শরদিন্দু অমনিবাস খণ্ড ১২ (প্রথম সংস্করণ), পৃষ্ঠা ১৩৯. আনন্দ পাবলিশার্স. ISBN: 978-8170660620.

৯. Mullan, John. (2008). *How Novel Works*, pp 196. Oxford University Press. ISBN – 978-0-19-928177-0.

১০. Mullan, John. (2008). *How Novel Works*, pp 203. Oxford University Press. ISBN – 978-0-19-928177-0.

১১. বন্দ্যোপাধ্যায়, শরদিন্দু. (মার্চ ২০২৩). *ঐতিহাসিক কাহিনী সমগ্র* (সপ্তদশ মুদ্রণ), পৃষ্ঠা ৮৩৩. আনন্দ. ISBN – 978- 81-7215-614-5.

১২. বন্দ্যোপাধ্যায়, শরদিন্দু. (মার্চ ২০২৩). *ঐতিহাসিক কাহিনী সমগ্র* (সপ্তদশ মুদ্রণ), পৃষ্ঠা ৮৩৩. আনন্দ. ISBN – 978- 81-7215-614-5.

7.0 গ্রন্থপঞ্জীঃ-

7.2 সহায়ক বাংলা গ্রন্থ

চক্রবর্তী, বামনদেব. (জুলাই ২০০৮), *উচ্চতর বাংলা ব্যাকরণ* (অষ্টাদশ সংস্করণ). অক্ষয় মালঞ্চ. ISBN – 978- 80-6549-629-7.

বন্দ্যোপাধ্যায়, শরদিন্দু. (মার্চ ২০২৩). *ঐতিহাসিক কাহিনী সমগ্র* (সপ্তদশ মুদ্রণ). আনন্দ. ISBN – 978- 81-7215-614-5.

বন্দ্যোপাধ্যায়, শরদিন্দু. (১৩৬৩). *শরদিন্দু অমনিবাস খণ্ড ১২* (প্রথম সংস্করণ). আনন্দ পাবলিশার্স. ISBN: 978-8170660620.

সেন, সুকুমার. (আষাঢ় ১৩৬৯). *প্রাচীন বাংলা ও বাঙালী.* বিশ্বভারতী গ্রন্থালয়. ISBN – 978- 80-4315-521-6.

সহায়ক ইংরেজী গ্রন্থঃ-

Mullan, John. (2008). *How Novel Works.* Oxford University Press. ISBN – 978-0-19-928177-0.

8.0 গবেষক পরিচিতি

দেবলীনা সেন, গবেষক, বাংলা বিভাগ, যাদবপুর বিশ্ববিদ্যালয়।

যোগাযোগ – ৯৮৩৬৩২১৮৯৬

ইমেল – debolinasen740@gmail.com

কথাসাহিত্যে ভাষা ব্যবহার
(ছোটগল্প)

International Bilingual Journal of
Culture, Anthropology and Linguistics
ইন্টারন্যাশনাল বাইলিঙ্গুয়াল জার্নাল অফ
কালচার, অ্যানথ্রোপলজি অ্যান্ড লিঙ্গুইস্টিক্স্

IBJCAL   **eISSN: 2582-4716**

Website: https://indianadibasi.com/journal/index.php/ibjcal

VOLUME: 5, ISSUE: 4 (December, 2023) || Special Issue: সাহিত্যের ভাষা: বিয়োগ ও বিবর্তন

নির্বাচিত রবীন্দ্র গল্পে বাংলা ভাষার রূপতাত্ত্বিক বিশ্লেষণের নিরিখে জটিল-যৌগিক বাক্যের বিন্যাস ও প্রয়োগ

দিলদার কিবরিয়া

সারসংক্ষেপ: অনুভূতি বা আবেগ সর্বদা নান্দনিকতার বিচারাধীন হয় না; একইভাবে, গদ্য লেখার সময় নান্দনিকতা বিবেচনায় নেওয়া হয় না বা মূল্যায়ন করা হয় না। কারণ কিছু উপায়ে এটি অবশ্যই সুন্দর বা সাহিত্যিক শোনাবে এবং গদ্যের একটি সাধারণ উদাহরণ হিসেবে বাক্যগুলির ছন্দের প্রয়োজন নেই। গদ্য লেখা কঠিন হতে পারে, যেহেতু এটি ব্যবহারিকভাবে মোটা বা মিথ্যা শোনানো ছাড়া দৈনন্দিন জীবনের বক্তৃতা অনুকরণ করে। তবে এটি বিনামূল্যে লেখা, যেখানে আপনাকে সিলেবল বা লাইন গণনা করতে হবে না। কিন্তু এমন কিছু বাক্যময়তার যাদুবলে পাঠককে টেক্সটে ধরে রাখে, যা বাক্যের ম্যাকানিজম হতে পারে, যা গল্পটি শুরু করে প্রতিরক্ষামূলক। তাই গল্পের রবীন্দ্রনাথ তাঁর গদ্যসাহিত্যে বাক্যস্থিত দ্বিবিধ শ্রেণি তথা জটিল বা মিশ্র ও যৌগিক বাক্যের রূপতাত্ত্বিক বিশ্লেষণের মাধ্যমে নিখুঁত প্রাণশক্তি প্রয়োগ করে টেক্সটের বাক্য সৃজন করতেন। প্রবন্ধের উপজীব্য—গল্পের রবির তাঁর গদ্যের (সাহিত্যের ভাষার বিবর্তন) বাক্য ব্যবচ্ছেদ করে জটিল ও যৌগিক বাক্যের বিন্যাস ও প্রয়োগের নীতিমালা অনুসন্ধান করব।

মূল শব্দসমূহ: রবীন্দ্রনাথ, সাহিত্যের ভাষা, গল্প, বাক্যতত্ত্ব, ম্যাকানিজম, জটিল-যৌগিক, বিশ্লেষণ।

1.0 ভূমিকা

সাহিত্যের ভাষা হল কেবল ঐতিহ্যবাহী লিখিত ভাষা, যেটিকে সমৃদ্ধ করা হয়েছে বা এমন একটি শব্দভাণ্ডার দ্বারা সজ্জিত করা হয়েছে যার মধ্যে অস্বাভাবিক শব্দ রয়েছে, যেমন সংস্কৃতি, প্রত্নতাত্ত্বিকতা, বর্বরতা ইত্যাদি। এটি প্রকাশ করা বিষয়বস্তুর পরিবর্তে পাঠ্যের ফর্ম এবং শৈলীতে একটি দৃঢ় মনোযোগ দ্বারা চিহ্নিত করা হয়। সাহিত্যিক ভাষা তথাকথিত বিশেষ বা পেশাদার ভাষার অংশ, যাকে ধাতব ভাষা বা প্রযুক্তিগত ভাষাও বলা হয়, যা সাধারণ ভাষার ব্যবহার এবং সমাজের একটি নির্দিষ্ট গোষ্ঠীর শব্দার্থ দ্বারা চিহ্নিত করা হয়। এই বিশেষ ভাষাগুলি সমস্ত ভাষাগত সংস্থানগুলি ব্যবহার করে, যার মাধ্যমে তারা এই বিষয়ে একটি ক্রমিক জ্ঞানের অধিকারীদের কাছে একটি বার্তা প্রেরণ করতে সক্ষম হয়, যা সেই সিস্টেমে ডেটা ভাগ করার জন্য একটি অপরিহার্য উপাদান করে তোলে। বিশেষ ভাষাগুলির মধ্যে রয়েছে, উদাহরণস্বরূপ, আইনী এবং প্রশাসনিক, বৈজ্ঞানিক-প্রযুক্তিগত, মানবতাবাদী, সাংবাদিকতা, বিজ্ঞাপন এবং সাহিত্য।

2.0 গবেষণার প্রশ্ন ও উদ্দেশ্য

- যাইহোক, উল্লিখিত এই ভাষাগুলির মধ্যে বড় পার্থক্য হল যে তাদের প্রায় সকলেরই প্রাথমিক উদ্দেশ্য হিসাবে একটি নির্দিষ্ট বিষয়ে একটি দৃষ্টিভঙ্গি জানানো এবং প্রকাশ করা, প্রতিষ্ঠানগুলি দ্বারা ব্যবহৃত ভাষার সাথে যোগাযোগ করা ছাড়াও।
- বিপরীতে, যারা সাহিত্যিক ভাষা ব্যবহার করেন তারা যোগাযোগের চেয়ে অভিব্যক্তিপূর্ণ দিকগুলিতে বেশি মনোযোগ দেন, পাঠ্যের আকারে বেশি আগ্রহ দেখান। লেখক শৈলীর জন্য একটি নির্দিষ্ট প্রবণতা দেখান এবং ভাষার কাব্যিক ফাংশন হাইলাইট করেন, যা একটি পাঠ্য বোঝার জন্য অপরিহার্য গুরুত্ব অর্জন করে।

3.0 তথ্য বিশ্লেষণ

রবীন্দ্র সাধনায় সৃজন গল্পাখ্যানের ভাষা সর্বজনীন পরিবৃত্তির এক বিরাট আবহ তৈরি করেছে। যেখানে সবার অবাধে আনাগোনা। পাঠকের কাছে মূল্যবান হয়েছে তার আরোহ-অবরোহের মূলেই। কিন্তু আমার মতো স্থূল বুদ্ধিবৃত্তি নিয়ে রবীন্দ্রনাথের ব্রহ্মতুল্য ভাষা-সংলাপের স্ট্যাণ্ডার্ড বুঝতে ও বিশ্লেষণ করতে যাওয়াটা ধৃষ্টতা। তারপরেও অ্যাকাডেমির চাহিদা পূরণে এহেন

কাজের গবেষণাপত্র তৈরি করাটা জরুরি হয়ে পড়ে। তবে চেষ্টা করছি রবীন্দ্রনাথের ঐশ্বরিক কলমে ভাষা-সাহিত্যের চরম শিখরে আরোহন করা ইন্দ্রজালিকাকে উপলব্ধি করবার। উনি কেবল লিখে গিয়েছেন—এইটা বলে গেলে হবে না। উনার এক্সপেরিমেন্টাল ভাষাজ্ঞান আর কোনো ব্যক্তিমানসের সঙ্গে মেলে না। না মেলে যাওয়াটা স্বাভাবিক। অনেকটা আনন্দের।

তাহলে কি কেবল একটি মানুষের নামের পরীক্ষিত লেখনি-চরিত্রে সাহিত্যের ভাষার বিচার-বিশ্লেষণ ও বিকাশ-বিবর্তনের রেশিও তৈরি হবে ? তা কিন্তু নয় ; রবীন্দ্রনাথের পূর্বে বা সমসাময়িক বা উত্তর অনেকে চেয়েছেন সাহিত্যের সমুদ্রে পারি দিতে, দিয়েওছেন, নিজস্বতাও তৈরি করতে পেরেছেন। কিন্তু প্রত্যেকের এই যে স্টাইল বা নিজস্বতা এইটাই ভাষ-সাহিত্যের ঐশ্বর্যের সাতমহলা আলয় উত্তরোত্তর উন্নত করে চলেছে।

পাঠিক কিন্তু বোরিং পিরিয়ডের মাঝে বেশিক্ষণ থাকতে চাইবেন না। রবীন্দ্রনাথ সেই সুযোগ কখনোই পাঠককে দেননি। লেখার মধ্যে রিদম এনেছেন বার বার। ভেঙেছেন গড়েছেন আবার ব্যতিক্রম মশলাদি দিয়ে ভাষা-সংলাপের শরীর তৈরি করেছেন এবং সচেতনভাবে পাঠক হয়ে নিজে নিজের লেখায় অভিনয় করেছেন। এই মনীষা নিয়ে তিনি আমাদের অগাধ সুকুমার সাহিত্য ভাষা-সংস্কৃতি উপহার দিয়েছেন। কিন্তু সময় এগোচ্ছে, পাঠকের চাহিদা বাড়ছে, মনের বিবর্তন হচ্ছে, সাহিত্যের চরিত্রও নির্ধারণ হচ্ছে নবরূপে। তাই এই পর্বে এসে ভাষার রূপতাত্ত্বিক বিশ্লেষণের মাত্রায় সাহিত্যের ভাষারও জটিলতা থেকে বিকাশ ও বিবর্তনের দরজা খোলা জরুরি হয়ে পড়েছে।

বিষয়ের অগ্রগতির জন্য রবীন্দ্রনাথ ঠাকুরের গল্পে মিশ্র ও যৌগিক বাক্যের পাঁয়তারা বোধগম্যের নিরিখে আমরা ব্যাকরণের সাহায্য নেব। রূপের দিক দিয়ে বাক্য তিন প্রকার। যথা–

ক. সরল বাক্য খ. জটিল বা মিশ্র বাক্য ও গ. যৌগিক বাক্য।

ক. সরল বাক্য: যে বাক্যে একটি মাত্র উদ্দেশ্য ও বিধেয় থাকে তাকে সরল বাক্য বলে। যেমন: রাহুল খুব ভালো।

খ. জটিল বা মিশ্র: যে বাক্যে একটি প্রধান খণ্ডবাক্য এবং তার অধীন এক বা একাধিক অপ্রধান খণ্ডবাক্য থাকে, তাকে জটিল বা মিশ্র বাক্য বলে। প্রধান খণ্ডবাক্যে একটি সমাপিকা ক্রিয়া এবং প্রতিটি অপ্রধান খণ্ডবাক্যেও একটি করে সমাপিকা ক্রিয়া থাকে বলে জটিল বাক্যে অন্তত পক্ষে দুটি সমাপিকা ক্রিয়া থাকবেই। উদাহরণ: সবচেয়ে যে শেষে এসেছিল, সেই গিয়েছে সবার

আগে সরে ; যে পরের ঘরে থাকে, সে বড়ো কষ্ট পায় ; যদিও তিনি ধনী, তবুও তিনি আমাদের জন্য কাঁদেন।

অপ্রধান খণ্ডবাক্যগুলি কোনো সাপেক্ষ সর্বনাম, নিত্যসম্বন্ধী অব্যয় বা সংশয়সূচক অব্যয়দ্বারা প্রধান খণ্ডবাক্যের সঙ্গে যুক্ত থাকে। এই সংযোগ তিন প্রকারে সাধিত হয়। ১. বিশেষ্যভাবে: 'তুমি যে আসবে, আমি জানতাম ; কেবল মনে পড়ে, জল পড়ে পাতা নড়ে।

২. বিশেষণভাবে: 'নিঃশেষে প্রাণ যে করিবে দান ক্ষয় নাই, তার ক্ষয় নাই'; যে অঙ্কগুলো কষতে বলেছিলাম—সেগুলো কষেছ?

৩. ক্রিয়াবিশেষণভাবে: 'এখানে যখনই বৃষ্টি হয়, মুষলধারে হয়।'
অর্থাৎ প্রতিটি বাক্যে একটি করে প্রধান বাক্য (Principal Clause) ও তার অধীনে এক বা একাধিক অপ্রধান খণ্ডবাক্য (Subordinate Clause) আছে। তাই এগুলি মিশ্র বা জটিল বাক্য। সুতরাং—

অ. একটি প্রধান বাক্য— তাতে একটি সমাপিকা ক্রিয়া থাকে।

আ. এক বা একাধিক অপ্রধান খণ্ডবাক্য—তাদের প্রতিটিতেই একটি করে সমাপিকা ক্রিয়া থাকে।

৩. যৌগিকবাক্য: একাধিক সরল বা জটিল বাক্যের সংযোগে গঠিত বাক্যই যৌগিক বাক্য। যেমন-

ক. ছেলেটি বুদ্ধিমান কিন্তু অলস (দুটি সরল)

খ. ভরতে অশ্রু রামচন্দ্রকে বিচলিত করিল, কিন্তু পাছে পিতৃসত্য ভঙ্গ হয় এইজন্য তিনি ভরতের অনুরোধ রাখিতে পারিলেন না (একটি সরল ও একটি জটিল)

যৌগিক বাক্যে অন্তত দুটি প্রধান খণ্ডবাক্য থাকবেই। খণ্ডবাক্যগুলি সমুচ্চয়ী অব্যয়ের দ্বারা সংযুক্ত হয়ে পরস্পর নিরপেক্ষভাবে থাকে। এবারে আমরা উপরের আলোচিত দুটি বাক্যের পাঁয়তারা রবীন্দ্রনাথ তাঁর গল্পে কতটা গুরুত্বপূর্ণ আবহ তৈরি করেছেন, তারই অন্বেষণ করব এবং সাহিত্যিক ভাষার যে বিবর্তনের গতিপথ কতদূর প্রসারিত হয়েছে তার একটি গবেষণামুলক অনুবন্ধন রচনা করব।

'ঘাটের কথা'র শুরুটাই হয়েছে জটিল বাক্য দিয়ে ; "পাষাণে ঘটনা যদি অঙ্কিত হইত তবে কতদিনকার কত কথা আমার সোপানে সোপানে পাঠ করিতে পারিতে।"
বিশ্লেষণ: ১. এখানে প্রধান খণ্ডবাক্যটি হল- 'কতদিনকার কত কথা আমার সোপানে সোপানে পাঠ করিতে পারিতে।'

২. অপ্রধান খণ্ডবাক্যটি হল — 'পাষাণে ঘটনা যদি অঙ্কিত হইত।'

৩.যদি.....তবে—ক্রিয়াবিশেষ্যণস্থানীয় অপ্রধান খণ্ডবাক্য—প্রধান খণ্ডবাক্যস্থিত 'কত কথা পাঠ করিতে' ক্রিয়াটিকে বিশেষিত করছে।

৪. 'যদি-তবে' নিত্যসম্বন্ধী অব্যয়।

দ্বিতীয় বাক্য: "পুরাতন কথা যদি শুনিতে চাও, তবে আমার এই ধাপে বইস।"

বিশ্লেষণ: ১. 'তবে আমার....বইস'— প্রধান খণ্ডবাক্য।

২.'যদি.....চাও'—ক্রিয়াবিশেষ্যণস্থানীয় অপ্রধান খণ্ডবাক্য—প্রধান খণ্ডবাক্যস্থিত 'এই ধাপে বইস' ক্রিয়াটিকে বিশেষিত করছে।

৩. অন্যদিকে, 'যদি-তবে' নিত্যসম্বন্ধী অব্যয়।

তৃতীয় বাক্য: "যখন সন্ন্যাসী প্রতিদিন প্রত্যুষে সূর্যোদয়ের পূর্বে শুকতারাকে সম্মুখে রাখিয়া গঙ্গার জলে নিমগ্ন হইয়া ধীরগম্ভীরস্বরে সন্ধ্যাবন্দনা করিতেন, তখন আমি জলের কল্লোল শুনিতে পাইতাম না।"

বিশ্লেষণ: ১. "তখন আমি...জলের কল্লোল শুনিতে পাইতাম না।" —প্রধান খণ্ডবাক্য।

২. "যখন সন্ন্যাসী......সন্ধ্যাবন্দনা করিতেন"—ক্রিয়াবিশেষ্যণস্থানীয় অপ্রধান খণ্ডবাক্য—প্রধান খণ্ডবাক্যস্থিত 'ধীরগম্ভীরস্বরে সন্ধ্যাবন্দনা করিতেন' ক্রিয়াটিকে বিশেষিত করছে।

৩. 'যখন-তখন' পদগুচ্ছ হল নিত্যসম্বন্ধী অব্যয়।

জটিল বাক্যের এই বিন্যাস রবীন্দ্র গল্পে প্রভূত উন্নতির লক্ষণ দেখা গিয়েছে। ফ্লপের কোনো প্রশ্নেই আসে না। বক্তা শ্রোতার মাঝে পাঠকের উপলব্ধি করতেও কোনো ব্যাঘাত ঘটেনি। বরং জটিলতার চওড়া বুক আরও স্ফীত অথচ সহজ করে দেখা গিয়েছে।

'রাজপথের কথা' গল্পে সাহিত্যের ভাষার জটিলতা ও যৌগিকতার যথোপযুক্ত বিকাশ লক্ষ করা যায়। এখানে যেন গল্পের গতিপথ লেখকের হাতিয়ার পরীক্ষিত লিটারেরি ল্যাংগুয়েজ। কিন্তু এর আদল ঘিরে রয়েছে ব্যাকরণের তত্ত্বগত ভাষা-বিবর্তন নিয়ম। পাঠক ধরার উদ্দেশ্যে নয়। বরং আকর্ষণীয় প্লটকে আরও আকর্ষণীয় ও গ্রহণযোগ্য করে তুলবার জন্য। যৌগিকের দৃষ্টান্তে—

প্রথম বাক্য: "সমাপ্তি ও স্থায়িত্ব হয়তো কোথাও আছে, কিন্তু আমি তো দেখতে পাই না।"

বিশ্লেষণ: ১. "সমাপ্তি .... আছে" — নিরপেক্ষ খণ্ডবাক্য।

২. 'আমি......না'– নিরপেক্ষ প্রধান খণ্ডবাক্য।

৩. ‘হয়তো’ সংশয়সূচক পদগুচ্ছ।

৪. ‘কিন্তু’ — সংযোজক অব্যয়।

দ্বিতীয় বাক্য: “কথা কহিতে পারি না, অথচ অন্ধভাবে সকলই অনুভব করতে পারি।”

বিশ্লেষণ: ১. ‘কথা... পারি না — নিরপেক্ষ খণ্ডবাক্য।

২. অন্ধভাবে...পারি — নিরপেক্ষ খণ্ডবাক্য।

৩. ‘অথচ’ — সংযোজক অব্যয়।

দুটি নিরপেক্ষ বাক্যের মাঝে অব্যয় এনে যুক্ত করে দিয়েই কি কেবল সাহিত্যের উচ্চ পর্যায়ের ভাষাউন্নতির দাবি রাখা যায়? আক্ষরিক অর্থে কিন্তু ‘না’ বলব। একটু তলিয়ে দেখলে বিষয়টির প্রতি আস্থা পাওয়া যাবে, কেননা একটি বিশেষ ভাষাকে রুচিসম্মত করে তুলতে বা সর্বজনীন পরিবৃত্তি নির্মাণ করতে ব্যাকরণের বিশেষ বিশেষ উপকরণের প্রয়োজন জরুরি ; কেবল একঘেয়ে নিরস প্রাণহীন সাহিত্যের ভাষার অবজেক্টে কাজ হয়না; ওতে ভ্যারিয়েশন থাকে না। পাঠক হারিয়ে ফেলে তার ধৈর্য। তাই এসবের সীমানা থেকে বেরিয়ে আসার জন্য চাই সাহিত্যের ভাষার উদারতা। রবীন্দ্রনাথ কিন্তু সেই উদারতাকেই বেছে নিয়েছেন। সত্যি কথা বলতে তিনিই প্রথম প্রমাণ করলেন যে, সাহিত্যের ভাষা কোনো সীমিত সীমানাকে প্রশ্রয় দেয়না। খুরধার নদীর মতো তীব্র তির্যক গতিপথ নির্মাণ করে চলেছে ; পাষাণ পাহাড় প্রাচীরে কোনো প্রতিবাদ সে গায়ে মাখেনি, তার উদ্দেশ্যই হল গতিপ্রাণ হয়ে এগিয়ে চলা।

রবীন্দ্রনাথের ‘মুকুট’ গল্পের ভাষা হল রাজদরবারের ভাষা। এই রাজভাষা উচ্চ শব্দধ্বনির সৌন্দর্যের মাত্রায় জটিলতা-যৌগিকতার গঠন ও সমাবেশে আরও হয়ে ওঠেছে উৎকর্ষ। কয়েকটি দৃষ্টান্ত দিলে বিষয়টি পরিস্কার হবে–

১. “আমি তোমার ছাত্র বিটে, কিন্তু আমি রাজকুমার।”

২. “যদি তুমি আমার জিনিসে হাত দাও, তবে আমি এমন করিয়া দিব যে, ও-হাতে আর জিনিস তুলিতে পারিবে না।”

৩. “তোমার তলোয়ারও যেমন তোমার কথাও তেমনি, উভয়ই শানিত।”

আবার ‘সদর ও অন্দর’-এ অনুরূপ লক্ষ করা যায়–

১. “মেয়েরা যাহাকে ভালোবাসে কেবল তাহাকেই জানে।”

২. "রানী বসন্তকুমারী স্বামীকে (রাজা) তর্জন করিয়া বলিলেন, 'কোথাকার এক লক্ষ্মীছাড়া বানর আনিয়া (যে) শরীর মাটি করিবার উপক্রম করিয়াছে, (তা) ওটাকে দূর করিতে পারিলেই আমার হাড়ে বাতাস লাগে।"

রাজভাষার একটা চরমতম সত্য হল যখন আমরা এই ভাষা-শব্দ কান দিয়ে শুনে ব্রেইনে সিগনালিং হয় তখন গোটা শরীরের রক্তচাপ ও অ্যাটেনশন বেড়ে যায়; চটজলদি একটা রিদম চলে আসে; অন্যান্য সাধারণ ভাষার ক্ষেত্রে যা হয় না। রবীন্দ্রনাথ অভাবনীয়ভাবে এই ভাষাকে সাহিত্যের ভাষার নবপর্যায়ের উচ্চস্তরে পৌঁছে দিয়ে পাঠককুলে ইন্দ্রজালিকা তৈরি করতে সক্ষম হয়েছেন।

আমরা আলোচনার শেষে রবীন্দ্রনাথ ও অন্যান্য গদ্যকারদের সাহিত্যের ভাষার জটিলতা-উদারতা-যৌগিকতার ত্রয়ীসন্নিবেশে দু' একটি ফাইণ্ডিংস্ তুলে ধরব।

অনেকে মনে করে থাকেন 'গল্পগুচ্ছ'-এ রবীন্দ্রনাথ পল্লীর মানুষ ও পল্লীর জীবনের প্রতি সাহিত্যপাঠকের কৌতূহল আকর্ষণ করেছিলেন সত্য, তার চাইতে মানুষের মনের তথা মাটির ভাষা বলতে শিখিয়েছেন। ভাষার যে যান্ত্রিকতা এবং ব্যাকরণের যে মারপ্যাঁচ সেখান থেকে রেহাই দিতে পেরেছিলেন। যদিও অধিকাংশ গল্পোৎসাহীর দৃষ্টি ও রুচিস্থূল বলে সে আকর্ষণ কোনোদিনই তেমনভাবে তীব্ররূপে প্রকাশ পায়নি। তাই বলে বাক্যগঠনের কঠিন নিয়মের তারতম্য তিনি বিনা কারণে ঘটিয়েছেন তা কিন্তু নয়। কোনোকিছুই অপরীক্ষিতভাবে তিনি গ্রহণ করেননি। সাহিত্যের ভাষার পোশাক কেমন হবে তা তিনি বার বার প্রামাণ্য বিশ্লেষণের পক্ষপাতী ছিলেন।

শুধু কি গল্পের, নাটক, উপন্যাস, প্রবন্ধ প্রভৃতি বিভাগের ক্ষেত্রে সাহিত্যের ভাষার বিবিধ স্তরিক খোলসের বিবর্তন লক্ষ করা যায়। প্লট চেঞ্জিংয়ের সাথে সাথে ভাষারও গা'রূপের ভিন্ন প্রকাশ দেখতে পাই। মধ্যযুগীয় লৌকিকতা হয়ে প্রাগাধুনিক দুর্বল ও নিরস গদ্যের ছাদ ভেঙে সময়ের প্রয়োজনে ভাষা তার নবরূপে সাজার সুযোগ পায়। এই সুযোগের এক ধাপ এগিয়ে দেয় রবীন্দ্র সমসাময়িক গল্পকার প্রভাতকুমার মুখোপাধ্যায়। প্রভাতবাবুর গল্পে সমকালীন সামাজিক রাষ্ট্রীয় আন্দোলনের ঢেউ তুলেছিল; স্বাভাবিকভাবে ভাষাও তার গতিপথ বদলে দেয়। বিধবা বিবাহ, অসবর্ণ বিবাহ, স্বদেশি আন্দোলন, ডাকাতি, বোমা, নন কো-অপারেশন সবই প্রভাতবাবুর গল্পের রস ও রসদ যুগিয়েছিল, তাজ্জন্যে সাহিত্যের ভাষাও তার আড়মোড়া নেবার পথ পেয়ে যায়। শরতের হাতে ভাষা-সাহিত্য নিজেকে

চিনে নেবার সুযোগ পায়। পাঠকও তার মনের কথা খুলে বলবার চান্স পায়। এইভাবেই রঙমিলান্তির ধুলোখেলার ভেলায় বসে বাঙ্মীমাংশা বর্তমানে পৌঁছায়।

4.0 উপসংহার

গদ্যের রবীন্দ্রনাথ নিঃসন্দেহে একজন প্রশংসনীয় যাদুকর। যার যাদুর কলমে পাতলা ফিনফিনে গদ্যের শরীর হয়ে উঠেছে বলীয়ান ও আকর্ষক। এর সিংভাগই রয়েছে সংলাপ তথা রবীন্দ্র নির্মিত ভাষা, যা সাহিত্যের চিহ্নিত মাইলস্টোন হিসেবে স্পর্শ করে। যে ভাষার ছায়া তথা তথাকথিত মধ্যযুগের ধর্মীয় তন্দ্রাচ্ছন্ন থেকে বেরিয়ে এসে সুশীল, সুকুমার 'ভাষা' হিসেবে আত্মপ্রকাশ করে। যা অবশ্যই ব্যাকরণের তত্ত্বগত উপকরণের পরীক্ষিত প্রয়োগে।

5.0 উল্লেখপঞ্জি
আকরগ্রন্থ

১। ঠাকুর, রবীন্দ্রনাথ: গল্পগুচ্ছ, প্রথম খণ্ড, বিশ্বভারতী গ্রহন বিভাগ, কলকাতা, বিশভারতী-১৯৭২।

সহায়ক গ্রন্থপঞ্জি:

১। শ', ডো রামেশ্বর: সাধারণ ভাষাবিজ্ঞান ও বাংলা ভাষা, পুস্তক বিপণি, কলকাতা, প্রথম প্রকাশ: ৮ই ফালগুন, ১৩৯০।

২। চৌধুরী কামিল্যা, মিহির: ভাষাতত্ত্ব, মণ্ডল বুক হাউস, কলকাতা, প্রথম প্রকাশ: ফেব্রুয়ারি, ১৯৭৯।

৩। চক্রবর্তী, শ্রীবামনদেব: উচ্চতর বাংলা ব্যাকরণ, অক্ষয় মালঞ্চ, কলকাতা, প্রথম প্রকাশ: অক্টোবর, ১৯৬৩।

৪। ভট্টাচার্য, পরেশচন্দ্র: ভাষাবিদ্যা পরিচয়, জয়দুর্গা লাইব্রেরী, কলকাতা, তৃতীয় সংস্করণ, বৈশাখ, ১৩৭১।

6.0 Author's Bionote

দিলদার কিবরিয়া, স্নাতকোত্তর পাঠরত, ভাষা ও ভাষাবিজ্ঞান শাখা বিভাগ, যাদবপুর বিশ্ববিদ্যালয়, যোগাযোগ: ৯৪৫৪৭৮৪০৬৭।
ই-মেইল: dildar.kbr@gmail.com.

International Bilingual Journal of
Culture, Anthropology and Linguistics
ইন্টারন্যাশনাল বাইলিঙ্গুয়াল জার্নাল অফ
কালচার, অ্যানথ্রোপলজি অ্যান্ড লিঙ্গুইস্টিক্স

IBJCAL

eISSN: 2582-4716

Website: https://indianadibasi.com/journal/index.php/ibjcal

VOLUME: 5, ISSUE: 4 (December, 2023) || Special Issue: সাহিত্যের ভাষা: বিকাশ ও বিবর্তন

তারাশঙ্করের নির্বাচিত ছোটগল্পে লোক-সংস্কার এবং লোক-বিশ্বাসের উপাদান অনুসন্ধান / Folk-Beliefs and Prejudices in Selected Short Stories of Tarashankar Bandhyopadhyay

কৃষ্ণ শিঞ্জিনী দেব

Abstarct: Though witchcraft isn't really a distinct profession in rural Bengal, folk-beliefs have always swirled around the idea of supernatural and it's relation with women. In this paper, we are trying to explain how Tarashankar Bandopadhyay had depicted a miserable life of a woman known as a 'Daini' in his three short stories. Social beliefs and accusations against a helpless woman, Sworno, had sabotaged her idea of self and a she had been marginalized on the basis of pre-existing prejudices and rural myths. Here we are about to discuss elements of Folk-beliefs and myths in selected stories and its relation with social and individual psychology.

Keywords: folk-belief, myth, Witchcraft, mass-hysteria, Bengali short story.

সংক্ষিপ্তসার: ডাইনিবিদ্যা স্বীকৃত পেশা না হলেও বাংলার গ্রামাঞ্চলে প্রচলিত বিশ্বাসে ডাইনি এবং নারী অঙ্গাঙ্গীভাবে যুক্ত। এই গবেষণাপত্রে আমরা আলোচনা করার চেষ্টা করব, তারাশঙ্কর বন্দ্যোপাধ্যায়ের নির্বাচিত তিনটি

ছোটগল্পে কীভাবে অসহায় এক নারী ঘটনা-পরম্পরায় এবং ভাগ্যের ফেরে ডাইনি হয়ে উঠেছে। সামাজিক সামগ্রিক বিশ্বাস এবং লোকসংস্কারের প্রত্যক্ষ প্রেরণায় কীভাবে ব্যেষ্টি এবং সমষ্টির মনস্তত্ত্বকে প্রভাবিত করেছে, সেই নিরিখে তারাশঙ্করের অবস্থান ঠিক কীরকম, লোকসংস্কৃতির উপাদান ব্যবহারের পাশাপাশি লেখক কীভাবে পূর্বনির্ধারিত ধারণার পুনর্মূল্যায়ন করেছেন, তা আলোচনা করাই আমাদের উদ্দেশ্য।

সংকেত-শব্দ: লোকবিশ্বাস, লোক-সংস্কার, ডাইনি, তারাশঙ্কর, মনস্তত্ত্ব।

1.0 ভূমিকা

কবি জীবনানন্দ দাশের (১৮৯৯–১৯৫৪) বেদনাবিধুর খেদোক্তি–'আজ এই পৃথিবীর অন্ধকারে মানুষের হৃদয়ে বিশ্বাস/ কেবলই শিথিল হয়ে যায়'[১]; পৃথিবীর সেই অন্ধকার মানুষের বিশ্বাসের প্রাকার দীর্ণ করে, লোক-সংস্কার স্থায়ী বসতি গড়ে তোলে তার মনে। মানবসংস্কৃতি তার স্রষ্টার সৃজন-পরিশীলন থেকে প্রজন্মের পর প্রজন্ম ধরে প্রবাহিত হয়, ঐতিহ্য নির্মিত হয়। সংস্কৃতির এই নিরবচ্ছিন্ন প্রবাহকে 'Cultural continuem' বলা যায়। সাধারণত লোক-সংস্কার জাদু এবং অলৌকিক ঘটনাকে কার্য-কারণ-সম্পৃক্ত ঘটনা হিসেবে পুরুষানুক্রমে ব্যাখ্যা করে। আদিম ভাবনায় নিহিত ভয় থেকে এই সংস্কারের জন্ম হয়েছে। বিভিন্ন নৈসর্গিক শুভসংঘটক ও অশুভরোধক ঘটনা, অলক্ষ্য শক্তির অন্তরালে থাকা সর্বপ্রাণবাদ এবং জড়সত্তাবাদ আদিম মানুষের মনে সমান্তরালভাবে জাদু, দেবতা ও ধর্মধারণার সূত্রপাত করেছিল। প্রকৃতির উপর মানুষের আধিপত্য বৃদ্ধির ব্যস্তানুপাতে ভয়াল অলৌকিকতার (সংস্কৃতি-বিজ্ঞানী যাকে প্রাক-পৌরাণিক বিভীষা বা Pre-mythic awe বলে থাকেন) পরিমাণ পর্যায়ক্রমে হ্রাস পেয়েছে। প্রকৃতির অন্তর্লীন অমোঘ ভয়ালতাকে 'অ' এবং প্রকৃতির ওপরে মানুষের ক্রমবর্ধমান আধিপত্যকে 'আ' ধরে নিলে:

$$\text{আ} \; \alpha \; \frac{১}{\text{অ}}$$

এমন সূত্র অন্বিত করা যায়।[২] কিন্তু প্রকৃতির ব্যাখ্যাতীত বিষয়সমূহ নিয়ে যুগপৎ আগ্রহ এবং ভীতি মানুষের অচেতন মনে দানা বেঁধেছে, যার চকিত প্রকাশ ঘটে গ্রামীণ সংস্কারে 'ডাইনি' বিশ্বাসে।

2.0 গবেষণা সংক্রান্ত প্রশ্নাবলী ও উদ্দেশ্য

আলোচ্য গবেষণাপত্রে তারাশঙ্কর বন্দ্যোপাধ্যায়ের (১৮৯৮–১৯৭১) তিনটি নির্বাচিত ছোটগল্পে ডাইনি সংক্রান্ত লোকসংস্কার এবং সমষ্টিগত বিশ্বাস কীভাবে প্রতিফলিত হয়েছে, তার আলোচনা আমাদের মূল উদ্দেশ্য। একই সঙ্গে তারাশঙ্করের কথনবিশ্বে 'ডাইনি' সংক্রান্ত বিশ্বাসের কোন ব্যক্তিগত মূল্যায়ন হয়েছে কিনা, তার বিচারের চেষ্টা করা হবে।

3.0 গবেষণা পদ্ধতি

এই আলোচনায় তারাশঙ্করের নির্বাচিত তিনটি গল্প, লেখকের স্মৃতিকথা আমার কালের কথা (১৯৫১) এবং আমার সাহিত্যজীবন (১৯৬২)-এর প্রসঙ্গে বর্ণনামূলক এবং তুলনামূলক পদ্ধতিতে আলোচনা করা হয়েছে।

4.0 বিশ্লেষণ

প্রাচীন গ্রিক সভ্যতায় মানসিক ব্যাধিকে জৈব সমস্যা বলে মনে করা হত। মধ্যযুগের পর, বিশেষত নবজাগরণের সময় থেকেই খ্রিস্টধর্মের প্রচারের ফলে উইচ, শয়তান এবং তার পারস্পরিক সম্পর্ক নিয়ে ভয়মিশ্রিত বিশ্বাসের কারণে মানুষের মনে আতঙ্কের জন্ম হয়। উত্তর ইউরোপে সপ্তদশ শতাব্দীর সালেমে উইচ সন্দেহে একাধিক নারীকে পুড়িয়ে মারা হয়েছিল। হিস্টিরিয়া এবং এপিলেপ্সি, এর সঙ্গে খিঁচুনি (tremors), চেতনার বিলোপ (convulsions বা loss of consciousness) ইত্যাদি লক্ষণ এই অবস্থার সঙ্গে সম্পৃক্ত। নারীর জরায়ু থেকে প্রতি মাসে রক্তপাত, চন্দ্রকলার মত তার পরিবর্তন, ঋতুমতী নারীকে অশুচি, বিষাক্ত, অস্থির বলে মনে করা – আরও বহুবিধ কারণে এই উদ্বায়ু (Neurosis) রোগের বিস্তার ঘটে। আসলে শারীরবিদ্যা সংক্রান্ত যথেষ্ট তথ্য না থাকার কারণে এই জনশ্রুতি তৈরি হয়েছিল। উইচের প্রতি ভয় গণমৃগী বা Mass hysteria-র আবহ তৈরি করেছিল। মনঃসমীক্ষণের প্রাথমিক পর্যায়ে যেকোন অজ্ঞাত মানসিক রোগকেই হিস্টিরিয়া বলা হত, কিন্তু ১৯৮০ খ্রিস্টাব্দে Diagonastic and Statistical Manual of Mental Disorders (DSM-III) হিস্টিরিয়াকে মানসিক রোগের তালিকা থেকে বাদ দেয়, কিন্তু এই শব্দ বিস্তৃতার্থে এখনও

ব্যবহার করা হয়ে থাকে। পুরুষ এবং নারীর মৌলিক শারীরবৃত্তীয় পার্থক্য, রক্তপাতের আদিম ভীতি এবং রজঃচক্রজনিত ভয় এই Mass anxiety hysteria-র অংশ।

অন্যদিকে, ভারতীয় উপমহাদেশে বিভিন্ন ধরনের আধিভৌতিক বা অতিমানবিক ক্ষমতা নিয়ে চর্চা 'ডাইনিবিদ্যা' নামে প্রচলিত। এই ক্ষমতা নিয়ে যিনি কাজ করেন বা ক্ষমতা দাবি করেন তাকে ডাইনি বলা হয়ে থাকে। হিন্দু দেবতা শিবের অনুচর 'ডাক' হলেন এক ধরনের পিশাচ, যার স্ত্রীলিঙ্গ 'ডাকিনী'। 'ডাকিনী' থেকেই 'ডাইনি' শব্দের উৎপত্তি। হরিচরণ বন্দ্যোপাধ্যায়ের বঙ্গীয় শব্দকোষ (১ম খণ্ড)-এ ডাইন বা ডাইনি অর্থ নির্ণয়ে কয়েকটি বিষয় লিপিবদ্ধ রয়েছে। জাদুবিদ্যাবলে দৃষ্টিমাত্রে শিশুর অনিষ্টকারিণী স্ত্রীলোকই 'ডাইনি'। কথিত আছে, এরা মন্ত্রবলে শিশুর রক্ত চুষে শিশুকে শীর্ণ করে। এদের দৃষ্টি শিশুর স্বাস্থ্যভঙ্গ করে।[৩] উপদ্রবকারিণী নারী হিসেবে ডাইনিকে চিহ্নিত করা হলেও ভারতবর্ষের লোকজীবনে শুভাশুভ ধারণা তথা নিজস্ব অসহায়বোধ থেকে ডাইনি-ভীতির সৃষ্টি হয়েছে। ডাইনিবৃত্তি একটি আদিম সংস্কৃতি হিসেবে স্বীকৃত বলে এই সংস্কৃতিজাত অন্ধবিশ্বাস সমকালেও জীবন্ত। ডাইনিবৃত্তি সম্পর্কীয় ধর্মীয় সংস্কার, আচার-অনুষ্ঠান, রীতিনীতি, টোটেম-ট্যাবু ইত্যাদি পুরুষানুক্রমিকভাবে মৌখিক রীতিতে প্রাণবন্ত বিভিন্ন গোষ্ঠীজীবনে। হিন্দু-বৌদ্ধ যুগে জাদুবিদ্যা, মায়াবিদ্যা এবং রহস্যবিদ্যা, বিশেষত বৌদ্ধ তান্ত্রিক আচারের মধ্য দিয়েই ডাকিনীচর্চার সূত্রপাত ঘটে। 'ডাকিনী' চরিত্রের বৈশিষ্ট্য হিসেবে উল্লেখ করা হয়- এরা হঠাৎ হঠাৎ হিংস্র হয়ে ওঠে, কারণে-অকারণে লোকের অনিষ্ট করে, মন্ত্রমুগ্ধ করে মানুষকে ভুল পথে চালিত করে, রূপের পরিবর্তন করে, আকাশপথে বিচরণ করে, নরমাংস ভক্ষণ করে ইত্যাদি। আধুনিক বাংলা ছোটগল্পে তারাশঙ্কর বন্দ্যোপাধ্যায় লোকবিশ্বাসের এই অনুষঙ্গ ব্যবহার করে কাহিনি রচনা করেছেন।

দেবব্রত ভট্টাচার্য ভারতীয় লোকজীবন ও সাহিত্যে ডাইনিবৃত্তির প্রভাব ও প্রসার গ্রন্থের 'ডাইনি ও ডাইনি শব্দ' নামক অধ্যায়ে লিখেছেন-

> ভারতের এমন কোন গ্রাম-গঞ্জ নেই, যেখানে ডাইন, ডাইনি, চুরেল নেই। আর তারা যেখানকারই হোক না কেন, তারা সব একইরকমের হিংস্র, দুষ্ট, অনিষ্টকারিণী। অকারণে মানুষের অনিষ্ট করা ছাড়া তাদের আর কোনো কাজ নেই। এক গ্রাম থেকে আর এক গ্রামে গিয়ে তারা বিষ ছড়িয়ে

মহামারীর সৃষ্টি করে। গবাদি পশুদের মধ্যে মড়ক লাগায়। গোরুর দুধে রক্ত এসে যায় ডাইনির চোখ লেগে। এমনকি মায়ের বুকের দুধ শুকিয়ে যায় ডাইনির বিষ নজরে। বিষধর সাপের চাইতেও সে আরও ভয়ঙ্কর বলে ডাইনির নাম হয়েছে কালসাপিনী। তাই এই ডাইনির চেহারা কুৎসিত, কদাকার, ভীতিপ্রদ হতে বাধ্য। এ ধারণা বা বিশ্বাস আমাদের দেশের মানুষের যে মজ্জাগত, তা বলাই বাহুল্য।[৪]

সমাজপরিত্যক্ত, পরিবারবিচ্ছিন্ন বা অন্ত্যজ শ্রেণির নারীকেই ডাইনি বলে গণ্য করা হয়। রূপকথার ডাইনিকে কালক্রমে পুরুষতান্ত্রিক সমাজ নিজেদের মধ্যে খুঁজে নিয়েছে, স্বাভাবিকভাবে লৈঙ্গিক বিভাজনের শিকার নারীরা এই অপশক্তির সহজলভ্য আধার হয়ে উঠেছে। ডাইনি অভিধায় একজন অসহায় মানুষকে একঘরে করে রাখার মধ্যে যে মধ্যযুগীয় মানসিকতা নিহিত রয়েছে, 'রাঢ়ের কথাকোবিদ' তারাশঙ্কর তাঁর সাহিত্যজীবনের বিভিন্ন পর্যায়ে, বিভিন্ন বোধের আঙ্গিকে তার পর্যালোচনা করেছেন। তাঁর সাহিত্যচর্যার কালপর্বকে আচার্য জগদীশ ভট্টাচার্য (১৯১২ –২০০৭) আদি (১৩৩৩–১৩৪৩), মধ্য (১৩৪৪–১৩৫৩) এবং অন্ত (১৩৫৪–১৩৭৭) তিনটি বর্গে বিভক্ত করেছেন।[৫] এই তিন পর্যায়ে লেখা তিনটি ছোটগল্পে ডাইনি চরিত্রের আত্মপ্রকাশ ঘটেছে। এই ডাইনিদের নাম আলাদা হলেও চারিত্র এক, তাই মনে হয় একই স্মৃতির অনুষঙ্গে এই কাহিনিত্রয় রচিত হয়েছিল। প্রথমটি প্রকাশিত হয় 'ডাইনীর বাঁশি' শিরোনামে *ভারতবর্ষ* পত্রিকার ১৩৪০ বঙ্গাব্দের বৈশাখ সংখ্যায়। পরের দুটি গল্পেরই শিরোনাম 'ডাইনী'। একটি প্রকাশিত হয়েছিল ১৯৪০ সালে *প্রবাসী* পত্রিকার আষাঢ় সংখ্যায়। শেষ গল্পটি প্রকাশিত হয় ১৯৫১ সালে *মৌচাক* পত্রিকার বৈশাখ সংখ্যায়। ছলনাময়ী (১৯৩৬) গল্পগ্রন্থে 'ডাইনীর বাঁশী', বেদেনী (১৯৪৩) গ্রন্থে 'ডাইনী' এবং জগদীশ ভট্টাচার্য সম্পাদিত তারাশঙ্করের গল্পগুচ্ছ-এর তৃতীয় খণ্ডের 'ডাইনী' সংকলিত হয়েছে। এই তিনটি গল্পে লেখক গ্রামীণ পটভূমিতে নিম্নবর্গ নারীর জীবন ও কুসংস্কারাচ্ছন্ন মানুষের পরিচয় তুলে ধরেছেন। নিজের স্মৃতিকথায় তারাশঙ্কর জানিয়েছিলেন 'ডাইন ডাকিনী ভূত প্রেত-সমাকুল আমার সে-কাল', এই ডাইনিও তাঁর কল্পরাজ্যের বাসিন্দা নন। 'স্বর্ণ ডাইনি' তারাশঙ্করের ছেলেবেলার চেনা চরিত্র হলেও কথাশিল্পীর সমপ্রাণতায় উনমানবীর জীবন করুণ রসে অভিসিঞ্চিত হয়েছে'।

ডাইনীর বাঁশী: লোকবিশ্বাসের মূর্ত রূপ

'ডাইনীর বাঁশী' গল্পে রাধানগর গ্রামের বেনেদের দরিদ্র মেয়ে স্বর্ণের লোকবিশ্বাসের দৃষ্টিতে 'স্বর্ণ ডাইনি'তে পরিণত হওয়ার কাহিনী বর্ণিত হয়েছে। পিতৃ-মাতৃহীন বিধবা স্বর্ণ তরিতরকারি বিক্রি করে, নিজের প্রতি তার একান্ত উপেক্ষা– "পাঁচ বছরে যার মা যায়, এগার বছরে যে বিধবা হয়, আঠারো বছরে যার বাপ মরে— তার আবার মর্যাদা।"[৬] সাউয়ের হাট থেকে ফেরার সময় তার মনে হয় –"কোথা হইতে একটা ছায়া ছুটিয়া আসিয়া মাথার উপরে দাঁড়াইল। আবার ছায়াটা আগাইয়া গেল।... আচ্ছা, আজই যদি এখনই সে ডাইনী হইয়া যায়।"[৭] এই অজানা আশঙ্কা অমূলক নয়, স্বর্ণের মায়ের ডাইনি অপবাদ নিয়ে গ্রামের লোকে নানা কথা বলে; প্রতিবেশী মানদার শোনা গল্প থেকে আরও জানা যায় –"আমার শ্বশুরবাড়িতে এক ডাইনী ছিল শুনেছি, সে নাকি সব দেখতে পেতো। মানুষের বুকের ভেতর প্রাণ নড়ছে, শিরার মধ্যে রক্ত চলছে, পোয়াতীর পেটের ভেতর ছেলে, গাছের ফুলের ফল, সব সে দেখতে পেতো।"[৮] তার কথা অনুসারে ডাইনিরা সাক্ষাৎ অনিষ্টকারী, ফলন্ত গাছ, পোয়াতী, শিশুছেলেদের উপর লোলুপ দৃষ্টি দিয়ে তারা শরীরের রক্ত চুষে খেয়ে নেয়। সবশেষে মানদা ডাইনির মৃত্যুর কথাও বলেছে— "সে মাগী কত যে এমন অনিষ্ট করেছে তার ঠিক নাই। রাত্রে আবার চীৎকার করতো আর বাট বয়ে বেড়াতো। শেষে মলো তো মরবার সময় একটা পোষা বিড়ালকে বিদ্যে দিয়ে গেল। কিছুদিন পর হঠাৎ বেড়ালটা ডাইনী হয়ে উঠল।"[৯] জনশব্দহীন খর দুপুরে তালগাছের মাথায় চিলের ডাক অলক্ষণ স্বর্ণের নিজের বিশ্বাস জন্মায়- "সত্য সত্যই তো তালগাছটির ভাবী ফলসম্ভারের সূচনা স্পষ্ট দেখিতে পাইতেছে।"[১০] পারিপার্শ্বিকের প্রভাব স্বর্ণের আত্মবিশ্বাস তথা ব্যক্তিআচরণকে প্রভাবিত করেছে —

> সমস্ত পল্লীখানা থমথম করিতেছিল। একটা তীব্র অবসন্নতায় স্বর্ণের চেতনা যেন আচ্ছন্ন হইয়া গেছে। মানদার কথাগুলো ক্রমাগত তাহার মনের মধ্যে ঘুরিতেছিল। ডাইনী— সে ডাইনী। শিশু গর্ভিনী এদের উপর তার বড়ো লোভ! মায়ের প্রবৃত্তি কখন হয়ত অকস্মাৎ ভাগিয়া উঠিবে। হয়তো বা উঠিয়াছে! মুখুজ্যেদের বৌকে...[১১]

মুখুজ্যেদের গর্ভিণী বৌয়ের প্রতি তার প্রীতি, শিশু টুকুর প্রতি গভীর বাৎসল্য, সবকিছুর মধ্যেই ডাইনীর পাপদৃষ্টি কল্পনা করে স্বর্ণ ডাইনিত্বের মানসিক যন্ত্রণা ভোগ করতে শুরু করে। নিজের এই অবস্থার জন্য স্বর্ণ তার মাকে দায়ী করেছে –“নিস্তব্ধ দ্বিপ্রহরে বসিয়া স্বর্ণ আপন অদৃষ্টের কথা ভাবিতেছিল, আর রাক্ষসী মাকে তাহার অভিসম্পাত দিতেছিল। সত্যই তাহার বুকের মধ্যে জর্জর-লোলুপ একটা ক্ষুধা অজগরের মত অনিবার লক্-লক্ করিতেছে।”১২ এই বিশ্বাস ধীরে ধীরে জৈব প্রবৃত্তির মত স্বর্ণকে গ্রাস করে, রক্তমাংসের মানবী পরিণত হয় অশুভ ‘ডান’-এ। টুকুমণিকে স্বর্ণ বুকে জড়িয়ে প্রশ্ন করে –“ওরে আমি নাকি ডাইনী,— ডাইনী! ছেলে ভালোবাসি আমি, পোয়াতী ভালোবাসি আমি। কি সব মিথ্যে কথা বলে ওরা?”১৩ এক অধীর লোলুপতায় টুকুর মুখে সে সুদীর্ঘ চুম্বন করলে রুদ্ধশ্বাসে শিশুটি ছটফট করে, স্বর্ণ সবলে মুখের ওপর মুখ চেপে ধরে। ‘সুকোমল শিশু দেহখানি’ পেষণ করার ফলে ভয় পায় টুকু, স্বর্ণের অচেতন মনের ডাইনী সত্তা সচেতন আকার নেয় –“আমি ডাইনী, আমি কী করব? আমার সামনে এলি কেন, এলি কেন তুই? এ যে তোর দেহের লাল রক্ত আমি দেখতে পাচ্ছি।”১৪ এই ঘটনায় ভয় পেয়ে টুকুর জ্বর আসে, মৃতসন্তান প্রসব করে মুখুজ্যেদের বৌ মারা যায়। লোকবিশ্বাসের ক্রমিক আঘাতে রাধানগরের বেনেবাড়ির মেয়ে ‘সন্ন ডাইনী’ হয়ে ওঠে। যদিও এই ডাইনি চেতনা থেকে ক্ষণিকের অবকাশে মানবিক বাৎসল্যের জায়গা থেকেই স্বর্ণ টুকুমণির জন্য আনা বাঁশি তাদের ঘরে লুকিয়ে দিয়ে আসে। কিন্তু তার সুস্থ জীবনযাপন নির্মম সমাজপ্রেক্ষিতে অসম্ভব। এক অষ্টাদশী বিধবার একাকীত্ব, হাট থেকে ফেরার বিস্তীর্ণ প্রান্তরে ঘূর্ণিঝড়, বটগাছের তলায় আছাড়, উড়ত শকুনের নেমে আসা, মুখুজ্যে বৌয়ের অকস্মাৎ খিঁচুনি, প্রতিবেশিনী মানদা ও শৈলের কটুকথা, তালগাছ চিলের ডাক, ফলন্ত তালগাছের দর্শন, টুকুকে চেপে ধরা ও মুখুজ্যে বৌয়ের মৃত্যু সব মিলিয়ে স্বর্ণের ডাইনিত্ব সিদ্ধ হলেও রক্তমাংসের মানুষ স্বর্ণের বুকের রিক্ততা ও হাহাকারের বিষাদবিধুর সুরখানি ধরা আছে শেষে। স্বেচ্ছাবন্দী ‘ডাইনী’ স্বর্ণ শুনতে পায়, টুকুর বংশীধ্বনি তার ঘরের চৌকাঠে এসে থামে, কিন্তু নিজের প্রতি অবিশ্বাসের কারণে 'ডাইন' স্বর্ণ দরজা খোলে না। কিছুক্ষণ পর সে শুনতে পায় –“দুয়ারের পাশে বাঁশিটা পথে পথে বাজিতে বাজিতে দূরে চলিয়া গেল।”১৫ প্রবৃত্তিতাড়িত মানুষ এবং মানবিক বিশিষ্টতাপূর্ণ মানবের নিয়ত সংগ্রামে শাশ্বত জীবনসত্যের সুর উঠেছে ‘ডাইনীর বাঁশী’ তে। নিষ্পাপ অসহায় অনাথিনী মানুষের মধ্যে বাঁচতে চেয়েও পারে না।

‘ডাইনী’: লোকসংস্কারের প্রত্যক্ষ প্রমাণ

মানুষের মানসিক দুর্বলতা, অনিশ্চয়তা, শুভাশুভবোধ থেকেই লোকবিশ্বাস ও লোক-সংস্কারের উদ্ভব। লোকবিশ্বাস যেখানে একান্তভাবে একটা ধ্যান-ধারণামাত্র, সেক্ষেত্রে সংস্কারে কিছু আচার-আচরণ প্রত্যক্ষভাবে যুক্ত। লোকবিশ্বাস অনুসৃত না হলে তেমন মানসিক প্রতিক্রিয়ার সৃষ্টি হয় না, কিন্তু সংস্কার অনুসৃত না হলে একটি বিরূপ মানসিক প্রতিক্রিয়ার সৃষ্টি হয়। লোকবিশ্বাস জনমানসের অনিশ্চয়তা, দুর্বলতা, বাসনা চরিতার্থ করার মূল প্রেষণা। লোকসংস্কার সংহত, সামাজিক মানুষের জীবনচর্যার জন্য প্রয়োজনীয় বিধিনিষেধ আচার-আচরণ পালন। এই দুই ভাবনার ক্রিয়া-প্রতিক্রিয়ায়, কালের পরিবর্তনে বহুমাত্রিকতা সৃষ্টি হয়েছে, মানবী স্বর্ণ সামাজিক বিশ্বাসের টানাপোড়েনে ‘স্বর্ণ ডাইনী’ হয়ে উঠেছে।

 ‘ডাইনীর বাঁশী’তে যে ডাইনির জন্মকথা বলা হয়েছির, তার অন্তিম পরিণতি ‘ডাইনী’ গল্পে। তারাশঙ্করের সাহিত্যজীবনের দ্বিতীয় পর্যায়ে, গ্রামীণ পটভূমিতে লেখা গল্পে কলকাতার নাগরিক জীবন ছায়া ফেলেছে। কাহিনি বিন্যাস, ভাষাপ্রয়োগ, চরিত্রের অন্তর্দ্বন্দ্ব, নাটকীয় ঘটনার সংস্থানে মেদহীন গদ্যরীতি গড়ে উঠেছে। ‘ডাইনী’তে তাই সমাজমনস্তত্ত্বের চেয়েও ব্যক্তিমনস্তত্ত্ব গুরুত্বপূর্ণ। চল্লিশের দশকে কলকাতায় অভিবাসিত তারাশঙ্করের গল্পে দেশজ উপাদানের সমান্তরালে নাগরিক মনের জটিলতা প্রতিফলিত। এই গল্পে অবশ্য ডাইনির নাম ‘সোরধনি’ বা সুরধনীঙ পতিতপাবন গঙ্গার সমনামী হওয়া সত্ত্বেও তার মুক্তিলাভ হয়নি। বিশ্বাসের দ্বন্দ্বের মূলে রয়েছে আদিম সংস্কার, যা পরবর্তীতে তারাশঙ্করের রচনায় ‘কিংবদন্তী’ হয়ে উঠেছে। সীমিত অভিজ্ঞতা এবং বিশ্লেষণী ক্ষমতার কারণে মানুষ অনেক কিছুই বুঝতে পারে না, ফলে তাকে কল্পনার আশ্রয় নিতে হয়। এর বলেই ব্যাখ্যাতীত জিনিসের অন্তর্লীন নানা অলৌকিক সত্তা বা 'মান্য' র অস্তিত্ব কল্পনা সম্ভব হয়।[১৬] ডাইনির জীবনের শেষ তিনদিনের দুটি কাহিনি বললেও স্মৃতিসর্বস্ব যাপনের অনেকগুলো ঘটনার প্রতিক্রিয়া তার ক্রোধ ও একাকীত্বের কারণ বোঝা যায়। ব্যক্তিগত বিশ্বাস এবং সংস্কারের দ্বন্দ্বে দীর্ণ অসহায় বৃদ্ধা—

> আয়নায় আপনার চোখের প্রতিবিম্ব দেখিয়া তাহার নিজের
> ভয় হয়— ক্ষুদ্রায়তন চোখের মধ্যে বিপুল দুটি তারা,
> দৃষ্টিতে ছুরির মতো একটা ঝকমকে ধার! জরা-কুঞ্চিত মুখ,

শনের মত সাদা চুল, দন্তহীন মুখ। আপনার প্রতিবিম্ব দেখিতে দেখিতে ঠোঁট দুইটি তাহার থরথর করিয়া কাঁপিয়া উঠিল।[১৭]

সরা ডাইনির বাসস্থান 'ছাতি-ফাটার মাঠ', এই সেটিং-ও কিংবদন্তীর অংশ, মহানাগের মিথ-সমন্বিত– "কে কবে নামকরণ করিয়াছিল সে ইতিহাস বিস্মৃতির গর্ভে সমাহিত হইয়া গিয়াছে, কিন্তু নামটি আজও পূর্ণগৌরবে বর্তমান"[১৮] মাঠের বর্ণনায় তারাশঙ্কর গ্রীষ্মকালের শূন্যলোকে ভাসমান একটি 'ধূমধূসরতম নিম্নলোকে তৃণচিহ্নহীন শুষ্কমাটিতে সদ্যনির্বাপিত চিতাভস্মের রূপ ও উত্তপ্ত স্পর্শ নিয়ে জেগে ওঠে মহাশ্মশানের বিভীষিকা' রেখাচিত্রের পাশাপাশি মহানাগের দীর্ঘশ্বাস মিলিয়ে দেন, একাধিক নঞর্থক শব্দের ঝংকারে নিদারুণ শূন্যতার সৃষ্টি হয় –"কোন বড় গাছ নাই — বড় গাছ এখানে জন্মায় না, কোথাও জল নাই, — গোটাকয়েক শুষ্ক গর্ভ জলাশয় আছে, কিন্তু জল তাহাতে থাকে না।"[১৯] সরা ডাইনির জীবন প্রান্তিকীকরণের প্রত্যক্ষ প্রমাণ, একাকিনী বৃদ্ধার বাসস্থান 'নিঃসঙ্গ একখানি মেটে ঘরখানার মুখ ঐ ছাতি-ফাটার মাঠের দিকে।' তার এই বাসস্থান নিয়ে লোকবিশ্বাস প্রচলিত রয়েছে। এই ডাইনি নাকি তিন চারটে গ্রাম ধ্বংস করে কোনসময় আকাশপথে একটি গাছকে চালিয়ে নিয়ে যেতে যেতে জনহীন, ছায়াশূন্য দিগন্ত বিস্তৃত ছাতিফাটা মাঠের নির্জন রূপে মুগ্ধ হয়ে নেমে এসে সেখানে বসতি স্থাপন করে। রামনগরের সাহাদের আমবাগানে গত চল্লিশ বৎসর ধরে বসবাসকারী ডাইনির দৃষ্টি নাকি অপলক স্থির, আর সে দৃষ্টি নাকি চল্লিশ বৎসর যাবৎ নিস্তব্ধ হয়ে আছে মাঠটির উপরে। লোকে তাকে পরিহার করে চলে, নির্জনতাপ্রিয় ডাইনির মনে মানুষ দেখলেই অনিষ্টস্পৃহা জাগ্রত হয়, কারণ সে 'ভীষণ শক্তিশালিনী', 'নিষ্ঠুর ক্রূর এক বৃদ্ধা ডাইনী।' দশ এগার বছরের মেয়ে সরা হারু চৌধুরীর ছেলে আম খাওয়া দেখায় তার পেটের ব্যথা হয়েছিল, সরকারের মারে সে দৃষ্টি ফিরিয়ে নিতে নাকি ব্যথা সেরে গিয়েছিল। হারু চৌধুরীর ছেলের পেটের যন্ত্রণায় সে নিজেকে ডাইনি বিশ্বাসে অসহায়ভাবে প্রার্থনা করে — "হে ঠাকুর ভালো করে দাও, ওকে ভালো করে দখো! কতবার সে মনেমনে বলিয়াছিল — দৃষ্টি আমার ফিরাইয়া লইতেছি..."[২০] কিছু অদ্ভুত বিশ্বাসও জন্মায় তার মনে — "একটা ফুৎকার যদি সে দেয়, তবে মাঠের ধূলার রাশি উড়িয়া আকাশময় হইয়া যাইবে।"[২১] ছাতিফাটা মাঠে পথ হারিয়ে ক্লান্ত তৃষ্ণার্ত তরুণী মা তার কচি শিশু ক্রোড়ে নিয়ে ডাইনির গৃহে উপস্থিত হলে শিশুকে দেখে প্রাথমিকভাবে সুরধনীর বাৎসল্য জেগে ওঠে।

কিন্তু পরক্ষণেই ডাইনিসত্তা তার চেতনাকে অধিগ্রহণ করে নেয় , 'স্বাস্থ্যবতী যুবতী মায়ের প্রথম সন্তান'-কে দেখার ফলে লক্ষ করে, তার দৃষ্টিতে ঘামে ছেলেটার দেহের সমস্ত রস নিংড়ে বের হয়ে গেছে, মুখের লালার মধ্যে রসাস্বাদ অনুভব করে বলে — "ছেলেটাকে খেয়ে ফেললাম রে।"[২২] তার ঘরের পাশে বাউরিদের স্বামীপরিত্যক্তা উচ্ছলা মেয়ে ও তার প্রণয়মুগ্ধ বাউরি তরুণের গোপন অভিসার দেখে তার পূর্বস্মৃতি মনে পড়ে। বাল্যবন্ধু সাবিত্রীর সন্তান তারই কুনজরের ফলে মারা গেলে সরা বোলপুরে পালিয়ে যায়, সেখানেই বয়লারে কয়লার কাজ করা স্বামী, সংসার, নির্ভরতার ক্ষণিক আশ্রয় পেলেও সরা মনে করে, তার কুদৃষ্টিতেই তার স্বাস্থ্যবান স্বামী মারা যায়। প্রতিবেশী শঙ্করীকে নিজের বেদনা এবং আশঙ্কার কথা বললে তার ডাইনিসত্তার কথা জানাজানি হয় এবং সোরধনি ছাতি-ফাটার মাঠে আশ্রয় নেয়। এই তরুণ বাউরি যুবককে সে আর্থিক সাহায্য করতে চায়, তার সঙ্গে সোরধনি নাতি-ঠাকুরমার সম্পর্ক পাতাতেও চায়; কিন্তু ছেলেটি তাকে দেখে আতঙ্কিত হয়ে পালাতে গেলে সে 'ক্রুদ্ধ মার্জারীর মত রাগে ফুলে ওঠে' ছেলেটির মৃত্যু কামনা করে – "সঙ্গে সঙ্গে ইচ্ছা হইল, ক্রুদ্ধ শোষণে উহার রক্ত, মাংস মেদ মজ্জা সব নিঃশেষে শুষিয়া খাইয়া ফেলে।"[২৩] পালাতে গিয়ে যুবকের পায়ে হাড়ের টুকরো ফোটে, ধনুষ্টংকারে সে মারা যায়। লোকমুখে প্রচারিত হয়, ডাইনি মন্ত্রপূত বাণ মেরেছিল বলে গুণিনের চেষ্টাতেও তরুণ বাঁচেনি। বাউরিদের প্রতিশোধের আশঙ্কায় আতঙ্কিত ডাইনি সন্ধ্যার মুখে ছাতিফাটার মাঠ দিয়ে তার বসতি ত্যাগ করে। শিশুটির মৃত্যু ঘটেছিল অতিরিক্ত গরমে ভীষণ ঘেমে দেহের সমস্ত জল বের হওয়ার ফলে। অন্যদিকে বাউরি যুবকের মৃত্যু হয় ধনুষ্টংকারে। লোকবিশ্বাস অনুসারে তাদের মৃত্যুর জন্য দায়ী করা হয় সোরধনিকে। ছেলেবেলায় হারু চৌধুরীর ছেলে আম খাওয়া দেখে লোভ, খাবারের গন্ধে জিভে ঝর্ণার মতো জল আসা– এসব বঞ্চিত অসহায়ের অভিব্যক্তি হলেও লোকবিশ্বাসে সে ডাইনি হয়ে যায়। কালবৈশাখীর ঘূর্ণিঝড়ে পড়ে কন্টকাকীর্ণ 'খেরী গুল্ম'র কাঁটা ডালের সূচালো ডগায় বিদ্ধ হয়ে মৃত্যুবরণ করে। তারাশঙ্করের মানস-বিবর্তন এগিয়েছে প্রকৃতি থেকে মানুষে আর মানুষ থেকে অতিপ্রাকৃতে। অতিপ্রাকৃতিক ভীতি নয়, অভিশপ্ত মানবীর বেদনাকেই লেখক রূপায়িত করতে চেয়েছেন কিন্তু গভীর অনাসক্তির সঙ্গে কাহিনির নির্মমতম সমাপ্তি ঘটিয়েছেন। ঘূর্ণিঝড়ে মৃত্যুর আগে তার শেষ সংলাপ : "অকস্মাৎ আজ বহুকাল পরে তাহার নিজেরই শোষণে মৃত তার স্বামীর জন্য বুক ফাটাইয়া সে কাঁদিয়া উঠিল, ওগো তুমি

ফিরে এসো গো।”২৪ এই একটিমাত্র বাক্যে তাকে অসহায় করুণ মানবী করে তুলেছে। আকাশপথে যে ডাইনী এসে বাস করতে শুরু করেছিল, খেরী গাছের ডালে আটকে মৃত্যু হওয়ার ফলে গুণিনের মন্ত্রের লোকবিশ্বাস দৃঢ় হয়েছে। ভীত সন্ত্রস্ত অসহায় মানবের শির প্রচণ্ড প্রাকৃতিক শক্তির কাছে চিরাবনত, তাই ছাতি-ফাটার মাঠের লোকসংস্কারের সঙ্গে ডাইনির কালো রক্তের লোক-সংস্কার মিলে গেছে, সম্মিলিত মিথ তৈরি হয়েছে কাহিনির শেষ অংশে –

> আকাশপথে যাইতে যাইতে এ গুণীনের মন্ত্রপ্রহারে পঙ্গুপক্ষ পাখির মত পড়িয়া এ গাছের ডালে বিদ্ধ হইয়া মরিয়াছে। ডালটার নিচে ছাতি-ফাকা মাঠের খানিকটা ধূলা কালো কাদার মতো ডেলা বাধিয়া গিয়াছে, ডাকিনীর কালো রক্ত ঝরিয়া পড়িয়াছে।
> সেই ধূসর শূণ্যলোকে কালো কতগুলি সঞ্চরমান বিন্দু ক্রমশ আকারেও বড় হইয়া নামিয়া আসিতেছে।
> নামিয়া আসিতেছে শকুনির পাল!২৫

ডাইনী: স্মৃতি ও ব্যক্তি-উপলব্ধি

‘ডাইনী’ গল্প কিশোর পাঠকদের জন্য লেখা, তাই রচনাভঙ্গিতে একালের ছেলেদের সঙ্গে কথোপকথনের রীতি সুস্পষ্ট— “তোমাদের একালে ডাইনী নাই। ডাইনী নাই, মায়াবিনী নাই। সে হিসেব একালের ছেলেরা ভাগ্যবান।”২৬ কোন কাল্পনিক রাজ্যের গল্প নয়, লেখকের সঙ্গেই চরিত্রের সহাবস্থান –“আমাদের গ্রামে আমাদেরই বাইরের বাড়ীর পূর্বপ্রান্তে বড় একটা পুকুর, বড় বড় তালগাছে ঘেরা। তার উত্তর -পূর্ব কোণে ছিল স্বর্ণ ডাইনির ঘর। একেবারে গ্রামের প্রান্তে জেলেপাড়া ও বাউরি পাড়ার মাঝখানে অশ্বথ গাছের তলায় তার ঘর, পূর্বদিকে বালি আর কালচে মাটির প্রান্তরে শালুকচাঁদা পুকুরে মুখাগ্নি করা হত।”২৭ এই গল্পে লেখক আংশিক-আত্মজীবনীর ভঙ্গিতে স্বর্ণ ডাইনির মনোজগতকে বিশ্লেষণ করতে চেয়েছেন। কুসংস্কার ও অপবিশ্বাস থেকে মিথ্যা সন্দেহ এবং কাকতালীয় ঘটনা পরম্পরায় স্বর্ণকে দোষারোপ করা হত। সে তরিতরকারি বেচত আশেপাশের গ্রামে, তার ভিতরের লোভের দোষ সম্পর্কে ওয়াকিবহাল হলেও অসহায় –“ওর ভিতরের ডাইনীটা তো ওর অধীন নয়! সেই তো ওর জীবনের মালিক, তারই হুকুমে ওকে চলতে হয়। তার হুকুম ছাড়া ওর মরবারও অধিকার নেই।”২৮ ডাইনি সিদ্ধবিদ্যা এবং বিশ্বাসের

অভিযোজন নিয়ে তারাশঙ্কর তিনটি ঘটনা বললেন। স্বর্ণের মাসী ছিল ডাইনি। মাসির আত্মীয়রা মৃত্যুর সময়ে না গেলেও গিয়ে সম্পত্তি ভাগ করে নিয়েছিল। মাসির একমাত্র পোষা বেড়াল নিয়ে আসে স্বর্ণ। এই বেড়ালটাই ডাইনি, মাসি তার ডাইনিসত্তা বিড়ালকে সংক্রামিত করে। বিড়ালটির প্রভাবে জেলে পাড়ায় অনেকে ধনুষ্টংকার হয়ে মারা গেলে জেলেপাড়ার ছেলেরা বিড়ালটিকে পিটিয়ে হত্যা করে। বিড়ালটি মৃত্যুর আগে স্বর্ণের মধ্যে নিজের ডাইনি সত্তা সঞ্চারিত করে যায়, স্বর্ণ এরপর থেকে গর্ভের ছাগলছানা কলাগাছের মোচা দেখতে শুরু করে –"এসব গল্পকথা, এমনি করে নাকি স্বর্ণ হয়েছিল ডাইনী।"[২৯] এই গল্পে সামগ্রিক লোকবিশ্বাস নয়, অলৌকিক উত্তরাধিকারে তার অবস্থান্তর ঘটে। এরপরের ঘটনা গ্রামের ছেলে অবিনাশের ডাইনি ভর ও গুণিনের ডাইনিমুক্ত করার গল্প। লেখকের নয়-দশ বছর বয়েসে তার গ্রামতুতো দাদা অবিনাশকে স্বর্ণ ডাইনি ভর করেছিল। সতের-আঠেরো বছরের ছেলেটির হাতে আম দেখে ডাইনির লোভ হওয়ায় সে তাকে ধরে, এবং ভয়ে অবিনাশের জ্বর আসে। তারামন্দিরে পশ্চিম দেশীয় সাধু গোঁসাই বাবা, মন্ত্রপূত সর্ষের সাহায্যে তাকে সুস্থ করলেও বালক লেখকের মনে অবিনাশদার অস্বাভাবিক কণ্ঠস্বর, জলভরা কলসী দাঁতে তুলে মাটিতে আছড়ে ফেলা ইত্যাদি গভীর প্রভাব ফেলেছিল। তৃতীয় গল্পে কাঁউর বিদ্যা জানা ডাইনির গাছ উড়িয়ে আকাশ পথে ভ্রমণ ও মন্ত্রবলে গুণিনের মাটিতে নামিয়ে আনা ও তার চামড়া 'ছিলে' অর্ধেক গাছ নিয়ে ডাইনির উড়ে যাবার কাহিনি বর্ণিত। লোকবিশ্বাস মতে, ডাইনির দৃষ্টি ভয়ঙ্কর, এই দৃষ্টিতে ডাইনীরা 'কচি নধর দেহের, সুন্দর, সুশ্রী মানুষের তরুণী নববধূর দেহের অস্থিচর্ম মেদমাংস ভেদ করে — ভিতরে প্রবেশ করে খুঁজতো প্রাণ-পুতুলি। তাকে পেলে চুষে চুষে তারা খেয়ে ফেলে। নধর মানুষ শুকিয়ে অস্থিচর্মসার হয়ে যায়... তরুণী নববধূর সব লাবণ্য ঝরে পড়ে। শুধু মানুষ কেন, কচিপাতায় ভরা লকলকে সতেজ গাছ অকস্মাৎ শুকিয়ে যায়।'[৩০] 'নিঃসঙ্গ পৃথিবীর পরিত্যক্ত স্বর্ণ'[৩১]কে মানবিকভাবে দেখতে চেয়েছেন তারাশঙ্কর। এই গল্পের শেষে নিজের মতামত ব্যক্ত করে, চরিত্রের প্রতি সমব্যথী কথকের জবানিতে বলেছেন –

> অশিক্ষার গাঢ় অন্ধকারে যারা আজও ডুবে আছে তাদের মধ্যে হয়তো আছে। সে কালের ডাইনীর বিচিত্র গল্পও আজ লোকে ভুলে আসছে। এই গল্পগুলির মধ্যে শুধু অন্ধ বিশ্বাসই তো নাই — আছে কত মানুষের মর্মান্তিক বেদনা! সারাটা জীবন তারা এই অপবাদের গ্লানি বহন করে চলত।

নিজেরাও বিশ্বাস করে নিও এই অপবাদকে সত্য বলে আর ভগবানকে ডাকত স্বর্ণেরমত — আমার এ লজ্জার বোঝা নামিয়ে দাও প্রভু। এ ভয়ঙ্কর জীবনের অবসান কর। চোখের জল মুছে ফেলত কাপড়ের আঁচলে, মাটিতে কোন ক্রমে একফোঁটা ঝড়ে পড়লে শিউরে উঠত, মা বসুমতীর বুক যে জ্বলে উঠবে।[৩২]

নতুন কোন তাৎপর্য বা দেশজ উপাদানের সংযোজন না করলেও 'ডাইনী' গল্পটি চিরায়ত দেশজ বিশ্বাস-সংস্কারের পুনর্প্রতিবেদন, তার সঙ্গে নিরাসক্ত কথাশিল্পীর মানবিক উচ্চারণ ঘটেছে।

5.0 ব্যাখ্যা

তারাশঙ্করের স্মৃতি অনুসারে স্বর্ণ ছাড়াও আরো অনেক ডাইনি ছিল গ্রামীণ সমাজে, তাদের গল্প ছিল আরও বেশি। স্বর্ণকে 'ঠাকুরঝি' বলে ডাকতেন লেখকের মা, তিনি স্বর্ণের ডাইনিত্বে বিশ্বাস করতেন না। বালক তারাশঙ্কর ডাকতেন 'স্বর্ণ পিসি' বলে। উনমানবী স্বর্ণ এইটুকু স্বীকৃতিতে কৃতার্থ হয়ে যেত। তারাশঙ্করের পিসিমা বালক লেখককে ভয় দেখিয়েছিলেন, স্বর্ণ তাকে ডাইনী মন্ত্র দিয়ে যেতে পারে, তাই পারতপক্ষে তিনি তাঁর কাছে ঘেঁষতেন না। পরিণত বয়েসে তার মনোবেদনা লেখক বুঝতে পেরেছেন –

কাউকে স্নেহ করে সে মনে মনে শিউরে উঠত। কাউকে দেখে চোখে ভাল লাগলে, সে সভয়ে চোখ বন্ধ করত; চোখের ভালো-লাগার অবাধ্যতাকে তিরস্কার করত। দুই ক্ষেত্রেই তার শঙ্কা হ'ত, সে বুঝি তাকে খেয়ে ফেলবে, হয়তো বা ফেলেছে, বিষাক্ত তীরের মত তার লোভ গিয়ে ওদের দেহের মধ্যে বিঁধে গিয়েছে। সমগ্র পৃথিবীতে তার আত্মীয় ছিল না, স্বজন ছিল না। রোগে যন্ত্রণায় দুঃখে সমগ্র জীবনটাই সে একা কাটিয়ে গেছে।[৩৩]

আসলে ডাইনি বিষয়ক তিন গল্পে তারাশঙ্কর মূলত লোকসমাজের অবচেতনের সংগুপ্ত মনোবিকার ব্যক্ত করেছেন। ছেলেবেলায় যে স্বর্ণ ডাইনি ছিল অজানা ভয়ের মানুষ, বিশ-বাইশ বছরে তারই বেদনা তিনি বুঝতে পেরেছিলেন। স্নেহ, ভালোবাসা, বাৎসল্য ইত্যাদি সুকুমার বৃত্তি কোন মানুষের মনে ভয়ের জন্ম দিলে তার নিবিড় বেদনা কেমন হয়, তা তারাশঙ্কর বুঝতে

পেরেছিলেন। 'ডাইনীর বাঁশী' গল্প পড়ে রবীন্দ্রনাথ সেই গল্পের সহজতায় মুগ্ধ হয়েছিলেন, তারাশঙ্করকে বলেছিলেন –

> আমি যে নিজে দেখতে পাচ্ছি গ্রীষ্মকালের দুপুরে তালগাছের মাথা বসে চিলটা লম্বা ডাক ডাকচে, গলাটা তার ধুক ধুক করছে; আর নিজের ঘরের দাওয়ার বাঁশের খুঁটিতে ঠেস দিয়ে স্বর্ণডাইনী বসে আছে আচ্ছন্নের মত। আমি চোখে দেখতে পাচ্ছি। তাই তো চিলের ডাক শুনে ছবিটা চোখে ভেসে উঠল; গল্পটা মনে পড়ে গেল।[৩৪]

মনস্তত্ত্বের নির্জ্ঞান চেতনার তমোগহ্বরে তারাশঙ্কর অনেক সময়েই প্রবেশ করতে চাননি, কল্লোল গোষ্ঠীর 'লিবিডো' ভূতগ্রস্ত তিনি ছিলেন না। কিন্তু এই তিনটি কাহিনিতে লোকবিশ্বাস এবং লোক-সংস্কারের প্রেক্ষিতে এক নারীর জীবনের পটপরিবর্তন তিনি ধরতে চেয়েছেন। 'ডাইনীর বাঁশী'র স্বর্ণ অনাথিনী, প্রতিবেশী ও সমাজের সামগ্রিক বিশ্বাসে সে নিজের ডাইনিত্ব সম্পর্কে বিশ্বাস করতে শুরু করেছিল। 'ডাইনী'তে সোরধনির দৃঢ় বিশ্বাস ছিল, সে ডাইনী। 'ডাইনীর বাঁশী'র স্বর্ণ আত্মবিলাপে ক্ষতবিক্ষত হয়েছিল, আর 'ডাইনী'তে সোরধনির প্রাণ কেড়ে নিয়েছে দেশজ-সংস্কার। দেশজ-সংস্কারের ক্ষুদ্র গণ্ডি অতিক্রম করে তারাশঙ্করের কথনবিশ্বে ডাইনী হয়ে উঠেছে কিংবদন্তীর চরিত্র তথা লোকপুরাণের নান্দনিক শিল্পবস্তু। কিশোরপাঠ্য গল্প 'ডাইনি'তে ব্যক্তিগত এই উপলব্ধির কথাই তারাশঙ্কর বলতে চেয়েছেন। নিরাসক্ত গল্পকার তারাশঙ্কর এবং নস্টালজিক তারাশঙ্কর সমান্তরালভাবে বা সাঙ্গীকৃত হয়ে এগিয়ে গেছেন এই তিন গল্পের গতিপথ ধরে, যেখানে মানুষের প্রবৃত্তি এবং শুভবোধের নিরন্তর সংগ্রামে আপাত ব্যর্থ 'স্বর্ণ ডাইনি'র জীবনচরিত পরম মমতায় তারাশঙ্কর বর্ণনা করেছেন।

6.0 উপসংহার

মনঃসমীক্ষণের জনক সিগমুণ্ড ফ্রয়েড (১৮৫৬ –১৯৩৯) জার্মান ভাষিকদের কথনে 'Schreck' (fright, শঙ্কা), 'Furcht' (fear, ভয়) এবং 'Angst' (Anxiety, উদ্বেগ) শব্দত্রয়ের বর্গভাগ করতে চেয়েছিলেন। তাঁর কর্মজীবনের প্রায় পঞ্চাশ বছর 'উদ্বেগ'-এর সংজ্ঞা নির্ধারণ করতে কাটলেও প্রথম মহাযুদ্ধোত্তর পৃথিবীতে *An Outline of Psychoanalysis* (মরণোত্তর প্রকাশ ১৯৪০) নামক অসম্পূর্ণ বইয়ে 'নিস্পৃহ, ঠাণ্ডা, নিশ্চিত' স্বরে মনঃসমীক্ষণের জনক জানান, 'দীর্ঘকাল ইতস্তত ও আগুপিছু করে,

আমরা অবশেষে অবতীর্ণ হয়েছি এই বিনির্ণয়ে: মানুষের মৌলপ্রবৃত্তি মোটে একজোড়া, রিরংসা তথা জিঘাংসা।'[৩৫] এই গ্রন্থেই পূর্বোক্ত তিনটি ('আটপৌরে') শব্দের যা পারিভাষিক বিকাশ হয় তার চূড়ান্তরূপ হল –

- শঙ্কা: যখন কেউ অ-প্রস্তুত দশায় কোন প্রত্যক্ষ বিপদের সামনাসামনি হয়
- ভয়: যখন কেউ অন্তর্গত বা বহির্ভূত কিন্তু নির্দিষ্ট কোনও লক্ষ্য-কে বিপদ জ্ঞান করে
- উদ্বেগ: যখন কেউ অন্তর্গত বা বহির্ভূত কিন্তু নির্দিষ্ট কোনও বিপদের আভাস পেয়ে 'সিগনাল/সংকেত' মাধ্যমে পুনঃব্যক্ত করে তার প্রাথমিক কোন অসহায়বোধ।[৩৬]

এই ভয়, শঙ্কা এবং উদ্বেগের সমন্বয়ে লোকবিশ্বাসে 'ডাইনি' ভীতি তৈরি হয়েছে। ক্লোস্ট্রিডিয়াম টেটানি ব্যাকটেরিয়া মাটি, ধুলো, সার এবং দূষিত পরিবেশে পাওয়া যায়, এই জীবাণু উষ্ণ আর্দ্র জলবায়ুর দেশে সুলভ। নবজাতককে অস্বাস্থ্যকর পরিবেশে রাখলে ভা নাভিরজ্জুতে নোংরা পদার্থ লেগে থাকলে স্পোর প্রবেশ করে। টীকাকরণ করা না থাকলে গ্রামীণ যাপনে ধনুষ্টংকার তাই অতি স্বাভাবিক একটি রোগ, ডাইনির নজর বা বাণের কোন সম্পর্ক তার সঙ্গে নেই। কিন্তু নির্দিষ্ট জনগোষ্ঠীর মধ্যে কোনও বিশ্বাস ছড়িয়ে পড়লে তা যতই অযৌক্তিক হোক না কেন, তার সহজাত, ব্যাপক বিস্তার ঘটে। দেখার চেয়ে শোনা কথা অধিক প্রভাব ফেলে, তার ভিত্তিতেও অনেক মানুষ নিজেরা প্রত্যক্ষ অভিজ্ঞতা লাভ করতে শুরু করেন। মানুষের বিশ্বাস মস্তিষ্ক তথা মোটর নিউরোনকে বিভিন্ন ভাবে প্রতিক্রিয়ার নির্দেশ পাঠায়, তাই বিশ্বাস থেকে উদ্বেগ প্রত্যক্ষ লক্ষণ তৈরি করে ফেলে। একে 'nocebo effect' বলা চলে কারণ অনাকাঙ্ক্ষিত লক্ষণ বা প্রতিক্রিয়া তৈরি হয় কারণ কোনভাবে আমার অচেতনে সেই অভিজ্ঞতা করার আকাঙ্ক্ষা তৈরি হয়েছে। হয়তো এই প্রতিক্রিয়ার দরুণ নিছক ভয় থেকে অবিনাশ, টুকুমণি, হারু চৌধুরীর ছেলে অসুস্থ হয়ে পড়েছিল, মুখুজ্যেদের বৌ, সাবিত্রীর ছেলে, বাউড়ি যুবক মারা গেছিল দুর্ভাগ্যজনক কিন্তু বিচ্ছিন্ন ঘটনা-পরম্পরায়। কিন্তু এই সকল ঘটনার প্রত্যক্ষ দোষী হিসাবে স্বর্ণকে আজীবন 'ডাইনি' পরিচয় বহন করতে হয়েছে, তার মায়ের থেকে উত্তরাধিকারসূত্রে প্রাপ্ত ('ডাইনীর বাঁশী'), জন্মগত ত্রুটি ('ডাইনী') বা মাসির বিড়ালের থেকে প্রাপ্ত ('ডাইনী') ডাইনিসত্তা তার প্রতিবেশ এবং অন্তর্জগতে মানবেতর অনুভূতির জন্ম দিয়েছে। তারাশঙ্কর তাঁর লেখা তিনটি ছোটগল্পে একটি লোকবিশ্বাস এবং লোকসংস্কারের উপাদান

অনুসন্ধান করলেও স্বীয় জীবনবোধের প্রবণতায় লিখেছেন জৈনক প্রান্তিক ভাগ্যহীনার অশ্রুনির্বেদ, তাঁর ব্যথিত গতির অন্তরালে করুণাধারা অপ্রতিরোধ্য।

7.0 গ্রন্থপঞ্জি

১. দাশ, জীবনানন্দ (২০২১)। 'তবু'। জীবনানন্দ দাশের শ্রেষ্ঠ কবিতা। কলকাতা: ভারবি।পৃ. ১০১

২. সেনগুপ্ত, পল্লব (১৯৫৯)। 'লোকসংস্কৃতির উপকরণ'। লোকসংস্কৃতির সীমানা ও স্বরূপ। কলকাতা: পুস্তক বিপণি। পৃ. 47-48

৩. বন্দ্যোপাধ্যায়, হরিচরণ (২০০৮)। বঙ্গীয় শব্দকোষ (প্রথম খণ্ড)। কলকাতা: সাহিত্য আকাদেমি। পৃ. ৯৯৬

৪. ভট্টাচার্য, দেবব্রত (২০০৮)। 'ডাইনি ও ডাইনি শব্দ'। ভারতীয় লোকজীবন ও সাহিত্যে ডাইনিবৃত্তির প্রভাব ও প্রসার। কলকাতা: পুনশ্চ। পৃ. ৩৫

৫. দ্রষ্টব্য ভট্টাচার্য, জগদীশ (২০০৮)। ভারতশিল্পী তারাশঙ্কর। কলকাতা: ভারবি

৬. দ্রষ্টব্য ভট্টাচার্য, জগদীশ (২০০৮)। পূর্বোক্ত। পৃ. ২২১

৬. বন্দ্যোপাধ্যায়, তারাশঙ্কর (১৯৭৫)। ভট্টাচার্য, জগদীশ (সম্পা.)। 'ডাইনীর বাঁশী'। গল্পগুচ্ছ (প্রথম খণ্ড)। কলকাতা: সাহিত্য সংসদ। পৃ. ২২৮

৭. বন্দ্যোপাধ্যায়, তারাশঙ্কর (১৯৭৫)। ভট্টাচার্য, জগদীশ (সম্পা.)। পূর্বোক্ত। পৃ. ২২৯

৮. বন্দ্যোপাধ্যায়, তারাশঙ্কর (১৯৭৫)। ভট্টাচার্য, জগদীশ (সম্পা.)। পূর্বোক্ত। পৃ. ২৩০

৯.পূর্বোক্ত। পৃ. ২৩০

১০. পূর্বোক্ত। পৃ. ২৩১

১১. পূর্বোক্ত। পৃ. ২৩৩

১২. পূর্বোক্ত। পৃ. ২৩৩

১৩. পূর্বোক্ত। পৃ. ২৩৪

১৪. পূর্বোক্ত। পৃ. ২৩৫

১৫. পূর্বোক্ত। পৃ. ২৩৭

১৬. সেনগুপ্ত, পল্লব (১৯৫৯)। 'লোকসাহিত্যের দিগ্বলয়'। লোকসংস্কৃতির সীমানা ও স্বরূপ। পূর্বোক্ত। পৃ. ১৪৪

১৭. বন্দ্যোপাধ্যায়, তারাশঙ্কর (১৯৬০)। ‘ডাইনী’। গল্প পঞ্চাশৎ। কলকাতা: মুকুন্দ পাবলিশার্স।পৃ. ৩৬৬

১৮. বন্দ্যোপাধ্যায়, তারাশঙ্কর (১৯৬০)। পূর্বোক্ত। পৃ. ৩৬৫

১৯. পূর্বোক্ত। পৃ. ৩৬৫

২০. পূর্বোক্ত। পৃ. ৩৬৮

২১. পূর্বোক্ত। পৃ. ৩৬৯

২২. পূর্বোক্ত। পৃ. ৩৬৯

২৩. পূর্বোক্ত। পৃ. ৩৭৯

২৪. পূর্বোক্ত। পৃ. ৩৮১

২৫. পূর্বোক্ত। পৃ. ৩৮১

২৬. বন্দ্যোপাধ্যায়, তারাশঙ্কর (১৯৫৯)। ‘ডাইনী’। তারাশঙ্কর বীথিকা। কলকাতা: সাহিত্যম্। পৃ. ২৬৬

২৭. বন্দ্যোপাধ্যায়, তারাশঙ্কর (১৯৫৯)। পূর্বোক্ত। পৃ. ২৬৬

২৮. পূর্বোক্ত। পৃ. ২৬৭

২৯. পূর্বোক্ত। পৃ. ২৬৯

৩১. পূর্বোক্ত। পৃ. ২৭৩

৩২. পূর্বোক্ত। পৃ. ২৭৫

৩০. পূর্বোক্ত। পৃ. ২৬৭

৩৩. বন্দ্যোপাধ্যায়, তারাশঙ্কর (১৯৫১)। আমার কালের কথা। কলকাতা: বেঙ্গল পাবলিশার্স। পৃ. ৭৯

৩৪. বন্দ্যোপাধ্যায়, তারাশঙ্কর (১৯৯৭)। আমার সাহিত্য জীবন। কলকাতা: পশ্চিমবঙ্গ বাংলা আকাদেমি। পৃ. ৯৪-৯৫

৩৫. দ্রষ্টব্য Freud, Sigmund (1993). *An Outline of Psychoanalysis*. tr. James Strachey. *The Penguin Freud Library (volume 15)*. London: Penguin Books. p. 379

৩৬. দ্রষ্টব্য বন্দ্যোপাধ্যায়, শিবাজী (২০১৪)। ‘মৃত্যুপ্রসঙ্গ’। দশদিশ: নিবন্ধনিকায়। কলকাতা: গাঙচিল। পৃ. ১২৫

৪.০ গবেষক পরিচিতি: কৃষ্ণ শিঞ্জিনী দেব যাদবপুর বিশ্ববিদ্যালয়ের তুলনামূলক সাহিত্য বিভাগে স্নাতক এবং বাংলা বিভাগে স্নাতকোত্তর পর্যায়ের পড়াশোনা করেছেন। বর্তমানে Institute of Language Studies and

Research (ILSR)-এ পিএইচ. ডি গবেষক। পছন্দের ক্ষেত্র: অনুবাদ সাহিত্য, বাংলা কথাসাহিত্য, ভাষাতত্ত্ব, সাহিত্যতত্ত্ব।

International Bilingual Journal of
Culture, Anthropology and Linguistics
ইন্টারন্যাশনাল বাইলিঙ্গুয়াল জার্নাল অফ
কালচার, অ্যানথ্রোপলজি অ্যাণ্ড লিঙ্গুইস্টিক্স

IBJCAL   eISSN: 2582-4716

Website: https://indianadibasi.com/journal/index.php/ibjcal

VOLUME: 5, ISSUE: 4 (December, 2023) || Special Issue: সাহিত্যের ভাষা: বিকাশ ও বিবর্তন

অচিন্ত্যকুমার সেনগুপ্তের ছোটগল্পে ভাষা-নির্মিতি / Achintyakumar Sengupter Chhotogolpe Bhasa-Nirmiti

মৌসুমী মণ্ডল

Abstract: Short story writer Achintyakumar Sengupta has been practicing stories for about forty-six years and has written a total of forty-four book for stories. The uniqueness of his literary identity can be seen mainly in his short stories. Because the experience and perspective revealed in his short story art and life-review are truly rare elsewhere. His first story book 'Tutaphuta' was published in Paush month 1335 AD and his last story book 'Asami Ishwar' was published in Ashad month 1380 AD. This essay will discuss the language-making of the short story through a formative analysis of the features of language and form in the writings of Achintyakumar Sengupta over a long period of time.

Keywords: Tatsam word, Ardha-tatsam word, Tatbhava word, Laukik Atpaure word, Chalite language, Socio-ecological language.

সারসংক্ষেপ: ছোটগল্পকার অচিন্ত্যকুমার সেনগুপ্ত প্রায় ছেচল্লিশ বছর ধরে গল্পচর্চা করেছেন এবং মোট চুয়াল্লিশটি গল্পগ্রন্থ রচনা করেছেন। তাঁর ছোটগল্পের মধ্যেই প্রধানত দেখতে পাই তাঁর সাহিত্যের পরিচয়ের স্বতন্ত্রতা।

কেননা তাঁর ছোটগল্পের শিল্প ও জীবন-সমীক্ষায় যে বহুব্যাপ্ত অভিজ্ঞতা ও দৃষ্টির অন্তর্মুখিতা ফুটে উঠেছে সত্যিই তা অন্যত্র বিরল। তাঁর প্রথম গল্পগ্রন্থ 'টুটাফুটা' গ্রন্থাকারে প্রকাশিত হয় ১৩৩৫ বঙ্গাব্দের পৌষ মাসে এবং সর্বশেষ গল্পগ্রন্থ 'আসামী ঈশ্বর' প্রকাশিত হয় ১৩৮০ বঙ্গাব্দের আষাঢ় মাসে। অচিন্ত্যকুমার সেনগুপ্তের এই দীর্ঘ সময়ের অধ্যাবসায়ের লেখায় নিজস্ব ভাষারীতি ও রূপের বিশেষত্বের গঠনমূলক বিশ্লেষণের মাধ্যমে ছোটগল্পের ভাষা-নির্মিতির প্রসঙ্গ আলোচিত হবে এই প্রবন্ধে।

সূচক শব্দ: তৎসম শব্দ, অর্ধ-তৎসম শব্দ, তদ্ভব শব্দ, লৌকিক আটপৌরে শব্দ, চলিত ভাষা, সামাজিক পরিবেশগত ভাষা।

১.০ ভূমিকা

ভাষাকে মাধ্যম করেই সাহিত্যের অবয়ব গড়ে উঠেছে। লিখিত সাহিত্য বা মৌখিক সাহিত্য যাই হোক না কেন সব ক্ষেত্রেই প্রকাশের একমাত্র মাধ্যম হচ্ছে ভাষা। ভাষার কাজই হল নিজেকে প্রকাশ করা এবং অন্যের সঙ্গে সংযোগ স্থাপন করা। এই একই উদ্দেশ্য সাহিত্যের ক্ষেত্রেও; তাই সাহিত্যের শৈলী হল আসলে ভাষারই শৈলী। ব্যাকরণের সূত্র অনুযায়ী আমরা যে ভাষা ব্যবহার করি তা আসলে ভাষার Norm বা আদর্শ গঠন রূপ। আর এই আদর্শ গঠন রূপের পরিবর্তন ঘটিয়েই তৈরি হয় সাহিত্যের ভাষা। ভাষা ব্যবহারেই কাহিনি রূপায়নের মাধ্যমে এবং চরিত্রের মধ্য দিয়ে প্রতিটি লেখকের জীবনদর্শন প্রকাশিত হয়; যেখানে লেখকের নিজস্ব ভাষা ও উপাদানের ছাপ প্রস্ফুটিত হয়। ভাষার মাধ্যমেই মানুষের চরিত্রের মানসিক বিকাশ ও পরিণতি পরিলক্ষিত হয় এবং সেখানে জীবন ভাবনার পুঙ্খানুপুঙ্খ বিশ্লেষণ থাকে। সেখানে কাব্যের বর্ণনা ও বিশ্লেষণ রীতির মাধ্যমে এক নাটকীয় পরিবেশ গড়ে ওঠে এবং কখনো কোন বৃহৎ এক সত্যও উপস্থাপিত হয়। সে ভাষা লিখিত হোক বা মৌখিক হোক, সাহিত্যে তার শারীরিক অবয়ব ও সাজসজ্জার একটা ছাপ পাঠক সমাজে থেকে যায়।

২.০ গবেষণা সম্বন্ধীয় প্রশ্নাবলী ও উদ্দেশ্য

আলোচ্য এই প্রবন্ধের বিষয় হল অচিন্ত্যকুমার সেনগুপ্তের ছোটগল্পে ভাষা-নির্মিতি। যেখানে লেখকের ছোটগল্পের নিজস্ব ভাষারীতি ও শৈলীগত বিশেষত্ব সম্বন্ধে আলোচনা করার চেষ্টা করব। সেইসঙ্গে তৎসম শব্দ, অর্ধ-

তৎসম শব্দ ও তদ্ভব শব্দের পাশাপাশি লৌকিক ভাষার প্রয়োগের সাথে কিভাবে সামাজিক ভাষা ব্যবহার করেছেন লেখক, উদাহরণ সহ তা আলোচনা করব।

৩.০ গবেষণা পদ্ধতি

ব্যাখ্যামূলক পদ্ধতিতে এই গবেষণামূলক প্রবন্ধ রচনা করে উপরোক্ত প্রশ্নাবলীর যথাযথ উত্তর দেওয়ার চেষ্টা করব। প্রবন্ধটি রচনার জন্য নিজস্ব বেশ কিছু গ্রন্থ ছাড়াও সিধো-কানহো-বীরসা বিশ্ববিদ্যালয়ের গ্রন্থাগার থেকে কিছু গ্রন্থ সংগ্রহ করতে হয়েছে। এই প্রবন্ধ রচনায় বর্ণনামূলক বা বিবরনাত্মক গবেষণা পদ্ধতির (Descriptive Research) সাহায্য নেওয়া হয়েছে।

৪.০ তথ্য সংগ্রহ ও বিশ্লেষণ

'অচিন্ত্যকুমার সেনগুপ্তের ছোটগল্পে ভাষা-নির্মিতি' –এই বিষয়টিতে গবেষণামূলক প্রবন্ধ লেখার জন্য বিভিন্ন গ্রন্থ থেকে তথ্য সংগ্রহ করা হয়েছে। বিশেষত, অচিন্ত্যকুমার সেনগুপ্তের 'একশ এক গল্প' গ্রন্থটি বিশেষ সহায়ক হয়েছে। এছাড়াও ড. অভিজিৎ মজুমদারের 'শৈলীবিজ্ঞান এবং আধুনিক সাহিত্যতত্ত্ব'; ড. উদয়কুমার চক্রবর্তী ও ড. নীলিমা চক্রবর্তী'র 'ভাষাবিজ্ঞান'; পবিত্র সরকারের 'গদ্যরীতি পদ্যরীতি'; রবিন পালের 'কথাসাহিত্যে চিত্রকল্প' প্রভৃতি গ্রন্থগুলো বিশেষভাবে সাহায্য করেছে।

আমরা জানি অচিন্ত্যকুমার সেনগুপ্ত সেইসব লেখকদের মধ্যে অন্যতম, যাঁরা রবীন্দ্রনাথের পরবর্তিতে বাংলা সাহিত্যে নিজেদের ভাবনাকে নিজেদের মতো করে নিজস্ব ভাষা ভঙ্গিমায় লেখার মাধ্যমে প্রকাশ করেছেন। অচিন্ত্যকুমারের গল্পের মধ্যে আমরা দেখতে পাই রোমান্স, যৌবন, প্রেম, দ্বিধাদ্বন্দ্ব ও জীবনবোধের শূন্যতা প্রায় সমগ্র গল্পের পরিধি জুড়েই রয়েছে। তাঁর প্রায় প্রতিটি গল্পেই তিনি জাতি-ধর্ম-বর্ণ নির্বিশেষে সকল শ্রেণীর জীবনের যন্ত্রণা, হতাশা ও সংশয়কে গল্পের বিষয়-বৈচিত্রে এক নতুন অভিধায় প্রস্ফুটিত করে তুলেছেন। তবে তাঁর গল্পের মূল উপজীব্য হল গ্রাম্য মানুষের দুঃখ-দারিদ্র সম্পন্ন অসহায় ব্যক্তিবর্গের জীবনের অসহনীয় যন্ত্রণা ও পরাজয়ের শোচনীয় ঘটনাবলীর উপস্থাপন করা।

ভাবের বাহনকে আমরা ভাষা বলি। কেননা আমরা আমাদের মনের ভাব প্রকাশ করি ভাষার মাধ্যমেই। আর যখন আমরা মনের এই ভাব প্রকাশের বিষয়সমূহকে বিশিষ্ট আকারে তুলে ধরি তখনই আসে form বা

রূপের কথা; এই রূপেরই আরেক নাম হল শৈলী। আর শৈলী শব্দটি সাধারণত রীতি বা style অর্থে বাংলা ভাষায় ব্যবহৃত হয়। যেখানে কোন লেখকের নিজস্ব রচনার বৈশিষ্ট্যকে শৈলী রূপে চিহ্নিত করা যায়। কেননা লেখকের স্বাতন্ত্র্যই গড়ে তোলে লেখকের শৈলী। লেখকের মনন, চিন্তন বা অনুভবের যে নিজস্ব রীতি তারই প্রকাশ ঘটে শৈলীর মাধ্যমে। কারণ লেখকের রচনার মধ্য দিয়েই লেখকের স্বকীয়তা পাঠকের কাছে স্বচ্ছ হয়ে ওঠে। এক্সভিস্টের মতে শৈলী হলো একধরনের নির্বাচন। তাই তাঁর মন্তব্য —"Style as the choice between alternet expression."[1] সুতরাং ভাষাশৈলী অনুধাবন করতে হলে লেখকের রচনার নির্মাণরীতি বিশ্লেষণ করতে হবে যা লেখকের ব্যক্তিত্ব-সম্পৃক্ত। অচিন্ত্যকুমার সেনগুপ্তের ছোটগল্পে দেখতে পাই শৈলী ও ভাষার বিশ্লেষণ ফুটে উঠেছে গল্পের চরিত্রের মধ্য দিয়ে; যেখানে ভাষা ব্যবহারের প্রায়োগিক দক্ষতার পরিচয় প্রকাশ পায়। এছাড়াও ভাষার রূপগত বিশ্লেষণ করলে বোঝা যায় সংলাপটি নারী না পুরুষের অর্থাৎ লিঙ্গের স্বরূপ নির্ণয় করা যায়; এবং সম্প্রদায়গত, শ্রেণীগত ও পেশাগত প্রভৃতির মাধ্যমে লেখকের মানসিকতার প্রকাশ পাওয়া যায়। ভাষার মধ্য দিয়েই লেখকের রচনার প্রয়োগের সার্থকতাও বোঝা যায়। অচিন্ত্যকুমার সেনগুপ্ত শব্দ-প্রয়োগ এবং ভাষা ব্যবহারের ক্ষেত্রে পুরোনো কোন প্রথাগত কৌশল ব্যবহার করেননি; বরঞ্চ তিনি তাঁর ভাষাশিল্পে ও রচনাশৈলীতে নিজস্বতার মননের ছাপ প্রস্ফুটিত করে তুলেছেন। সেইসঙ্গে তিনি চলিত ভাষায় সহজ ও সরল ভঙ্গিমায় কথ্যরূপে ঘটনার বর্ণনা করেছেন; এবং সেখানে তিনি সাধুভাষার তৎসম কোন শব্দ প্রয়োগ করেননি।

ভাষাশৈলী আলোচনার ক্ষেত্রে গল্পের আখ্যান বয়নে বর্ণনা অংশ ও সংলাপ অংশের ভাষাগত বৈশিষ্ট্য বিশেষভাবে উল্লেখযোগ্য। যেখানে বিশ্লেষণ করলে আমরা কথোপকথন ব্যবহারের দুটি দিক দেখতে পাই; যথা- সংলাপের পূর্বে বর্ণনা অংশ এবং সরাসরি সংলাপ ব্যবহার। এই ধরনের সংলাপ বলার ভঙ্গিমার ক্ষেত্রে কেবলমাত্র সংলাপ থাকে। বর্ণনার ক্ষেত্রে বলা যায় অনেকটাই প্রশ্নোত্তরধর্মী। অর্থাৎ কাহিনিটি লেখক কর্তৃক বর্ণিত। লেখক সর্বজ্ঞ হয়ে বর্ণনা দেন; এবং তিনি সবকিছু জানেন এমন বর্ণনা কৌশল পাওয়া যায় প্রথম পুরুষে বলা কাহিনির মধ্যে। যেখানে সংলাপ বিশ্লেষণ করলে শারীরিক ও মানসিক নানাবিধ ক্রিয়া লক্ষ্য করা যায়। সেখানে শুধুমাত্র

---

1 মজুমদার ড. অভিজিৎ, (২০২১), 'শৈলীবিজ্ঞান এবং আধুনিক সাহিত্যতত্ত্ব', দে'জ পাবলিশিং, কলকাতা-৭৩, প্রচ্ছদ: অজয় গুপ্ত, পৃঃ ৬২।

কাহিনির অন্তর্ভুক্ত নির্দিষ্ট চরিত্রের ব্যক্তিবর্গেরা কথোপকথনে অংশগ্রহণ করে থাকেন।

এছাড়াও বর্ণনা সংলাপ এর ক্ষেত্রে কথনভঙ্গিই হচ্ছে মানসিক ক্রিয়া। যেমনঃ ভয়ে ভয়ে, মৃদুকণ্ঠে, অত্যন্ত নিম্নকণ্ঠে, ব্যথিত কণ্ঠে, অনুচ্চ কণ্ঠে, রুদ্ধ কণ্ঠে, শুকনো মুখে, বিদ্রূপ করা, ভেংচি কাটা, গা জ্বালা করা, বকবক করা ইত্যাদি বোঝানো হয়।

উদাহরণস্বরূপ দেখব অচিন্ত্যকুমার সেনগুপ্তের 'ত্রাণ' নামক ছোটগল্পে, কান্তিবাবুর মেয়ে মালিনীর বিয়ের সংবাদ প্রসঙ্গে শশাঙ্কের বন্ধু ইন্দ্রনাথের সঙ্গে কান্তিবাবুর কথোপকথন-

"আপনাকে একটা খবর দিতে এসেছিলাম।

কি খবর? ...কার খবর?'

'মালিনীর খবর।'

'তার আবার কী খবর?' 'সে তো বি.এ. পাশ করেছে--'

'না, পাশ-ফেলের খবর নয়'।

'তবে তার আর খবর কী! এম.এ. যদি পড়তে চায় তো পড়বে--'

'না, তাও নয়।'

'তবে?'

'সে বিয়ে করেছে।'

'কী করেছে?'

'বিয়ে করেছে।'

'আমি জানলাম না, শুনলাম না, আর তার বিয়ে হয়ে গেল?'

'একরকম বিয়ে আছে, যা মা-বাপকে না জানিয়ে-শুনিয়েও করা যায় আজকাল। সেইরকমই একটা বিয়ে করেছে মালিনী।"[2]

--সুতরাং উক্ত কথোপকথনে আমরা দেখতে পাচ্ছি যে, দুটি চরিত্র নিজেদের মধ্যেই কথা বলছেন এক বিবাহ প্রসঙ্গে। এখানে কিন্তু কোনভাবেই গল্পকথককে চরিত্রদের কথোপকথনের মধ্যে প্রবেশ করতে দেখা যাচ্ছে না। শুধুমাত্র লেখকই চরিত্রদ্বয়ের সংলাপ পরিবেশ তৈরি করে দিচ্ছেন। যেখানে কথোপকথনের মধ্যে কথনভঙ্গির মানসিক ক্রিয়ার শব্দসমূহের ব্যবহার হয়েছে।

---

2 সেনগুপ্ত অচিন্ত্যকুমার, (১৪২৬), 'একশ এক গল্প', 'ত্রাণ', মিত্র ও ঘোষ পাবলিশার্স প্রাঃ লিঃ, কলকাতা-৭৩, প্রচ্ছদপট: পূর্ণেন্দু রায়, পৃঃ ৭৮-৭৯।

আবার 'জাত-বেজাত' গল্পেও সবদর খাঁ'র মৃত্যুর পর; জেফৎ দেওয়া অর্থাৎ শ্রাদ্ধশান্তির ক্রিয়াকর্ম বিষয়ক জুম্মাবাড়ির মুন্সিসাহেবের সাথে বিল্লাত খাঁ'র কথোপকথনে দেখতে পাই-

"কি খাঁয়ের পো, দাওয়াৎ দিবা কবে?

আহারা দিন-তারিখ ঠিক করিয়া দেন হুজুর। মুই তো দরজায় হাজির।

কি-কি খাওয়াইবা, কারে-কারে খাওয়াইবা—হ্যা তো ঠক করন লাগে।

হ্যা তো লাগেই। আহারা বৈঠক লাগান একদিন। বিচার-আচার করিয়া জাহির করেন ফতোয়া!"[3]

--অতএব এখানেও দুটি চরিত্র নিজেদের মধ্যেই কথা বলছেন এক জেফৎ দেওয়া অর্থাৎ শ্রাদ্ধশান্তির নিমন্ত্রণ প্রসঙ্গে। আর লেখকই চরিত্রদ্বয়ের সংলাপ পরিবেশ তৈরি করে দিচ্ছেন। যেখানে কথোপকথনের মধ্যে কথনভঙ্গির মানসিক ক্রিয়ার শব্দসমূহ ব্যবহৃত হয়েছে।

এবারে দেখব সংলাপের পূর্বে বর্ণনার উদাহরণস্বরূপ অচিন্ত্যকুমার সেনগুপ্তের 'সরবানু ও রোস্তম' গল্পে, সরবানু ও রোস্তমের বিবাহ বিচ্ছেদের মামলা ও সেই মামলা মিটিয়ে নেওয়ার প্রসঙ্গ উত্থাপন করে বলা হয়েছে— "এতটা হাঙ্গামা-হুজ্জত সরবানুর পছন্দ হয় না। মামলা-ফয়সালা করে লাভ কী! তার চেয়ে সবাই যদি ধরে-পড়ে চাপ-চুপ দিয়ে রোস্তমকে রাজী করাতে পারে মাস-মাস বরাদ্দ কিছু টাকা পাঠাতে, তা হলেই সে বর্তে যায়। রোস্তমদের অবস্থা তো ভাল। বাড়িতে টিনের ঘর, কাঁঠের খুঁটি। জোন-মান্দার দিয়ে চাষ করায়। গাড়ি-গরু রাখে। অনায়াসেই কটা টাকা ফেলে দিতে পারে। পেটের ভাত, পরনের কাপড়টা চলে যায়। নিকে-সাদিতে সুখ কই। ...কিন্তু সরবানু রাজী নয়। সে বলে, না। আমি আদালতে, হাকিমের সামনে গিয়ে দাঁড়াব। উঁচু গলায় বলব আমার দুখের কথা। যারা গরিব, যাদের কেউ নেই, হাকিমই তাদের মা-বাপ। ...সরবানু ঝঙ্কার দিয়ে উঠল, 'জীবন বিসর্জন দেব, তবু মামলা মিটিয়ে নিতে পারব না ওর সঙ্গে'।"[4]

____

3 সেনগুপ্ত অচিন্ত্যকুমার, (১৪২৬), 'একশ এক গল্প', 'জাত-বেজাত', মিত্র ও ঘোষ পাবলিশার্স প্রাঃ লিঃ, কলকাতা-৭৩, প্রচ্ছদপট: পূর্ণেন্দু রায়, পৃঃ ৩৭৬-৩৭৭।

4 সেনগুপ্ত অচিন্ত্যকুমার, (১৪২৬), 'একশ এক গল্প', 'সরবানু ও রোস্তম', মিত্র ও ঘোষ পাবলিশার্স প্রাঃ লিঃ, কলকাতা-৭৩, প্রচ্ছদপট: পূর্ণেন্দু রায়, পৃঃ ৬০২,৬০৪,৬০৬।

--অতএব এক্ষেত্রে দেখা যাচ্ছে বিবাহ-বিচ্ছেদের প্রসঙ্গকে কেন্দ্র করে সরবানুর সংলাপের পূর্বেই কথক নিজেই একটা পরিবেশ তৈরি করে দিচ্ছেন। তারপরে পরিবেশ পরিস্থিতি অনুযায়ী উপযুক্ত সংলাপই বলছেন সরবানু। যেখানে কথোপকথনের মধ্যে কথনভঙ্গির মানসিক ক্রিয়ার শব্দসমূহ ব্যবহৃত হয়েছে।

আবার অচিন্ত্যকুমার সেনগুপ্তের ছোটগল্পে এমন উদাহরণ দেখতে পাই যেখানে প্রথমে সংলাপ বলছে গল্পের চরিত্র এবং পরে কথক সেই সংলাপকে যথাযথ গতি প্রদানের মাধ্যমে কাহিনীর বর্ণনা করছেন। যেমনঃ লেখকের 'যতনবিবি' গল্পের দৃষ্টান্তস্বরূপ দেখতে পাই- "কি রে, এল আঙ্গা? সাহেব তাড়া দেয় উপর থেকে।"[5] অথবা "তুই যে দিনে-দিনে কাহিল হয়ে যাচ্ছিস। সাহেব একেক দিন তার খবর নেয়।"[6] আবার লেখকের এমনও দৃষ্টান্ত দেখতে পাই যেখানে প্রথমে সংলাপ বলছে গল্পের চরিত্র এবং পরবর্তিতে কথকের মাধ্যমে সেই কাহিনির বর্ণনায় চরিত্রের সংলাপের ধারাবাহিকতা বর্ণিত হচ্ছে। যেমন যতনবিবিকে খেতে দিচ্ছে হানিফ এবং যতনবিবি না খেয়ে ভাত নিয়ে অন্যত্র চলে যাচ্ছিল, তখন তাদের কথোপকথনে দেখতে পাই—"ভাত নিয়ে চলে যাচ্ছিল যতন, হানিফ চমকে ওঠে চেঁচিয়ে: 'ও কি, চলে যাচ্ছ যে? খাবে না?' 'এখানে বসে খেতে হবে?' কথায় কোমল একটা টান আনে যতন।
নিশ্চয়।
তোমার সামনে?
একশো বার। নইলে ও-ভাত তোমাকে আমি বিক্রি করতে দেব নাকি?"[7]
--অতএব এখানে কথক সংলাপের মধ্যে উপস্থিত থেকেই বজায় রেখেছেন কাহিনির ধারাবাহিকতা এবং কাহিনির অগ্রগতিতে উপযুক্ত ভূমিকা পালন করেছেন।

---

5 সেনগুপ্ত অচিন্ত্যকুমার, (১৪২৬), 'একশ এক গল্প', 'যতনবিবি', মিত্র ও ঘোষ পাবলিশার্স প্রাঃ লিঃ, কলকাতা-৭৩, প্রচ্ছদপট: পূর্ণেন্দু রায়, পৃঃ ৫৯৫।
6 সেনগুপ্ত অচিন্ত্যকুমার, (১৪২৬), 'একশ এক গল্প', 'যতনবিবি', মিত্র ও ঘোষ পাবলিশার্স প্রাঃ লিঃ, কলকাতা-৭৩, প্রচ্ছদপট: পূর্ণেন্দু রায়, পৃঃ ৫৯৫।
7 সেনগুপ্ত অচিন্ত্যকুমার, (১৪২৬), 'একশ এক গল্প', 'যতনবিবি', মিত্র ও ঘোষ পাবলিশার্স প্রাঃ লিঃ, কলকাতা-৭৩, প্রচ্ছদপট: পূর্ণেন্দু রায়, পৃঃ ৫৯৬।

কখনও আবার কাহিনির বর্ণনাতে কথকের ভাষাই প্রকাশ পায়। যেখানে কথককে দেখা যায় প্রথম পুরুষের বয়ানের মধ্য দিয়েই কাহিনিকে ধারাবাহিকভাবে এগিয়ে নিয়ে যান। কখনো আবার গল্পের মধ্যে কথকের প্রবেশ দেখা যায়। যেমন অচিন্ত্যকুমার সেনগুপ্তের 'পরাবিদ্যা' গল্পে এর যথাযথ দৃষ্টান্ত দিয়েছেন, শ্রাবণী'র জেগে থাকা বা ঘুমিয়ে থাকার প্রসঙ্গক্রমে কথক নিজেই ভাবতে শুরু করে কাহিনির ভেতরে প্রবেশ করেছেন। যা গল্পকারের ভাষায়—"কতক্ষণ চোখ বুজে রইল। অনেকক্ষণ। ভাবতে চেষ্টা করল ঘুমিয়ে আছে। এমন নিশ্ছিদ্র ঘুম, গায়ে ঠেলা মারলেও ভাঙবে না। কিংবা খুব যেন কঠিন একটা অসুখ করেছে। পাশ ফেরবারও ক্ষমতা নেই। যে সাদা দেওয়ালের দিকে মুখ করে করুণ চোখে তাকিয়ে আছে তাকেই সমুদ্র বলে ভুল করেছে। না, সমুদ্র নয়, হয়ত সাদা পালতোলা কোন এক সওদাগরের নৌকা।"[৪] –সুতরাং এখানে কথকের সঙ্গে চরিত্রের একাত্ম হওয়ার দৃষ্টান্তই ফুটে উঠেছে 'হয়ত', 'কিংবা', 'না' প্রভৃতি সংশয় প্রকাশের মাধ্যমে।

আবার অচিন্ত্যকুমার সেনগুপ্তের ছোটগল্পগুলোতে দেখতে পাই তিনি কথকের বয়ানে মূলত চলিত ভাষাকেই ব্যবহার করেছেন। যেখানে বেশিরভাগই তৎসম শব্দ, অর্ধ-তৎসম শব্দ ও তদ্ভব শব্দের পাশাপাশি লৌকিক ভাষার প্রয়োগ দেখিয়েছেন। এর পাশাপাশি লেখক প্রতিবেশ ও সামাজিক অবস্থানের সঙ্গে স্থান-কাল-পাত্র প্রভৃতি বিষয় সমূহের প্রতি দৃষ্টি আকর্ষণ করেছেন এবং ভাষা ব্যবহারের প্রতি ভাষাবিজ্ঞানের ভাষায় বিভিন্ন ধরনের সামাজিক ও আঞ্চলিক কোডও ব্যবহার করেছেন। যেমন 'কালনাগ' গল্পে অচিন্ত্যকুমার সেনগুপ্ত ভবতোষ মাস্টারের স্ত্রী সুধাকে সকালে বাড়িতে নেই দেখে ভবতোষের মনে যে সংশয় উপস্থিত হয় এবং এর পরে যখন দেখেন যে সুধা যাবার আগে তার চুড়িগুলোও রেখে গিয়েছেন; ফলে ভবতোষের মনের গভীরে এক অন্তর্দ্বন্দের সৃষ্টি হয়। যেখানে অচিন্ত্যকুমার সেনগুপ্ত কথকের বর্ণনার মাধ্যমে এবং ভাষার ব্যঞ্জনাগত প্রয়োগের ক্ষেত্রে এক নতুন মাত্রা পেয়েছে। যা গল্পকার উপস্থাপন করেছেন—"ঐ দুগাছি সোনার চুড়িই সুধার শেষ আভরণ। আর বাকি যা-কিছু ছিল কাগজের টুকরোয় পর্যবসিত হয়ে জঠরের আগুনে ভস্মসাৎ হয়ে গেছে। ঐ দুগাছি রেখে দিয়েছিল সে আয়তির চিহ্ন হিসেবে তত নয়, যত একটা কিছু বড় রকমের

৪ সেনগুপ্ত অচিন্ত্যকুমার, (১৪২৬), 'একশ এক গল্প', 'পরাবিদ্যা', মিত্র ও ঘোষ পাবলিশার্স প্রাঃ লিঃ, কলকাতা-৭৩, প্রচ্ছদপট: পূর্ণেন্দু রায়, পৃঃ ৯৫।

বিপদ-শৃঙ্খলার হাত এড়াতে। যদি বোমা পড়ে কোলকাতায় আর তাদের চলে যেতে হয় শহর ছেড়ে, তবে ঐ দুগাছি সোনার চুড়িই হয়ত তাদের কিছু দূরের পথ দেখাবে। তাই সব সময়ে হাতে রেখেও তাতে হাত দেয়নি সে কোন দিন। সেই চুড়ি দুগাছা আজ তার হস্তচ্যুত! কী মানে দাঁড়ায় এর?"[9] সুতরাং এখানে দেখলাম অচিন্ত্যকুমার সেনগুপ্ত কথকের মাধ্যমে ভাষাশৈলীতে তৎসম শব্দ, অর্ধ-তৎসম শব্দ ও তদ্ভব শব্দের পাশাপাশি লৌকিক ভাষার প্রয়োগ যথাযথভাবে ফুটিয়ে তুলেছেন।

আবার 'জাত-বেজাত' গল্পেও চলিত ভাষার প্রচলন দেখতে পাই, সেইসঙ্গে লৌকিক আটপৌরে শব্দের ব্যবহারও দেখিয়েছেন অচিন্ত্যকুমার সেনগুপ্ত। যেমনঃ "দশজনের একজন হয়ে থাকতে হবে তো সমাজে! সমাজ বন্ধ হয়ে গেলে আর থাকল কি! ওঠক বনেনা বৈঠক বনেনা পার্টি বনেনা, গাঁয়ে থেকে আর তবে লাভ কি! সে জঙ্গলে চলে যাক।"[10] সুতরাং এখানে ওঠক/ বৈঠক/ বনেনা/ গাঁয়ে প্রভৃতি শব্দ ব্যবহারের মধ্য দিয়ে অচিন্ত্যকুমার সেনগুপ্ত চলিত ভাষা ব্যবহারের স্বকীয়তার দৃষ্টান্ত তুলে ধরেছেন।

এছাড়াও অচিন্ত্যকুমার সেনগুপ্তের ছোটগল্পে আমরা তৎসম শব্দ, অর্ধ-তৎসম শব্দ ও তদ্ভব শব্দ প্রভৃতির পাশাপাশি লৌকিক ও চলিত ভাষার সঙ্গে সামাজিক পরিবেশ অনুযায়ী ভাষার ব্যবহারও দেখতে পাই। যেমন 'কেরাসিন' গল্পে কেরাসিন হল কালোবাজারির প্রেক্ষাপটে লেখা একটি গল্প। যেখানে অচিন্ত্যকুমার সেনগুপ্ত দেখিয়েছেন—"সত্যি, তাদের ঘরে রাত্রে আবার কবে বাতি জ্বলল! তার বাবা অত্যন্ত ছোট চাষা, হাল-গরু বেগার নিয়ে মুজরো কবুলতিতে জন খেটেছে এ বছর। হাতে-লাঙলে সে বাপের সাহায্য করেছে, তবু তাদের প্রায় দিনান্তর খাওয়া হয়নি। জমি অল্প, তাই ধানগাছে এত অতিরিক্ত তেজ হয়েছিল এ বছর যে, ধান ফোলেনি, ধানে দুধ হয়নি। এক একটি ধান কর্জ এনে খন্দের সময় দেড় কাটি ফিরিয়ে দেবে এই কড়ারে পেট চালিয়েছে। তাদের কিনা কেরাসিনের কুপি। সত্যি, আজগুবি

<hr>

9 সেনগুপ্ত অচিন্ত্যকুমার, (১৪২৬), 'একশ এক গল্প', 'কালনাগ', মিত্র ও ঘোষ পাবলিশার্স প্রাঃ লিঃ, কলকাতা-৭৩, প্রচ্ছদপট: পূর্ণেন্দু রায়, পৃঃ ৫৭৭।

10 সেনগুপ্ত অচিন্ত্যকুমার, (১৪২৬), 'একশ এক গল্প', 'জাত-বেজাত', মিত্র ও ঘোষ পাবলিশার্স প্রাঃ লিঃ, কলকাতা-৭৩, প্রচ্ছদপট: পূর্ণেন্দু রায়, পৃঃ ৩৭৭।

শোনায়।"[11] অতএব এখানে অচিন্ত্যকুমার সেনগুপ্ত ভাষার ব্যবহার ও বাক্য প্রয়োগের ক্ষেত্রে চলিত ভাষায় ও সামাজিক পরিবেশের একটা চিত্র তুলে ধরেছেন; যেখানে সমাজের কালোবাজারির সমস্যা ও সংকট সম্বন্ধীয় প্রতিচ্ছবি প্রস্ফুটিত হয়েছে।

৫.০ ফলাফল ও ব্যাখ্যা

উক্ত বিষয়সমূহ অনুসন্ধানের ফলাফলস্বরূপ একথা নিশ্চিতভাবে বলা যায় যে, অচিন্ত্যকুমার সেনগুপ্তের ছোটগল্পের ব্যবহৃত ভাষাকে কেন্দ্র করেই ছোটগল্পের শৈলীর বিশ্লেষণ। তাঁর ছোটগল্পের গদ্যশৈলী, আঙ্গিকরীতি এবং পদ্ধতি নিজস্বতার মাত্রাবোধকে তুলে ধরেছে। গল্পের বিষয়-বৈচিত্র্যকে প্রকাশ করতে আরোপিত শৈলীভাবনার অভিনবত্ব লেখকের স্বকীয় ঘরানাকে উজ্জীবিত করে রেখেছেন; সেইসঙ্গে বাংলা গদ্যরীতিকে অলঙ্কারমণ্ডিত করার শিল্পকর্মে অচিন্ত্যকুমার সেনগুপ্তের কবিত্বশক্তি সদাজাগ্রত ছিল। সুতরাং লেখকের ছোটগল্পগুলো ভাষাগত ছন্দে বাংলা কথাসাহিত্যের ঐশ্বর্য বিস্তার লাভ করেছে।

৬.০ উপসংহার

অচিন্ত্যকুমার সেনগুপ্তের ছোটগল্প রচনা বিচিত্ররূপিণী ও বিভিন্ন শাখাপ্রবাহিনী। সর্বত্রই শিল্পদৃষ্টির ছাপ সুস্পষ্ট ও স্বকীয়তায় উজ্জ্বল। তাঁর সাহিত্য পরিচয়ের অনন্যতা প্রধানত তাঁর ছোটগল্পের মধ্যেই নিহিত। কেননা তাঁর ছোটগল্পের শিল্পরূপ ও জীবন সমীক্ষায় যে বহুব্যাপ্ত অভিজ্ঞতা ও দৃষ্টির অন্তর্মুখিতা ফুটে উঠেছে তা অন্যত্র দুর্লভ। বিশেষত মুসলিম সম্প্রদায়ের আভ্যন্তরীণ খবরাখবর যা এতদিন সাহিত্যের আড়ালে ছিল; তা 'জাত-বেজাত', 'সরবানু ও রোস্তম', 'তসবীর' 'যতনবিবি', 'নুরবানু' প্রভৃতি সহ আরও অন্যান্য গল্পে ভাষার মধ্য দিয়ে যেন বিচারালয়ের হাটে এসে ভেঙ্গে পড়েছে। তাই মুসলিমদের স্বভাববলিষ্ঠতা, তাদের মাটির মায়া, অসম্ভব অধিকারলোলুপতা এবং দুর্দম জিদ নিয়ে অগ্নিগর্ভ হাউই এর মত বিদীর্ণ হয়েছে। যেমন বিবাহ বহির্ভূত মামলায় হিন্দু-মুসলিম উভয় সম্প্রদায়ই জড়িত, তবে মুসলিম সম্প্রদায়ের আচরণের মধ্যে বেশ কিছু পার্থক্য লক্ষ্যণীয়। কেননা মুসলিম দম্পতির সরল জীবনবোধের বিচ্ছেদের মধ্যে মিলনমুখিতার

---

11 সেনগুপ্ত অচিন্ত্যকুমার, (১৪২৬), 'একশ এক গল্প', 'কেরাসিন', মিত্র ও ঘোষ পাবলিশার্স প্রাঃ লিঃ, কলকাতা-৭৩, প্রচ্ছদপট: পূর্ণেন্দু রায়, পৃঃ ৪৮১-৪৮২।

চিরনির্মাণ ঘটেনি, কারণ জজসাহেবের হিতৈষা দম্পতির চিত্তবিমুখতাকে জয়ের মধ্য দিয়ে তাদের পূর্বপ্রণয়কে পুনরায় উজ্জীবিত হতে দেখা যায় সরবানু ও রোস্তমের তালাকের মামলা খারিজ হওয়ার মধ্য দিয়ে। যেখানে লেখক তৎসম শব্দ, অর্ধ-তৎসম শব্দ ও তদ্ভব শব্দ প্রভৃতির পাশাপাশি লৌকিক ও চলিত ভাষার সঙ্গে সামাজিক পরিবেশ অনুযায়ী ভাষার বিভিন্ন ব্যবহারের মাধ্যমে ফুটিয়ে তুলেছেন।

গবেষণামূলক এই প্রবন্ধে এতক্ষণ অচিন্ত্যকুমার সেনগুপ্তের ছোটগল্পের ভাষা নির্মিতির বেশ কিছু দিক নিয়ে আলোচনা করার চেষ্টা করলাম। আশাকরি এই ক্ষুদ্র প্রয়াসের মাধ্যমে 'ছোটগল্পের ভাষা নির্মিতি' বিষয়ে পাঠকদের ভাষাগত সমস্যার কিছুটা অন্তত সমাধান হবে।

৭.০ সহায়ক গ্রন্থপঞ্জী

চক্রবর্তী ড. উদয়কুমার ও ড. নীলিমা চক্রবর্তী, (২০১৯), 'ভাষাবিজ্ঞান', দে'জ পাবলিশিং, কলকাতা-৭৩।

পাল রবিন, (২০১৪), 'কথাসাহিত্যে চিত্রকল্প', এবং মুশায়েরা।

মজুমদার ড. অভিজিৎ, (২০২১), 'শৈলীবিজ্ঞান এবং আধুনিক সাহিত্যতত্ত্ব', দে'জ পাবলিশিং, কলকাতা-৭৩।

সরকার পবিত্র, (২০১৬), 'গদ্যরীতি পদ্যরীতি', কলকাতা, সাহিত্যলোক।

সেনগুপ্ত অচিন্ত্যকুমার, (১৪২৬), 'একশ এক গল্প', মিত্র ও ঘোষ পাবলিশার্স প্রাঃ লিঃ, কলকাতা-৭৩।

৮.০ গবেষক পরিচিতি

মৌসুমী মণ্ডল। একাধিক গবেষণাধর্মী প্রবন্ধের রচয়িতা ও পিএইচ. ডি. গবেষক। বাংলা ভাষা ও সাহিত্য। সিধো-কানহো-বীরসা বিশ্ববিদ্যালয়। বাংলা বিভাগ।

দূরভাষ: ৯৭৩৪৪৭৩১৬৩

Mail Id: mousumimondal128@gmail.com.

International Bilingual Journal of
Culture, Anthropology and Linguistics
ইন্টারন্যাশনাল বাইলিঙ্গুয়াল জার্নাল অফ
কালচার, অ্যানথ্রোপলজি অ্যান্ড লিঙ্গুইস্টিক্স

IBJCAL   **eISSN: 2582-4716**

Website: https://indianadibasi.com/journal/index.php/ibjcal
VOLUME: 5, ISSUE: 4 (December, 2023) || Special Issue: সাহিত্যের ভাষা: বিকাশ ও বিবর্তন

ভাষাতাত্ত্বিক বিশ্লেষণ: প্রসঙ্গ বিপুল দাসের ছোটগল্প / Linguistic Analysis: Context Bipul Das's Short Stories

রানা সরকার

Abstract: Literature is created with imagination, feelings, practical experience. This literature is developed by adopting the language. It is through this language that the author shows his stylistic talent. Bipul Das is a unique writer of this talent. As we get many important topics in his short stories, the stylistic genius in writing also creates excellence. 'Shankhapurir Rajkonya' is an important short story. Here there is an impression of the regionalism of North Bengal, i.e. society, weather, people, culture, language of livelihood has changed. In this category, the writer has effectively applied the oral language and the language of describing events effectively and efficiently. Literary language in thorough writing, Bongali, Kamarupi, English, Hindi and mixed languages as needed in dialogues have been used effectively.

Keywords: Bongali, Kamarupi, Style, Tea-Garden, Regional, Sound.

1.0 ভূমিকা

কল্পনা, অনুভূতি, বাস্তব অভিজ্ঞতা নিয়ে সাহিত্যের সৃষ্টি হয়। এই সাহিত্য গড়ে ওঠে ভাষাকে অবলম্বন করে। ঠিক এই ভাষাকে কেন্দ্র করেই লেখক নিজের শৈলীগত প্রতিভার পরিচয়ও দিয়ে থাকেন। এই প্রতিভার এক অনন্য লেখক বিপুল দাস। তাঁর লেখা ছোটগল্পে যেমন আমরা অনেক গুরুত্বপূর্ণ বিষয় পেয়ে থাকি তেমনি রচনার দিক থেকে শৈলী প্রতিভাও চমৎকারিত্ব সৃষ্টি করে। 'শঙ্খপুরীর রাজকন্যা' একটি গুরুত্বপূর্ণ ছোটগল্পগ্রন্থ। এখানে রয়েছে উত্তরবঙ্গের আঞ্চলিকতার ছাপ অর্থাৎ সমাজ, আবহাওয়া, মানুষ, সংস্কৃতি, জীবিকা শ্রেণিভেদে মুখের ভাষা গেছে পাল্টে। এই শ্রেণিভেদে মানুষের মুখের ভাষা এবং ঘটনা বর্ণনার ভাষা লেখক সার্থক ভাবে দক্ষতার সহিত প্রয়োগ করেছেন।

2.0 গবেষণা সম্বন্ধীয় প্রশ্নাবলী

 (a) বিপুল দাস তাঁর ছোটগল্পে পুঙ্খানুপুঙ্খ ভাবে রচনার ক্ষেত্রে সাহিত্যের ভাষা, সংলাপে আঞ্চলিক ভাষা কীভাবে প্রয়োগ করেছেন?

 (b) বিপুল দাস তাঁর ছোটগল্পে সাহিত্যের ভাষায় কীভাবে মিশ্র ভাষা প্রয়োগ হয়েছে?

3.0 তথ্য বিশ্লেষণ ও ব্যাখ্যা

শিল্পের একটি গুরুত্বপূর্ণ অংশ সাহিত্য। আর এই সাহিত্য গড়ে ওঠে লেখনীর মাধ্যমে। যেখানে উপস্থিত থাকে লেখকের চিন্তা-চেতনা, আবেগ-অনুভূতি, সৌন্দর্য এবং অতি গুরুত্বপূর্ণ বিষয় লেখকের বাস্তব জীবন অভিজ্ঞতা। উক্ত বিষয়গুলিকে কেন্দ্র করে লেখক যখন লিখিত রূপ দেন বাস্তব ও কল্পনাকে অবলম্বন করে তখনই তা সাহিত্য হয়ে ওঠে। এই সাহিত্য লিখিত হয় ভাষাকে অবলম্বন করে। সাহিত্যের ভাষা গঠন হয় মূলত পাঠ্যের ফর্ম এবং শৈলীকে অবলম্বন করে। সাহিত্যিক ভাষা মূলত পেশাদারী অথবা প্রযুক্তিগত হয়ে থাকলেও সমাজের একটি নির্দিষ্ট গোষ্ঠীর শব্দার্থ দ্বারা চিহ্নিত হয়ে থাকে। সাহিত্য হল একপ্রকার সামাজিক বাচন। আর সেই সামাজিক বাচন গঠন হবে স্থান, কাল, সময়-কে কেন্দ্র করে। সুতরাং ভাষাবোধের সঙ্গে সাহিত্যের বোধ নিবিড় সম্পর্কে জড়িয়ে আছে। শুধু পরপর শব্দ বসিয়ে যাওয়া নয়, বিষয় জ্ঞান এবং মূল উদ্দেশ্য সাধনের কৃৎকৌশল জানা প্রয়োজন। ড. বিমলকুমার মুখোপাধ্যায়ের 'সাহিত্য-বিচার : তত্ত্ব ও প্রয়োগ' বই থেকে জানতে পারি-

"সাহিত্য হল সাহিত্যিকের conscious calculation; যথেচ্ছ শব্দযোজনা নয়। ক্রিস্টাল ডেভি সাহিত্য বিচারে আটটি সূত্রের সন্ধান দিয়েছিলেন। সাহিত্যিকের অবস্থান ও ভূমিকা স্মরণে রেখে তাঁরা শৈলীর আলোচনা করেছিলেন। লেখকের ব্যক্তিসত্ত্বা, আঞ্চলিক উপভাষা, লেখকের শ্রেণীগত উপভাষা, রচনার কাল, মাধ্যমের সরলতা ও জটিলতা বিষয়ক প্রশ্ন, রচনার বিষয়গত এলাকা, লেখক ও পাঠকের সামাজিক সম্পর্কের সূত্রান্বেষণ, রচয়িতার বিশেষ কোনো উদ্দেশ্যের সন্ধান।"[১] অতএব প্রাথমিকভাবে স্বীকার করে নিতেই হয় যে সচেতন আকারে এই আটটি সূত্রকে অবলম্বন করেই সার্থক সাহিত্য গড়ে ওঠে।

আমাদের আলোচ্য বিষয় বিপুল দাসের ছোটগল্পে ভাষার স্বতন্ত্র ব্যাবহার এবং তার পুঙ্খানুপুঙ্খ বিশ্লেষণ। তাঁর ছোটগল্পের ভাষার আলোচনার পূর্বে তাঁর সামান্য পরিচয় দেওয়া যাক। বিপুল দাসের জন্ম ১৯৫০ সালে, শিলিগুড়িতে। বিজ্ঞানে স্নাতক। পেশা শিক্ষকতা। আদি নিবাস ফরিদপুর। শিলিগুড়িতেই বড় হয়ে ওঠা, লেখাপড়া, চাকরি। উপন্যাস, ছোটগল্প ছাড়াও রম্যরচনা, শিশু কিশোরদের জন্য অনেক লেখা প্রকাশিত হয়েছে। প্রথম সাড়া জাগানো গল্প 'অ্যান্টিবায়োটিক' প্রকাশিত হয় ১৯৭৪ সালে অধুনালুপ্ত 'পাহাড়তলি' পত্রিকায়। প্রথম উপন্যাস 'লাল বল' বেরোনোর সঙ্গে সঙ্গে সুধী পাঠকদের দৃষ্টি আকর্ষণ করে। সব ধরণের পত্র পত্রিকায় লেখা প্রকাশিত হয়েছে। একসময়ে নাটকের দলের সঙ্গে যুক্ত ছিলেন। নাটকে সার্থক আবহসঙ্গীত পরিচালনার অভিজ্ঞতাও আছে। নদী, পাহাড়, ডুয়ার্সের অরণ্যঘেরা অঞ্চলের প্রাকৃতিক সৌন্দর্য, জনজাতির বৈচিত্র্যময় সংস্কৃতি তাঁকে চিরকাল মুগ্ধ করেছে। মূলত সেখান থেকেই তাঁর লেখার উপাদান সংগৃহীত। আমাদের আলোচ্য বিষয়ে তাঁর বহু ছোটগল্পগ্রন্থ থেকে আলোচনার সুবিধার্থে 'শঙ্খপুরীর রাজকন্যা' ছোটগল্পগ্রন্থকে নির্বাচন করা হয়েছে। উক্ত ছোটগল্প গ্রন্থের তিরিশটি ছোটোগল্প থেকে পাঁচটি ছোটগল্প নির্বাচন করে আমাদের আলোচ্য বিষয়কে এগিয়ে নিয়ে যাওয়া হবে। নির্বাচিত ছোটগল্পগুলি হল 'রক্তচন্দন ও কালোমহিষ', 'এক বনে এক বাঘ', 'ইস্টার স্যাটারডে অথবা সোমরতন চা-বাগানের কিস্সা', 'মস্তক-প্রধান কাঁকড়া', 'চাঁদ, বামন, আয়না ইত্যাদি'। উক্ত গল্পগুলিকে কেন্দ্র করে সার্বিকভাবে ভাষাতাত্ত্বিক আলোচনা করা গেল নিম্নে।

'রক্তচন্দন ও কালোমহিষ' একটি রূপকধর্মী ছোটগল্প। লেখক এই ছোটগল্পে তাঁর বিজ্ঞান বিষয়ক পড়াশোনার অভিজ্ঞতা ও ভারতীয় আয়ুর্বেদ

শাস্ত্রের নানান ওষোধিমূলক উপাদানকে ব্যাবহার করেছেন Syntax অর্থাৎ পদবিন্যাসরূপে। ব্যাবহার করেছেন সংস্কৃত ভাষার শ্লোক। নানা গাছ-গাছালির গুণাবলীর মধ্য দিয়ে একটি পরিবারের গল্পকে তুলে ধরেছেন। এই একটি পরিবার সমস্ত পরিবারের প্রতিভূ। একদিকে যেমন পৃথিবীর নানান ওষোধিমূলক গাছ যথা সর্পগন্ধা, গুলঞ্চ, ধুতরো, বাসক, কলমি, থনকুনি, নিশিন্দা, আমলকী, কালমেঘ, মেন্থিকা প্রভৃতি অজান্তে অথবা জেনেও উপরে ফেলছি ফ্ল্যাট বাড়ি গঠনের জন্যে, নিত্যদিন ধ্বংস করছি আমাদের চিরাচরিত সম্পদ। তেমনি অন্যদিকে পরিবার ক্ষুদ্র হচ্ছে রোজ কর্মসূত্রে অর্থাৎ বাড়ির সদস্যরা শহরে কর্মসূত্রে বেরিয়ে গিয়ে আর ফিরে আসছে না নিজ গ্রামে, স্ব-পরিবারে। বিশ্বায়নের প্রভাবে মানুষ ব্যক্তিস্বার্থে নিমজ্জিত হয়েছে, ফলস্বরূপ মানুষকে অতিক্রম করতে হচ্ছে পরিবারের ক্ষুদ্র গণ্ডী, পাড়ি দিতে হচ্ছে অজানা শহরে ইঁদুর দৌড়ে। আর যতই পিতা-মাতা অপেক্ষা করুক না কেন স্থায়ীরূপে তাদের সন্তান গৃহে ফিরছে না। এই বিষয়টিই তিনি আয়ুর্বেদিক শাস্ত্রের সঙ্গে তুল্যমূল্য করতে গিয়ে রূপকধর্মী হয়ে দাঁড়ায়। প্রধান চরিত্র তারাকান্ত গাছ-পাগল লোক। তিনি আজীবন শুধু আয়ুর্বেদ গ্রন্থই নয়, জ্ঞান অর্জনের জন্য দেশি বিদেশি বই সারাজীবন পড়েছেন। ধন্বন্তরি, চরক, সুশ্রুত, চক্রপাণিদত্ত, মাধবকর, সুরেশ্বর, বঙ্গসেনা, অগ্নিবেশ, জতুকর্ণ, পরাশর, হারীত, ভোজ প্রমুখের সমস্ত আয়ুর্বেদ শাস্ত্র-গ্রন্থ তার মুখস্থ। তিনি আজীবন কোন অ্যালোপ্যাথি ওষুধ খাননি। গভীর বিশ্বাস ছিল নিজের জ্ঞান এবং আয়ুর্বেদ শাস্ত্রের উপর। সমস্ত রোগের নিরাময় করতেন গাছগছালির পাতা, ফুল, ফল, কাণ্ড, ছাল, শেকড়ের রস অথবা বাটা থেকে। অতএব বুঝতেই পারি এইরকম আয়ুর্বেদিক বিষয়কে অবলম্বন করে ছোটগল্প রচনা করতে গেলে ভাষাও যে আয়ুর্বেদিক অর্থাৎ ইঙ্গিতময় হয়ে উঠবে তা স্বাভাবিক। নিম্নে ভাষা ব্যবহারের উদাহরণ দেওয়া হল।

উদাহরণ ১ : "বুঝলে বড়বউ, আমরা বলি সুষনিশাক। আসলে কিন্তু ওটার নাম সুনিষণ্ণক। লীলাবতীতে আছে ইড়া আর পিঙ্গলা জুড়ে যেমন মনকে সুষুপ্তিতে পৌঁছে দেয়, এই যমক পত্র নিষণ্ণও মনকে তেমনি গভীর প্রশান্তিতে নিয়ে যায়। সেই জন্য শাকের নাম সুনিষণ্ণক। গ্রামের দিকে এ শাকের নাম হল ঘুমশাক। উড়িষ্যার ওদিকে ওরা বলে সুনসুনিয়া। বিহারে বলে চৌপতিয়া। আসলে চতুষ্পত্রী তো। যেন চারটে করতল ছড়িয়ে আছে। প্রাচীন মুনি ঋষিরা কী বলে গেছেন জানো— সংনিষণ্ণো হিমগ্রাহী মোহদোষত্রয়াপহঃ।"২

উল্লিখিত অনুচ্ছেদে- ‘সুষনিশাক’, ‘সুনিষঙ্ক’, ‘লীলাবতী’, ‘ইড়া’, ‘পিঙ্গলা’, ‘সুষুপ্তি’, ‘যমক পত্র’, ‘নিষঙ্গ’, ‘সুনিষঙ্ক’, ‘ঘুমশাক’, ‘সুনসুনিয়া’, ‘চৌপতিয়া’, ‘চতুষ্পত্রী’, ‘সংনিষঙ্গো হিমগ্রাহী মোহদোষত্রয়াপহঃ’ শব্দ এবং বাক্যে সাধারণত বাক্যে ব্যাবহার হয়ে থাকে না। কিন্তু লেখক নিজ দক্ষতায় শব্দগুলোকে সহজরূপেই সম্পূর্ণ গল্প জুড়ে রূপক হিসেবে ব্যাবহার করেছেন। এতে গল্পটি পাঠে পাঠকের কখনই হোঁচট খেতে হয় না বরং আরেকটি নতুন বোধ তৈরি হয় গল্পপাঠে। আরেকটি উদাহরণ নিম্নে দেওয়া গেল।

উদাহরণ ২ : “প্রাণ সৃষ্টির রহস্য বিষয়ে কত বই পড়েছেন তিনি। কত তত্ত্ব জেনেছেন। ভাইরাস, ব্যকটিরিয়া, ছত্রাক, প্রোটোজোয়ার জীবনচক্র পড়েছেন। কিন্তু অবাক হয়ে যান বৃক্ষের মহিমায়। মাটির গভীরে থেকে শেকড় বেয়ে এক অমৃত সঞ্চিত হতে থাকে, পুষ্পমঞ্জরীতে, শেকড়বাকড়ে। আনন্দধারা ছড়িয়ে থাকে ক্লোরোফিল নামক সবুজকণায়।”[৩]
উক্ত অনুচ্ছেদে- ‘ভাইরাস’, ‘ছত্রাক’, ‘প্রোটোজোয়া’, ‘পুষ্পমঞ্জরি’, ‘শেকড়বাকড়’, ‘ক্লোরোফিল’ শব্দগুলি বিজ্ঞান বিদ্যা বিষয়ক। বিজ্ঞানের ভাষাকে তিনি সাহিত্যের ভাষা করে তুলেছেন ‘রক্তচন্দন ও কালোমহিষ’ ছোটগল্পে।

‘ইস্টার স্যাটার ডে অথবা সোমরতন চা-বাগানের কিস্সা’ ছোটগল্পের নামকরণ থেকেই বুঝে নেওয়া যায় যে চা-বাগান কেন্দ্রিক ছোটগল্প। গল্পের মূল বিষয় সংক্ষেপে আলোচনা করা গেল, যেহেতু আমাদের মূল আলোচ্য বিষয় ভাষার তাত্ত্বিক অনুসন্ধান। মিস্টার এবং মিসেস কেয়া মুখার্জি দুজনে এসেছেন উত্তরবঙ্গে কাজের সূত্রে। মূল ভাবনা বিকশিত হয়েছে মূল চরিত্র মাইকেল সোরেন চরিত্রের কার্যকলাপ ও ভাবনা চিন্তা থেকে। পুরো গল্পটারই স্থান কাল সময় এক কিন্তু অসাধারণ দক্ষতায় লেখক মিস্টার এবং মিসেস মুখার্জির কর্মযাপনের যে জার্নি এবং উত্তরবঙ্গের একের পর এক চা-বাগান উচ্ছেদের সঙ্গে বিভিন্ন ফ্ল্যাট অথবা আবাসন গড়ে ওঠার মাধ্যমে স্থানীয় চা-বাগানের আদিবাসীদের দুশ্চিন্তা, বেকারত্ব, পরিবর্তিত নগর সমাজের থেকে পিছিয়ে পড়ার মতো বিষয় উঠে এসেছে। পুরো গল্পটাই একটা চা গাছের শেকড় দিয়ে তৈরি গ্লাসটপ টেবিলের ফার্নিচারকে কেন্দ্র করে। মাইকেল সোরেন কিছুতেই বিশ্বাস করতে পারে না এই টেবিলটি কী করে একটি চা গাছের শেকড় হতে পারে। সেই চা গাছের শেকড়ের মধ্যে দিয়ে নিজের অস্তিত্বের অনুসন্ধান করে। আসলে শহুরে বাবুদের শৌখিন উদযাপনের

176

আড়ালে নিঃস্ব ও ধামাচাপা হয়ে যাচ্ছে স্থানীয় আদিবাসীদের যাপনচিত্র। সংকটের মুখে তাঁরা। এই অস্তিত্বের সন্ধানের গল্পই 'ইস্টার স্যাটার ডে অথবা সোমরতন চা-বাগানের কিস্সা'।

ইংরাজি ভাষার শব্দ প্রয়োগ

এই গল্প নির্বাচনের কারণ এর ভাষা। লেখক এই গল্পে একজন আধিকারিকের ভাষা প্রয়োগ করেছেন। একজন আধিকারিক এবং তার স্ত্রী ও বন্ধুবর্গ যে প্রচুর পরিমাণে ইংরাজি ভাষার শব্দ প্রয়োগ বা ব্যাবহার করবেন সেটাই স্বাভাবিক। নিম্নে উদাহরণ সহ আলোচনা করা গেল।

উদাহরণ ১ : "কেয়ার আইডিয়া ছিল। মাসানিদের ফ্ল্যাট যখন সাজানো হয়েছিলো, কেয়া সমস্ত খোঁজখবর নিয়েছিল। মিসেস মাসানি কেয়াকে রুফ গার্ডেনের মাঝে দোলনার ওপরে রুপোর ঘণ্টা থেকে গার্ডেনের আমব্রেলার রঙের তাৎপর্য বুঝিয়েছিল। কেয়াকে অনেক টিপস দিয়েছিলো। তখনই কেয়া জানতে পারে ইটস আ সায়েন্স। রীতিমত সিলেবাস ধরে পড়ানো হয়।"[৪]

উক্ত অনুচ্ছেদে রয়েছে প্রচুর ইংরেজি শব্দ- 'আইডিয়া', 'ফ্ল্যাট', 'মিসেস', 'রুফ', 'গার্ডেন', 'আমব্রেলা', 'টিপস', 'ইটস', 'আ', 'সায়েন্স', 'সিলেবাস'।

উদাহরণ ২ : "কেয়ার রুচির ওপর বেশ আস্থা রাখা যায়। এর আগে যখন কোম্পানির কোয়ার্টারে ওরা ছিল, কেয়াই ঘর সাজাত। মাল্টি ন্যাশনাল কোম্পানির সেই ফ্ল্যাটে আধুনিক ফার্নিচারের অভাব ছিল না। সাউথ-এন্ড কমপ্লেক্সের চল্লিশটা ফ্ল্যাট অনেকগুলো কোম্পানি ভাড়া নিয়েছিল। তাদের ছিল বারোটা ফ্ল্যাট। বারোজন সিনিয়র এক্সিকিউটিভ হাত-পা ছড়িয়ে সেসব ফার্নিশড ফ্ল্যাটে থাকতো।"[৫]

ইংরেজি শব্দ- 'কোম্পানি', 'কোয়ার্টার', 'মাল্টি', 'ন্যাশনাল', 'ফার্নিচার', 'সাউথ', 'এন্ড', 'কমপ্লেক্স', 'ফ্ল্যাট', 'সিনিয়র', 'এক্সিকিউটিভ', 'ফার্নিশড'।

এমনকি সংলাপে যদি আমরা খেয়াল করি তবে দেখতে পাবো গোটা গোটা বাক্য ইংরেজিতে রয়েছে। অর্থাৎ অভিজাত শ্রেণীর মুখের যে ভাষা তা প্রয়োগ করেছেন লেখক এবং পাঠক হিসেবে কোথাও অসুবিধার সম্মুখীন হতে হয় না। বাংলার সাথে ইংরেজির সার্থক রুপায়ণ ঘটিয়েছেন। ইংরেজি সংলাপগুলো নিম্নে উদাহরণ স্বরুপ দেখানো হল।

সংলাপ ১ : "ইমপসিবল, বুঝলে...দে আর আসকিং এ লট অফ মানি। ভেরি ভেরি হিউজ অ্যামাউন্ট।" (পৃষ্ঠা-৭৮)

সংলাপ ২ : "দেন লিভ ইট। লিভ ইট টু মি।" (পৃষ্ঠা-৭৮)

সংলাপ ৩ : "দ্যাটস নট মাই কাপ অফ টি। আমি তো ভাবছিলাম তোমাকে ভিজ্জেস করব। আই ওয়জ র‍্যাদার বিজি ট্রইথ মাই বিজনেস।" (পৃষ্ঠা-৮১)

আমাদের আলোচ্য পাঁচটি ছোটগল্পের মধ্যে কথোপকথনের যে ভাষা সেখানে উত্তরবঙ্গের মুখের ভাষার প্রভাব রয়েছে। লেখকের যে গল্পগুলি নির্বাচন করা হয়েছে, সেখানে প্রেক্ষাপট রূপে যেহেতু শিলিগুড়ি এবং ডুয়ার্স অঞ্চল সেহেতু এই অঞ্চলের মুখের ভাষা উঠে এসেছে এবং এটাই স্বাভাবিক। তাই আমরা তার গল্পের সাহিত্যের ভাষার মাঝে মাঝে আঞ্চলিক যে উপভাষা রয়েছে তার প্রভাব লক্ষ্য করি। গল্পগুলি পাঠ করলে অনায়সে বুঝতে পারি তিনি সংলাপের ক্ষেত্রে বহু জায়গায় বঙ্গালী উপভাষা এবং দু-এক ক্ষেত্রে কামরূপী তথা রাজবংশী ভাষার ব্যবহার করেছেন। সেই সব ভাষারই অন্তরঙ্গ ও বহিরঙ্গ দিকগুলি আলোচনা করাই মূল লক্ষ্য। নিম্নে ছোটগল্পের নাম সহ উদাহরণ তুলে পুঙ্খানুপুঙ্খ আলোচনা করা গেল।

ক. বঙ্গালী ভাষার ব্যাবহার:
'মস্তক-প্রধান কাঁকড়া'

১. "ক্যাঁকড়ার তো মুণ্ডুটাই শরিল, আর দুটো ঠ্যাং। যদি একবার ধরতি পারে, তো তুই গেলি।" (পৃষ্ঠা ১১৭)

কাঁকড়া> ক্যাঁকড়া, শরীর>শরিল, ধরতে>ধরতি। এখানে যথাক্রমে আঁ>অ্যাঁ, শরীর>শরিল (বিষমীভবন), এ>ই রূপে উচ্চারিত হয়েছে। যা মূলত বঙ্গালী উপভাষায় লক্ষ্য করা যায়।

২. "ছাড়লা ক্যান, অখনও পুরা গেস ভরা হয় নাই।" (পৃষ্ঠা ১২২) কেন>ক্যান, গ্যাস>গেস। এখানে এ>অ্যা এবং অ্যা>এ রূপে উচ্চারিত হয়েছে। কেন>ক্যান; উচ্চমধ্য অর্ধসংবৃত সম্মুখ স্বরধ্বনি 'এ' বঙ্গালীতে নিম্নমধ্য অর্ধবিবৃত সম্মুখ স্বরধ্বনি 'অ্যা' রূপে উচ্চারিত হয়েছে। যথাক্রমে পরবর্তী গ্যাস থেকে গেস এর উচ্চারণে বিপরীত নিয়মটি ফুটে উঠেছে। এখনও>অখনও; এক্ষেত্রে এ>অ রূপে পরিবর্তন হয়েছে।

৩. "আগুনের মধ্যে তুমি কী দেখতিছিলে? আমি তোমারে কত ডাকতিছি, আর যেন ঘুমোয় পড়তিছিলে। (পৃষ্ঠা ১২৩) দেখতেছিলে>দেখতিছিলে, তোমাকে>তোমারে, পড়তেছিলে>পড়তিছিলে। এখনে এ>ই তে পরিণত হয়েছে এবং তোমাকে>তোমারে হয়েছে। বঙ্গালীতে গৌণ কর্ম ও সম্প্রদান কারকে '-রে' বিভক্তি যোগ হয়।

'ইস্টার স্যাটার ডে অথবা সোমরতন চা-বাগানের কিসসা'

১. "আসল হইল গিয়া আপনের পালিশ। গতমাসে একজন সাহেব আইস্যা এই টেবিলের ফটো তুলল। সবকিছু জিগাইল। লগে একটা মেমও আছিল। দু'জনেই হাফপেন্ট। লাস্টে দশটা অর্ডার দিছে, আপনেরে মিথ্যা কমু না..." (পৃষ্ঠা ৮৩)

হল>হইল অপিনিহিতির দৃষ্টান্ত, আপনার>আপনের আ>এ রূপে উচ্চারিত হয়েছে, এসে>আইস্যা অপিনিহিতির দৃষ্টান্ত, দিয়েছে>দিছে মধ্যস্বরলোপ, জিজ্ঞাসা করলো>জিগাইল, জিজ্ঞাসা করিলো এর সংক্ষিপ্ত রূপ একত্রে 'ইল' ব্যবহৃত হয়ে দাঁড়িয়েছে 'জিগাইল', সঙ্গে>লগে বিষমীভবন, উত্তম পুরুষের সাধারণ ভবিষ্যৎকালের বিভক্তি হল '-মু', বলবো>কমু।

২. "কী কন। এমনে টেবিলের তো থাকে চারখান পাও। এইটির দ্যাখছেন ছয়খান, ছুটোটি ধরলে সাতখান। আপনে উঠেন, টেবিলের উপর খাড়ান, ভাঙলে আবার বানাইয়া দিমু অনে।" (পৃষ্ঠা ৮৬)

ছোটো>ছুটো এখানে ও, উ-তে পরিণত হয়েছে। দেখছেন>দ্যাখছেন এ, অ্যা –তে পরিণত হয়েছে। দিব>দিমু রূপে উচ্চারিত হওয়ায় অল্পপ্রাণ 'ব' মহাপ্রাণ ধ্বনি 'ম'-তে পরিণত হয়েছে।

৩. "আসল হইল আপনের পালিশ। আপনেরে মিথ্যা কথা কমু না, কুকাঠের উপর এমুন পালিশ দিমু, এমুন ফাইবার বানাইয়া দিমু, আপনি ট্যারও পাইবেন না।" (পৃষ্ঠা ৮৬)

হল>হইল, আপনাকে>আপনেরে, বলবো না>কমু না, এমন>এমুন, দিব>দিমু, বানিয়ে>বানাইয়া, টের>ট্যার।

'চাঁদ, বামন, আয়না ইত্যাদি'

১. "শরিলি য্যান একশো হাতির বল ফিরে আলো। আর কী খিদে। লাউ ঝুলতিছে, মনে হয় মাচানসুদ্ধু খায়ে ফেলি।" (পৃষ্ঠা ১৭৬) শরীর>শরিল, যেন>য্যান, এলো>আলো, ঝুলছে>ঝুলতিছে, খেয়ে>খায়ে।

২. "ডাক্তারবাবু, কিলিয়ার হতি হতি আমি তো ফরসা। শরিলি আর রক্তই নাই। কেটে ছুড়ে গেলি খালি মিকচার বেরোয়।" (পৃষ্ঠা ১৭৬)

৩. "বালাই ষাট, মরবি ক্যান। এই দ্যাখ স্টেথো কিনিছি। আলমারিতে ভরা ওষুধ..." (পৃষ্ঠা ১৮৫) কেন>ক্যান, দেখ>দ্যাখ। কিনেছি>কিনিছি এক্ষেত্রে মধ্যগত স্বরসঙ্গতি ঘটেছে।

খ. কামরূপী অর্থাৎ রাজবংশী ভাষার ব্যাবহার
'ইস্টার স্যাটার ডে অথবা সোমরতন চা-বাগানের কিস্‌সা'
১. "তখন কোটে গেইল্‌ দেউনিয়ার বাথান, আর কোটে গেইল্‌ কাউয়াখালি জোত। স্যালা মনত লাগে সবঠে বড় বিল।" (পৃষ্ঠা ৮৫)
কোথায়>কোটে শব্দটি সংক্ষিপ্ত হয়ে মধ্য মহাপ্রাণ ধ্বনি অন্তে অল্পপ্রাণ ধ্বনিতে পরিবর্তিত হয়েছে। তেমনি গেল>গেইল্‌ এক্ষেত্রে অপিনিহিতির ব্যবহার এবং শব্দান্তে হসন্তের ব্যবহার। মন>মনত শব্দান্তে অন্ত ব্যঞ্জনাগম 'ত' ধ্বনির আগমন। তখন>স্যালা, সবখানে>সবঠে কামরূপী ভাষার রূপতাত্ত্বিক বৈশিষ্ট্য।

'এক বনে এক বাঘ'
১. "পরীক্ষায় পাশ হোবেনি এইবার। বিহানবেলায় উঠে, সইঞ্ঝাবেলায় নামে। কী একখান শয়তানের চাক্কা দিছেন।
--ছেলেমানুষ, দুদিন পরে দেখবেন হাউস মিটে গেছে।" (পৃষ্ঠা ৫১)
হবেনা>হোবেনি, সকালবেলা>বিহানবেলা, সন্ধ্যাবেলা>সইঞ্ঝাবেলা, মনের ইচ্ছে>হাউস।
২. "কুনঠে গেলি বাপ?...এইঠে মুই শ্যাম রাখি না কূল রাখি— কহেন তো?" (পৃষ্ঠা ৪৯)
কোথায়>কুনঠে, এখানে>এইঠে, আমি>মুই, বলেন>কহেন। উত্তম পুরুষের একবচনের সর্বনাম হল-মুই, আমি>মুই।

গ. মধ্যব্যঞ্জনাগম
"আগুনের মধ্যে তুমি কী দেখতিছিলে? আমি তোমারে কত ডাকতিছি, আর যেন ঘুমোয় পড়তিছিলে।" (পৃষ্ঠা ১২৩) দেখছিলে>দেখতিছিলে, ডাকছি>ডাকতিছি, পড়ছিলে>পড়তিছিলে।

ঘ. বাক্যতত্ত্ব
সরলবাক্য:
১. "এ অঞ্চলে কানু ডাক্তারের বেশ নামডাক।" (পৃষ্ঠা ১৭৫)
২. "এদিকে ঢেঁকি খুব একটা প্রচলিত নয়।" (পৃষ্ঠা ৪৯)
৩. মাইকেল সোরেন উল্টো হয়ে দেখল একটা কালো জঙ্গল। (পৃষ্ঠা ৮৮)

মিশ্রবাক্য:

১. "লক্ষ লক্ষ নাইসেরিয়া গনোরি যখন অনিতার গতর খায়, তখন কানু ডাক্তার হাবিজাবি কথা বলে।" (পৃষ্ঠা ১৮৫)

২."প্রভুর সেই মহৎ ও প্রসিদ্ধ দিনের আগমনের পূর্বে সূর্য অন্ধকার হইয়া যাইবে, চন্দ্ররক্ত হইয়া যাইবে, আর এইরূপ হইবে, যে কেহ, প্রভুর নাম ডাকিবে, সেই পরিত্রাণ পাইবে।" (পৃষ্ঠা ৮৮)

৩. "আবার অঞ্চল প্রধান আতাউর বাবলু মোহন্তর সঙ্গে আড্ডা মারতে মারতে সিগারেটে সুখটান দিয়ে বলে—কিছু টাকা স্যাংশন হইছে, মসজিদটা সংস্কার করা লাগে, আবার স্কুলটাতে দুইটা নতুন দিদিমণি আসিছে—বাথরুম করা লাগে।" (পৃষ্ঠা ৪৯)

উপদেশমূলক বাক্য:

১. "সামনের শুক্রবার একবার ক্যাম্পে যাবি, রেকর্ডের কাজ শেষ হতে চলল।" (পৃষ্ঠা ৪৭)

প্রশ্নবোধক বাক্য:

১. "রোববার সকালে হায়দার সাহেবের বাড়িতে গেছিলি?" (পৃষ্ঠা ৪৭)

২. "কাকা, তুমি বাঘ দেখিছ?" (পৃষ্ঠা ১১৭)

৩. "কাল কি সদরে যাওয়া যাতি পারে?" (১৮৩)

বিস্ময়বোধক বাক্য:

১. "এতো সোহাগভরা কথা কে বলে এই অবেলায়!" (পৃষ্ঠা ১৮৫)

২. "পশ্চিম পাড়ার লোকজন দীর্ঘশ্বাস ছাড়ে—হায় আল্লা, পোলাডা দৌড়ায় যে!" (পৃষ্ঠা ৪৭)

৩. জোড়কলম শব্দ

প্রচলিত ব্যাকরণবিধির নিয়ম না মেনে, একটি শব্দ বা তার অংশবিশেষের সঙ্গে অন্য একটি শব্দের অংশবিশেষ যোগ করে গঠিত নতুন শব্দকে জোড়কলম শব্দ বলে। যেমন- "গৃহস্বামী অথবা স্বামিনীর রুচির ঝোঁকটা বুঝতে পেরে মধুবনী প্রিন্ট..." (পৃষ্ঠা ৭৮) এখানে 'স্বামিনী'= স্বামী+গৃহিণী।

চ. অনুকার শব্দ

বাক্য মধ্যস্থিত কোন শব্দ নিজেকেই ফের অনুসরণ করে দ্বিতীয়বার শব্দটি যোগ হয়, তাকে অনুকার শব্দ বলে। উদাহরন ১. "দুইচোখ দিয়ে ঝরঝর করে জল গড়িয়ে পড়লো জীবকের।" (পৃষ্ঠা ১৫)

উদাহরণ ২. "দীপাকে দাঁড় করিয়ে সেই যে হনহন করে রওনা হলেন।" (পৃষ্ঠা ১৪)

ছ. উপমার ব্যবহার

একটি বাক্যে, যদি দুটি বিসদৃশ বস্তুর মধ্যে সাদৃশ্য দেখানো হয়, তবে তাকে 'উপমা' অলঙ্কার বলে।

উদাহরণ ১. "এখন তো চারুবালার তারাকান্তকে একটা গাছ ছাড়া আর কিছুই মনে হয় না।" (পৃষ্ঠা ১৬) উপমেয় = তারাকান্ত, উপমান= গাছ।

উদাহরণ ২. "প্রাচীন সমুদ্রে দুটি সবুজকণার মতো ওরা দু'জন ক্রমশ মিশে যাচ্ছিল।" (পৃষ্ঠা ২০)

উপমেয় = দু'জন, উপমান= সবুজকণা।

উদাহরণ ৩. "শীতকাল তো তিনধারিয়া, কার্শিয়াংয়ের ঘরবাড়িগুলি স্পষ্ট দেখা যায়। দু'জনের হয়তো একই কথা ভাবে। সে ভাবনায় থাকে পামির গ্রন্থির কথা। থাকে টেথিস সমুদ্রের কথা।" (পৃষ্ঠা ৮০)

উপমেয়= তিনধারিয়া, কার্শিয়াং, উপমান= পামির, টেথিস।

উদাহরণ ৪. "ঝোপের আড়ালে চালাক শেয়ালের মতো তখন কাঁকড়ার গর্ত দেখে শুধু।" (পৃষ্ঠা ১১৫) এখানে লুপ্তোপমা ব্যবহৃত হয়েছে। উপমেয় = ঊহ্য (প্রধান চরিত্র), উপমান= শেয়াল।

জ. রূপকের ব্যাবহার

যে অর্থালংকারে উপমেয়কে উপমানের সঙ্গে তুলনা করতে গিয়ে ঐ দুটির মধ্যে অভেদ কল্পনা করা হয়, তাকে বলে রূপক অলঙ্কার।

উদাহরণ ১. "বিয়ের একমাসের মধ্যে চারুবালা বুঝে গেছিলেন এ লোকটা 'গাছ-পাগল'।" (পৃষ্ঠা ১৬)

উদাহরণ ২. "মিডিয়ারাক্ষস মাংসের গন্ধ পেয়ে যায়।" (পৃষ্ঠা ৮১)

ঝ. শৈলী অন্বেষণ

বর্তমানে শৈলীর পরিধি অনেক বিস্তৃত ও ব্যাপক। লেখকের বিশিষ্টতা এই স্টাইল বা শৈলীর মাধ্যমে প্রকাশিত হয়। যেখানে লেখকের মানসিকতার ও

ভাবনার প্রতিফলন ঘটে। সামগ্রিক প্রেক্ষাপটের পরিপূর্ণ প্রকাশ ঘটে লেখকের শৈলী, শব্দ বা বাগভঙ্গির ব্যবহারে। চরিত্রে ক্রিয়াকলাপ, সুশৃঙ্খল বিশেষ অনুভূতি বা শৈল্পিক প্রতিক্রিয়া সৃষ্টি করলে তার যুক্তিক্রমকে বলা হয় প্লট। ব্যক্তিভেদে এই সৃজন ক্ষমতায় রয়েছে ভিন্নতা। তাই অবস্থা প্রেক্ষিত ও পরিবেশের প্রভাবে ভিন্ন ভিন্ন ভঙ্গিতে লেখকের বক্তব্য উপস্থাপিত হয়। প্রসঙ্গ অনুযায়ী ভাষার পরিবর্তন হয়। সাহিত্য রচনার ক্ষেত্রে প্রকাশভঙ্গির এই ধরনই হল স্টাইল বা শৈলী। ড. বিমলকুমার মুখোপাধ্যায় এর 'সাহিত্য-বিচার : তত্ত্ব ও প্রয়োগ' বই থেকে জানতে পারি- "ভাষার আলোচনায় বর্তমান শতকের দ্বিতীয় দশকের প্রারম্ভে আধুনিক যুগের সূচনা করেছিলেন ফার্দিনাঁদ দ্য স্যসুর। ... স্যসুর ভাষা তত্ত্বের আলোচনায় দুটি পদ্ধতির কথা উল্লেখ করেন —ঐতিহাসিক পদ্ধতি এবং বিশেষ সময়ে গড়ে ওঠা ভাষার নিজস্ব রূপবিচার পদ্ধতি।"[৬] শৈলীর এই বিচারে কাল, বিষয়, শিল্পী-ব্যক্তিত্ব অনেক কিছুই প্রাসঙ্গিক। সাহিত্যের ভাষাকে কালগত দিক থেকে, উপভাষার দিক থেকে এবং ঐতিহাসিক ক্ষেত্র-সমীক্ষার দিক থেকে বিচার করা সম্ভব। আমরা যদি বিপুল দাসের ছোটগল্পের কাহিনী নির্মাণের দিকে লক্ষ্য করি তবে দেখতে পাবো, তিনি বেশিরভাগ ছোটগল্প উপ-অধ্যায়ে সংখ্যার মাধ্যমে বিভাজন করেছেন। সেইসঙ্গে মূল বক্তব্য জানানোর জন্যে তিনি খুব বেশি দ্রুত ঘটনার ঘনঘটা করেননি। স্থির হয়ে শ্লথভাবে বিষয়টিকে এক জায়গায় রেখেছেন তবে মূল চরিত্রদের দ্বারা স্মৃতি রোমান্থন করিয়েছেন, যার দ্বারা পূর্ব ঘটনার সাথে বর্তমান কার্যকারণের সংযোগকরণে সফল হয়েছেন।

ঞ. সমান্তরালতা

শৈলীবিজ্ঞানের সমান্তরালতা একটি গুরুত্বপূর্ণ বিষয়। এটি একধরণের ভাষাকে ইঙ্গিত করে। এই রীতিতে একই শব্দ কিংবা বাক্য পরপর ব্যবহারের মধ্যে দিয়ে যায়। একই শব্দ, বর্ণ, বাক্য ব্যবহারের কারণে অনেকে একে পুনরুক্তি বলতে চান। নিম্নে উদাহরণ দেওয়া গেল।

আয়না শব্দ: "একপা দু'পা করে <u>আয়নার</u> সামনে গিয়ে দাঁড়ায়।...কানু <u>আয়নার</u> সামনে গিয়ে দাঁড়ালে প্রথম প্রথম অল্প আলোয় কিছুই বুঝতে পারে না। চোখে সয়ে এলে সে <u>আয়নার</u> দিকে তাকিয়ে হতভম্ব হয়ে গেল। ...রাসমেলা থেকে অনিতার জন্যে এই বড় <u>আয়না</u> কিনে এনেছিল কতদিন আগে। এই <u>আয়নার</u> সামনে বসে অনিতা চুলে ক্লিপ, ঠোঁটে লিপস্টিক

দিত। তখন সে <u>আয়নার</u> ভেতরে কতদিন অনিতাকে দেখেছে।" (পৃষ্ঠা ১৮৫-
১৮৬)

ট. শৈলী বিজ্ঞান – বিচ্যুতি

যা কিছু প্রচলিত, রীতিসিদ্ধ এবং স্বাভাবিক তা থেকে সরে এসে এক অভিনব
সৃষ্টিকেই বলে শিল্পের প্রকাশ। শিল্পের অনিবার্য লক্ষণই হল প্রথাসিদ্ধ রূপ
থেকে বিচ্যুতি। সাহিত্য গঠন হয় ভাষাকে অবলম্বন করে অর্থাৎ এক্ষেত্রে
ব্যাকরণের নির্দিষ্ট কিছু নিয়ম থাকে, (কর্তা + কর্ম + ক্রিয়া) সেই নিয়মকে
উপেক্ষা করে যখন বাক্য গঠন হয় তখন তা হয়ে দাঁড়ায় বিচ্যুতি। আমাদের
আলোচ্য ছোটগল্পেও বিচ্যুতি লক্ষ্য করা যায়। নিম্নে উদাহরণ দেওয়া গেল।
উদাহরণ ১. "প্রাচীন সমুদ্রে দু'টি সবুজকণার মতো ওরা দু'জন ক্রমশ মিশে
যাচ্ছিল।" (পৃষ্ঠা ২০)
উদাহরণ ২. "ছায়ার মতো বাবলুর পেছনে পেছনে ঘোরে কানাই।" (পৃষ্ঠা ৪৭)
উদাহরণ ৩. "রোদ্দুরের জন্য একটা বড় শিরীষ গাছের নীচে সে বসেছিল।"
(পৃষ্ঠা ৮৫)
উদাহরণ ৪. "আগুনের রহস্য বুঝতে ওর বেশি সময় লাগে না।" (পৃষ্ঠা ১২৪)
উদাহরণ ৫. "জ্বরের ঘোরে আচ্ছন্নের মতো পড়ে ছিল অনিতা।" (পৃষ্ঠা ১৮৪)

ঠ. ভাব প্রয়োগে ভাষার ব্যবহার

রচনাশৈলীতে বিপুল দাস বেশ সতর্ক। তিনি ভাব ও ভাষার সমন্বয় ঘটিয়েছেন
সফল ভাবে। তিনি ঘটনার পরিপ্রেক্ষিতে ভাষার ব্যবহার করেছেন।
বৈচিত্র্যময়তা এনেছেন রচনাতে। তিনি ঘটনা বর্ণনার ক্ষেত্রে, সংলাপের
ক্ষেত্রে, আবেগ প্রকাশের ক্ষেত্রে, স্মৃতি রোমন্থনের ক্ষেত্রে, ব্যঙ্গ বিদ্রূপের
ক্ষেত্রে ভাষার বিভিন্ন রীতি এবং সুর প্রয়োগ করেছেন। তাঁর এই ভাষা প্রয়োগ
যথাযথ ও সার্থক। উদাহরণ উপস্থাপনের মাধ্যমে প্রসঙ্গভেদে ভাষা প্রয়োগের
উপস্থাপন রীতিটি স্পষ্ট করা হল।

- ### ঘটনা বর্ণনার ভাষা

  "ছায়ার মতো বাবলুর পেছনে পেছনে ঘোরে কানাই। ধূমকেতুর
  লেজের মতো। বাবলু মোহান্ত এক বিশাল কক্ষপথ নিয়ে তাক-করা
  জমির চারপাশে প্রদক্ষিণ শুরু করে। কাকপক্ষী টের পায় না। ক্রমে
  বৃত্ত ছোট হয়ে আসে। যা ছিল বিন্দুবৎ মোপেড—খুব দ্রুত সেটি
  একটি বিশাল সাঁজোয়া গাড়ির চেহারায় পরিণত হয়। খপ করে তুলে

আনে বিধবার জমি, নতুন চরের জমি, খাসজমি রেকর্ড হয়ে যায়। তার ফোলিও ব্যাগ আরও পেটমোটা হয়।" (পৃষ্ঠা ৪৭)

- **ঐতিহাসিক প্রেক্ষাপট বর্ণনার ভাষা**
  "তখন তক্ষশিলায় চিকিৎসাশাস্ত্রের শ্রেষ্ঠ পণ্ডিত ছিলেন গুরু আত্রেয়। দীর্ঘ সাত বছর গুরুর কাছে শিক্ষালাভ করল জীবক নামে এক শিষ্য। তরুণ এই শিষ্যকে পরীক্ষা করার জন্য তিনি জীবককে আদেশ দিলেন চিকিৎসার পক্ষে অপ্রয়োজনীয় কিছু উদ্ভিদ সংগ্রহ করে আনতে। গুরুর আদেশে শিষ্য বেরিয়ে পড়ল গিরি-দরী-কান্তার সব অপ্রয়োজনীয় একটি উদ্ভিদ জোগাড় করে আনতে।" (পৃষ্ঠা ১৪)

- **রসাত্মক কথনরীতির বর্ণনা**
  "হ্যাঁগো, তুমি কি সব জানো! আজ এমন করে আমাকে ছুঁয়ে রয়েছ, আমার আঙুলে তোমার আঙুল জড়িয়ে ধরছ—আমার সেই কোন কালের কথা মনে পড়ে যাচ্ছে। তোমার মনে আছে বিয়ের পরপর আমার বুকে ফোড়া উঠলে... কী লজ্জা! কী লজ্জা!... তুমি দিনে রাতে তিন-চারবার ঘন করে রক্তচন্দনের প্রলেপ লাগিয়ে দিতে। আঃ, কী ঠাণ্ডা!" (পৃষ্ঠা ১৯)

- **ব্যঙ্গাত্মক ভাবনারীতির বর্ণনা**
  "এত সোহাগভরা কথা কে বলে এই অবেলায়! শরীরের ভেতর লক্ষ কীটের দপদপানি, ভেঙেচুরে দিচ্ছে হাড়পাঁজরা, খুবলে খায় মাংস, জ্বরের তাপে ঝলসে যায় চামড়া, তখন বৃষ্টির মতো কে কথা বলে, মাথায় কে ঠাণ্ডা জলের ঝরনা ঢালে?" (পৃষ্ঠা ১৮৫)

- **স্মৃতি রোমাছনের ভাষা**
  "এ কথায় সাধুর মনে পড়ে সুরেশ হালদারের বাড়ির পেছনে আমবাগানের একদল বেদে আস্তানা গেড়েছিল। লাল নীল কাপড়ের টুকরো দিয়ে তাপ্পিমারা তাঁবুগুলোই বা কী সুন্দর দেখতে ছিল। আশেপাশের গাঁ-গেরামে ঘুরে ঘুরে তারা বাতের তেল বিক্রি করত। ছেলেপুলে হওয়ার তাবিজ দিত, না হওয়ার শিকড় দিত। তারা ম্যাজিক দেখাত। তাসের ম্যাজিক, দড়ি-খোলার ম্যাজিক।" (পৃষ্ঠা ১১৭)

ড. সংস্কৃত শ্লোকের ব্যবহার
ক. "সংনিষন্নো হিমগ্রাহী মোহদোষত্রয়াপহঃ।" (পৃষ্ঠা ০৯)

খ. "ত্রির্নো অশ্বিনা দিব্যানি ভেষজা ত্রিঃ পার্থিবানি ত্রিরু দত্তমদ্ভ্যঃ।" (পৃষ্ঠা ১০)

গ. বাগধারা ও প্রবাদ প্রবচন

লেখক বিপুল দাস তাঁর ছোটগল্পে প্রয়োজন অনুসারে বিভিন্ন চরিত্রের উপযুক্ত বাগধারা এবং প্রবাদের ব্যবহার করেছেন। নিম্নে উদাহরণ দেওয় গেল।
উদাহরণ ১. "পেটে দু'কলম বিদ্যে ছিল।" (পৃষ্ঠা ১৮২)
উদাহরণ ২. "হর ইনসানকি অন্দর মে এক শের থাকে।" (পৃষ্ঠা ১১৯)
উদাহরণ ৩. "দ্যাটস নট মাই কাপ অফ টি।" (পৃষ্ঠা ৮১)

4.0 উপসংহার

লেখক বিপুল দাস ছোটগল্প রচনার মধ্যে যে ভাষা এবং বাক্য ব্যবহার করেছেন তা বৈচিত্র্যময়তার দিক প্রকাশ করে। মূলত উত্তরবঙ্গের লোক ও লোকসংস্কৃতিকে আঁকর করে যে লেখার প্রয়াস তাতে আঞ্চলিক ভাষা উঠে আসবে সেটাই স্বাভাবিক। যথাযথ শব্দ প্রয়োগের মাধ্যমে ফুটিয়ে তুলেছেন সমাজব্যবস্থার নানান চিত্র। তিনি যেমন প্রান্তিক মানুষের মুখের ভাষা তুলে ধরেছেন ঠিক তেমন ভাবেই একজন অভিজাত আধিকারিক, ডাক্তার তথা অভিজাত চাকুরী শ্রেণীর মুখের যে ভাষা তা যথার্থভাবে ফুটিয়ে তুলেছেন। তিনি সার্থক রূপায়ণ করেছেন শ্রেণিভেদে মানুষের মুখের ভাষা। তিনি সতর্কভাবেই ব্যবহার করেছেন তৎসম, তদ্ভব, দেশি ও বিদেশি শব্দ। তাঁর ছোটগল্পে যে শব্দচয়ন, উপস্থাপন, যুক্তি, তথ্য ও তত্ত্ব তা এক কথায় অনন্য। একদিকে যেমন সংস্কৃত শ্লোক ব্যবহার করতেও দ্বিধাবোধ করেননি তেমনি বিভিন্ন তথা বাংলা, হিন্দি, ইংরেজি ভাষাতেও বাগধারা, প্রবাদ ব্যবহার করতে পিছু পা হননি। আর এতসব বিষয় ব্যবহারেও কখনই মূল বাংলাভাষা কোণঠাসা হয়নি, বরং এইসমস্ত কিছুকেই গ্রহণ করে তাঁর গদ্য হয়ে উঠেছে সুপাঠ্য এবং চমৎকার। অসাধারণ সব রচনার বিষয় এবং শৈলীকে অবলম্বন করে বিপুল দাস আজও পাঠক মহলে গুরুত্বপূর্ণ অবদান রাখছেন। তাঁর প্রচুরতম রচনা সম্ভার থেকে 'শঙ্খপুরীর রাজকন্যা' ছোটগল্প গ্রন্থ বেছে নেওয়া হয়েছিলো ভাষা বিষয়ে আলোচনার জন্যে। বিষয় ও ভাষা ব্যবহারের দিক থেকে এই ছোটোগল্প গ্রন্থখানি যে একটি গুরুত্বপূর্ণ বই তা নিঃসন্দেহে স্বীকার করে নিতেই হয়।

5.0 উল্লেখপঞ্জি

১) দাস, বিপুল, "শঙ্খপুরীর রাজকন্যা", আনন্দ পাবলিশার্স প্রাইভেট লিমিটেড, প্রথম সংস্করণ, জুন ২০১৫, কলকাতা, ৭০০০০৯, ISBN 81-7756-516-8

তথ্যসূত্র

১) মুখোপাধ্যায়, ড. বিমলকুমার, 'সাহিত্য-বিচার : তত্ত্ব ও প্রয়োগ', দে'জ পাবলিশিং, পঞ্চম সংস্করণ, মাঘ ১৪২৪, জানুয়ারি ২০১৮, কলকাতা, ৭০০০৭৩, ISBN : 978-81-295-2527-7, পৃষ্ঠা- ৭৯।

২) দাস, বিপুল, "শঙ্খপুরীর রাজকন্যা", আনন্দ পাবলিশার্স প্রাইভেট লিমিটেড, প্রথম সংস্করণ, জুন ২০১৫, কলকাতা, ৭০০০০৯, ISBN 81-7756-516-8, পৃষ্ঠা- ০৯।

৩) তদেব, পৃষ্ঠা- ১১।

৪) তদেব, পৃষ্ঠা- ৭৮।

৫) তদেব, পৃষ্ঠা- ৭৮।

৬) মুখোপাধ্যায়, ড. বিমলকুমার, 'সাহিত্য-বিচার : তত্ত্ব ও প্রয়োগ', দে'জ পাবলিশিং, পঞ্চম সংস্করণ, মাঘ ১৪২৪, জানুয়ারি ২০১৮, কলকাতা, ৭০০০৭৩, ISBN : 978-81-295-2527-7, পৃষ্ঠা- ৭৭।

সহায়ক গ্রন্থ

১) মজুমদার, ড. অভিজিৎ, 'শৈলীবিজ্ঞান এবং আধুনিক সাহিত্যতত্ত্ব', দে'জ পাবলিশিং, তৃতীয় সংস্করণ, এপ্রিল, ২০১৬, বৈশাখ, ১৪২৩, কলকাতা, ৭০০০৭৩, ISBN : 978-81-295-2052-4

২) মুখোপাধ্যায়, ড. বিমলকুমার, 'সাহিত্য-বিচার : তত্ত্ব ও প্রয়োগ', দে'জ পাবলিশিং, পঞ্চম সংস্করণ, মাঘ ১৪২৪, জানুয়ারি ২০১৮, কলকাতা, ৭০০০৭৩, ISBN : 978-81-295-2527-7

৩) লাহিড়ী, রণবীর, 'আখ্যানতত্ত্বের আখ্যান', চর্চাপদ, প্রথম প্রকাশ, ডিসেম্বর ২০২১, কলকাতা, ৭০০০০৯, ISBN : 978-93-80489-15-5

৪) শ, ড. রামেশ্বর, 'সাধারণ ভাষাবিজ্ঞান ও বাংলা ভাষা', পুস্তক বিপণি, চতুর্থ সংস্করণ, বৈশাখ, ১৪১৯, কলকাতা, ৭০০০০৯, ISBN : 81-85471-12-6

৫) সেন, সুকুমার, 'ভাষার ইতিবৃত্ত', আনন্দ পাবলিশার্স প্রাইভেট লিমিটেড, চতুর্দশ মুদ্রণ, ফেব্রুয়ারি ২০১৩, কলকাতা, ৭০০০০৯, ISBN : 81-7215-123-3

6.0 গবেষক পরিচিতি

রানা সরকার। দার্জিলিং জেলার নক্সালবাড়ি ব্লকের গ্রাম রানিডাঙ্গাতে ১৯৯৫ সালের ২৬শে অক্টোবর জন্ম। ২০১৯ সালে বাংলা ভাষা-সাহিত্যে স্নাতকোত্তর উত্তরবঙ্গ বিশ্ববিদ্যালয় থেকে। প্রথম কাব্যগ্রন্থ 'স্বর্ণলতা রায়কে চিঠি' প্রকাশিত হয় প্ল্যাটফর্ম প্রকাশনী থেকে। প্রথম উপন্যাস 'জানালা' নামে প্রকাশিত হয় শারদীয়া 'সান্ধ্য জলপাইগুড়ি' ২০২২ ই-ম্যাগাজিনে। বর্তমানে NET এবং WBSET পাস। গৃহশিক্ষক।

ঠিকানা: রানা সরকার, গ্রাম+পোস্ট- রানিডাঙ্গা, থানা- বাগডোগরা, জেলা- দার্জিলিং, পিন ৭৩৪০১২, মোবাইল- 6294503513

Address: RANA SARKAR, VILL+POST- RANIDANGA, PS- BAGDOGRA, DIST- DARJEELING, PIN- 734012, MOBILE- 6294503513, EMAIL- gulluranasarkar@gmail.com.

নাটকে ভাষা ব্যবহার

International Bilingual Journal of
Culture, Anthropology and Linguistics
ইন্টারন্যাশনাল বাইলিঙ্গুয়াল জার্নাল অফ
কালচার, অ্যানথ্রোপলজি অ্যান্ড লিঙ্গুইস্টিক্স

IBJCAL   eISSN: 2582-4716

Website: https://indianadibasi.com/journal/index.php/ibjcal
VOLUME: 5, ISSUE: 4 (December, 2023) || Special Issue: সাহিত্যের ভাষা: বিষাদ ও বিবর্তন

বিজন ভট্টাচার্যের 'দেবীগর্জন' ও তুলসী লাহিড়ীর 'ছেঁড়াতার' নাটকে ভাষাতাত্ত্বিক ভিত্তিতে বাস্তবতার উপাখ্যান / Bijan Bhattacharyas DEVIGARJAN & Tulsi Lahiris play CHERATAR are anecdotes of reality based on linguistics

পারমিতা সরকার

Abstract: Bijan Bhattacharya got a special experience in life under the supervision of his father Khirad Bihari because of his father Khirad Bihari Bhattacharya was a school teacher. Due to his father's job in different regions, he gained a knowledge of the daily life and the culture of the common people. Before writing the play 'Dcvigarjan', i.e before coming to Kolkata dramatist Bijan Bhattacharya experienced the village life of Jessore, Basirhat, Satkhira. At the beginning of play we also get the story of Bauri,Santal,Collie-Kamin children. So we see in his 'Devigarjan' play a special linguistic variation has come. Along with the dialectal variations from diction, pharasing to dialogues, he has revealed the life story 0f hard worker exploited, oppressed Kulin-kaminies,like pass from the pages of literature to the ground reality. We also notice a special aspect of uniqueness on the case of play wright of Tulshi Lahiri. Dramatist Tulshi Lahiri experienced the back shadow of the famine of 1350 and the picture of that experience is being presented in the drama of cheratar in the play, the dramatist portrays the destruction of a happy family by the machinations of a eternal interest against the background of famine. Tulshi Lahire was a person of Rangpur district in the northern part of undivided Bengal and that's why the dramatist has skillfully applied the language of that region in this play.And so along with the dialectal variety the quality of diction, phrasing and dialogue has become more fall and real due to his talent.

সংক্ষিপ্তসার: বিজন ভট্টাচার্য পিতা ক্ষীরোদবিহারীর ছত্রছায়াতেই লাভ করেন জীবনের বিশেষ এক অভিজ্ঞতা, কারণ পিতা ক্ষীরোদবিহারী ভট্টাচার্য ছিলেন স্কুল শিক্ষক। পিতার কর্মসূত্রে বিভিন্ন অঞ্চলে বসবাস করার সুবাদে তিনি সাধারণ মানুষের দৈনন্দিন জীবনযাত্রা ও সংস্কৃতির সঙ্গে পরিচিত হন। 'দেবীগর্জন' নাটকটি রচনার পূর্বে অর্থাৎ কলকাতায় আসার আগে নাট্যকার বিজন ভট্টাচার্য যশোর, বসিরহাট, সাতক্ষীরায় গ্রাম জীবনবাসের অভিজ্ঞতা অর্জন করেন। নাটক শুরুতেও আমরা পাই বাউরি, সাঁওতাল, কুলি-কামিন ছেলেমেয়েদের কথা। আর তাই আমরা দেখি তাঁর 'দেবীগর্জন' নাটকে এসেছে এক বিশেষ ধরেনর ভাষাবৈচিত্র। উপভাষিক বৈচিত্রের পাশাপাশি শব্দচয়ন, বাক্যবিন্যাস থেকে শুরু করে সংলাপের মাধ্যমে খেঁটে খাওয়া, শোষিত, নিপিড়িত কুলিকামিনদের জীবনকথাকে তিনি যেন সাহিত্যের পাতা থেকে বাস্তবের মাটিতে উত্তরণ ঘটিয়েছেন। আমরা নাট্যকার তুলসী লাহিড়ীর ক্ষেত্রেও বিশেষ স্বতন্ত্রতার দিক লক্ষ্য করি। নাট্যকার তুলসী লাহিড়ী ১৩৫০ সালের দুর্ভিক্ষের কড়াল কালোছায়ার অভিজ্ঞতা অর্জন করেছিলেন। আর 'ছেঁড়াতার' নাটকের পরতে পরতে তুলে ধরছেন সেই অভিজ্ঞতার ছবি। দুর্ভিক্ষের পটভূমিকায় কায়েমীস্বার্থের চক্রান্তে একটি সুখী পরিবারের বিধ্বস্ত হয়ে যাওয়ার চিত্র এই নাটকে নাট্যকার তুলে ধরেছেন। তুলসী লাহিড়ী ছিলেন অবিভক্ত বাংলার উত্তরাঞ্চলের রংপুর জেলার মানুষ আর সেই কারণেই তৎঅঞ্চলের ভাষাকে এই নাটকে প্রয়োগ নৈপুণ্য দেখিয়েছেন নাট্যকার। আর তাই উপভাষিক ভাষাবৈচিত্রের পাশাপাশি শব্দচয়ন, বাক্যবদ্ধ ও সংলাপের বিষয়ের মর্যদা যেন আরো পূর্ণ ও বাস্তব হয়ে উঠেছে তাঁরই প্রতিভাগুণে।

সূচক শব্দ: বিজন ভট্টাচার্য, দেবীগর্জন, তুলসী লাহিড়ী, ছেঁড়াতার।

1.0 ভূমিকা

নাটকের বিশ্বাসযোগ্যতা ও বাস্তবধর্মী হয়ে ওঠার পেছনে নাটকে ব্যবহৃত সংলাপ ও তৎঅঞ্চলের ভাষার সাযুজ্য রক্ষা বড়ো একটা ভূমিকা পালন করে। উপন্যাস, ছোটগল্প প্রভৃতি সাহিত্য প্রকরণের ক্ষেত্রে ভাষাকে মান্য-চলিতে রেখে বিবৃতির মাধ্যমে প্রকাশ করলেও আখ্যানের সঙ্গে বাস্তবতার মেলবন্ধনের যোগসূত্র ক্ষুন্ন হয়না, কিন্তু নাটকের ক্ষেত্রে সংলাপই প্রধান। এই সংলাপের ভাষাও তাই বড় একটা ভূমিকা গ্রহণ করে। চাষার মুখে চাষার মতো করেই ভাষাকে তুলে ধরলে নাটকের বিশ্বাসযোগ্যতা ও বাস্তবতা ফুটে ওঠে। এই বিশ্বাসযোগ্যতার উপরেই নাটকের বাস্তবতা ও সাফল্য নির্ভর করে। বিজন ভট্টাচার্যের 'দেবীগর্জন' এবং তুলসী লাহিড়ীর 'ছেঁড়াতার' নাটকেও এর ব্যতিক্রম লক্ষ্য করি না।

2.0 গবেষণা সম্বন্ধীয় প্রশ্নাবলী

    (a) নাটক দুটির ক্ষেত্রে চরিত্রানুযায়ী সংলাপের ব্যবহার কীভাবে হয়ে থাকে?

    (b) যে অঞ্চলকেন্দ্রিক নাটকের কাহিনী গ্রথিত সেই অঞ্চলকেন্দ্রিক ভাষার ব্যবহার কীভাবে হয়ে থাকে?

    (c) নাটকের সংলাপ ও ভাষা নাটকের আখ্যানকে ও সমাজে ঘটে যাওয়া চরম বাস্তব চিত্রকে কীভাবে পরিস্ফুটিত করে?

3.0 তথ্য বিশ্লেষণ ও ব্যাখ্যা

১৯৬৩ সালে (১৩৭০ বঙ্গাব্দ) লিখিত 'দেবীগর্জন' নাটকে বিজন ভট্টাচার্য তুলে ধরেছেন জমিদার শ্রেণীর শোষণ-পীড়নের ছবি। রাজনৈতিক, কূটনৈতিক ব্যক্তিত্বের সমাজ বঞ্চনার খেলা, ছলনা করে জমিদারী ও সমাজ দুদিকেই সমকৃতিত্বে তার আধিপত্য বজায় রাখার প্রয়াস এখানে স্পষ্টরূপে প্রতীয়মান হতে দেখি। কীভাবে জমিদারের কু-দৃষ্টিতে পড়ে সাধারণ মানুষের প্রাণ মূল্যহীনভাবে বিলিয়ে দিতে হত তারই নজির এই 'দেবীগর্জন' নাটকটি। একজন মানুষকে কিভাবে ফাঁদে ফেলে ক্রমান্বয়ে তাকে বঞ্চনা করে, তার পরিবারের সদস্য, জমিজমা কেড়ে নেওয়া হতো তারই পুঙ্খানুপুঙ্খ বিবরণ লক্ষিত হয় এই দেবীগর্জন নাটকে। নিজের খাওয়া-পড়া বা ভবিষ্যতের সঞ্চয়ের কথা না ভেবেই মাত্র কয়েকদিনের সম্বল রেখেই সব বিলিয়ে দিতে

হতো জমিদারকে। স্বভাবতই পেটের টানে আবার সেই চাষীকে হাত পাততে হতো সেই মহাজন বা জমিদারের কাছে, অথচ পরিহাসের বিষয় নিজের জমিতে নিজে ফসল উৎপাদন করে সেই ফসলের প্রতি চাষীর অধিকার রক্ষিত হয়নি। সমাজে ও পরিবারে সামান্যতম সুযোগ সুবিধার জন্য সে বাধ্য হয়ে যখন জমিদারের কাছে ধার নিতে যেতো তখন তাকে সামান্য টাকা বা ফসল দিয়ে সাহায্য করার নাম করে সেই চাষীর কাছ থেকে টিপছাপ নিয়ে তার সমস্ত সম্পত্তি কেড়ে নিতো কিন্তু চাষীটি তখনও বুঝতে পারতো না সে ভুল করে কতবড় ফাঁদে পা দিয়েছে। একদিন ঢোল পিটিয়ে সেই জমিদার তার জমি অধিকার করতে আসলে তবেই সে বুঝতো সে কতবড় ভুলের শিকার হয়েছে। 'দেবীগর্জন' নাটকে সেই ইতিহাসেরই চিত্র লক্ষিত হয়। নাটকটি পর্যালোচনা করে আমরা কাল্পনিক কোন ঘটনা নয় সমাজে ঘটে যাওয়া বাস্তব চিত্রেরই প্রতিফলনই প্রত্যক্ষ করি।

বিজন ভট্টাচার্য জন্মগ্রহণ করেছিলেন ১৯০৬ সালে। পিতা ক্ষীরোদবিহারী ভট্টাচার্য ছিলেন একজন স্কুল শিক্ষক। পিতার কর্মসূত্রে বিভিন্ন অঞ্চলে বসবাস করার সুবাদে তিনি সাধারণ মানুষের দৈনন্দিন জীবনযাত্রা ও সংস্কৃতির সঙ্গে পরিচিত হন। নাট্যকার বিজন ভট্টাচার্য 'দেবীগর্জন' নাটকটি রচনা করার পূর্বে অর্থাৎ কলকাতায় আসার আগে খুলনা, যশোর, বসিরহাট সাতক্ষীরায় কাটান এবং তৎঅঞ্চলের গ্রামজীবনের অভিজ্ঞতা অর্জন করেন। নাটক শুরুতেও আমরা পাই বাউরি, সাঁওতাল কুলি-কামিন ছেলেমেয়েদের কথা। এইভাবেই আমরা দেখি তাঁর 'দেবীগর্জন' নাটকে এসেছে এক ধরনের বিশেষ ধরনের ভাষা বৈচিত্র। উপভাষিক বৈচিত্রের পাশাপাশি শব্দচয়ন, বাক্যবিন্যাস থেকে শুরু করে সংলাপের মাধ্যমে খেঁটে খাওয়া, শোষিত নিপিড়িত সাঁওতাল কুলিকামিনদের জীবনকথাকে তিনি যেন সাহিত্যের পাতা থেকে বাস্তবের মাটিতে উত্তরণ ঘটিয়েছেন।

'দেবীগর্জন' নাটকে আমরা ভাষার বৈশিষ্ট্যে যে স্বতন্ত্রতার দিকগুলি লক্ষ্য করি-

• সানুনাসিক স্বরধ্বনির ব্যবহার আমরা 'দেবীগর্জন' নাটকে লক্ষ্য করি। কোনো নাসিক্য বর্ণের লোপ না হওয়া সত্ত্বেও স্বতোনাসিক্যীভবন এখানে লক্ষিত। যেমন- "হাঁকাড় দিঁছে আর কুঁয়াত করি ফিরছে চক্কর দিয়া দিয়া।"১ [পৃ. ৮৫]

• 'দেবীগর্জন' নাটকে 'ও' কারকে 'অ' কার রূপে উচ্চারণের প্রবণতা আমরা লক্ষ্য করি। যেমন- "অটা দালাল বটে।"২ [পৃ. ৯১]

• এই নাটকে ভবিষ্যৎ কালের ক্রিয়াপদে স্বার্থিক 'ক' প্রত্যয়ের প্রয়োগ দেখা গেছে। যেমন- "... ইঁ, সে এক দৃশ্য হবেক বটে।"৩ [পৃ. ৫৯]

• এখানে আমরা ক্রিয়াপদে 'আছ' ধাতুর ধাতুর পরিবর্তে 'বট' ধাতুর প্রয়োগ লক্ষ্য করি। যেমন- "খাতাত উয়ার নাম নাই কিন্তুক উ আমার ছেল্যা বটে।"৪ [পৃ. ৫২]

• নেতিবাচক বাক্যে নঞর্থ অব্যয় সমাপিকা ক্রিয়ার আগে বসার নিদর্শন আমরা এই নাটকেও লক্ষ্য করি। যথা-"... নাই পলাশ তো লাল শালুক আনব পদ্মবন থিকা!"৫ [পৃ. ৬৭]

এই নাটকে আমরা লক্ষ্য করি গুলা, গুলান প্রভৃতি শব্দের ব্যবহার। যথা-

"... অন্যায়ঠো কঁরেছি বুলিবার চাহ! প্যাট-পিঠ
সাঁটা কতকগুলান অপগন্ড পশু, স্বার্থ ছাড়া কথা
নাই মুখে তুমি বুলিবার চাহ আমাক তাদিগের
সাথ শলা করি চলতে হবেক?"৬ [পৃ. ৮১]

শব্দচয়নেও দেবীগর্জন নাটকে দেখা যায় বিশেষত্ব যেমন- খাদান (খনিখাদ), ঘুরট (ঘুরপথ), গুমোর (অহঙ্কার) কুন (প্রশ্নবাচক সর্বনাম) প্রভৃতি শব্দের ব্যবহার। ঊষর লালমাটির দেশ বীরভূমের পটভূমিতে আদিবাসী ও সাঁওতাল চাষিদের কৃষক আন্দোলনের ভিত্তিতে দেবীগর্জন নাটকটি রচিত। ভাষা বৈচিত্রের ক্ষেত্রে সাধারণত আমরা লক্ষ্য করি উত্তর বীরভূমে বরেন্দ্রী উপভাষার আধিক্য, পূর্ব বীরভূমে রাঢ়ী, পশ্চিমবীরভূমে ঝাড়খণ্ডী উপভাষার আধিক্য। তবে 'দেবীগর্জন' নাটকটি পর্যালোচনা করে ভাষাতাত্ত্বিক নিরিখে আমরা 'ঝাড়খণ্ডী' উপভাষার আধিক্যই লক্ষ্য করে থাকি। তবে উপভাষিক বিশেষত্বের মধ্যে আটকে না রেখে নাট্যকার বিজন ভট্টাচার্য 'দেবীগর্জন' নাটকে নানা অঞ্চলের উপভাষিক শব্দচয়ন করে একটা সুর ধ্বনিতরঙ্গ বা বাচিক সংগীতের ঐক্যে নাটকটি গ্রথিত করার অসামান্য দক্ষতার পরিচয় দিয়েছেন। এমনকি সংলাপ এবং ভাষার চমৎকারিত্বে নাট্যভিজ্ঞতাকে অঞ্চল বা সমাজ বিশেষের সীমা থেকে মুক্তি দিয়ে বাস্তব এক উপাখ্যানের নজির হিসাবে নাটকটির পরিস্ফুটন ঘটিয়েছেন।

বাস্তবতার সঙ্গে সংলাপের মেলবন্ধনও আমরা নাটকটির সর্বত্র জুড়েই লক্ষ্য কারি। ভাষাতাত্ত্বিক বৈশিষ্ট্যের পাশাপাশি সংলাপের মাধ্যমে ভাষার অপূর্ব মেলবন্ধনের দৃষ্টান্ত খুঁজে পাই নাটকটির পরতে পরতে।

কাঠের পাল্লায় ওজন করার সময় ওজনদারদের ছন্দ মিলিয়ে হিসাব রাখার পদ্ধতিতে আমরা বিশেষ বৈচিত্র লক্ষ্য করি। লোকশিল্পের নান্দনিক সৌষ্ঠবের ইঙ্গিত মেলে যখন সর্দার বলে- "ঝাঁপির ডৌল যদি হাতে না উঠল তো সে মেয়ের কেমন আঙুল?"[৭] [পৃ. ৭২]

রাজপ্রাসাদের প্রেমই নয় গ্রামের ক্ষুদ্র নর-নারীর প্রেম গ্রাম্যজীবনের পরিবেশ থেকে গৃহীত রূপকের ব্যবহার এই নাটকেই আমরা পাই। মংলা-রত্নার-কথোপকথনে প্রেম-প্রেমিকার বাস্তবের ছবিগুলিই তাদের কাছে যেন কাব্যিক ভাষ্য হয়ে উঠেছে। যদিও মংলার কাছে মনে হয়েছে সঞ্চারিয়ার মুখেই এই বচন যেন আরো কাব্যিক হয়ে উঠত তবুও যখন মংলা রত্নাকে উদ্দেশ্য করে বলে- "... তুই আমার ধনুকের ছিলা, তুই আমার হালের ফাল, তুই আমার ..." [৮] [পৃ. ৬৫] –তা যেন বাস্তবের রূপকে প্রেমক-প্রেমিকের প্রেম থেকে যেন জীবন্ত সত্ত্বা পেয়ে যায়।

কিন্তু অভাবের কড়ালগ্রাস তাদের প্রেমকে দীর্ঘক্ষণ স্থায়ী হতে দেয়নি। সংসারে উপার্জন ও দায়িত্ব পালনের জন্য কোন পথ না পেয়ে মংলা যুদ্ধে অংশগ্রহণকারী হিসাবে বাড়ি ছেড়ে চলে যেতে চেয়েছে। রত্নাও অভিমান ভরে জানিয়েছে সে রেলগাড়ির নীচে কাটা দিয়ে নিজের জীবনকে শেষ করে দেবে। কিন্তু একজন গরীব অসহায় নারীর এই আত্মবিসর্জন বাস্তবের কাছে কতটা তুচ্ছ তা মংলার চরম বাস্তববাণীর মাধ্যমে স্পষ্টতর হয়ে উঠেছে। মংলা আবেগ স্পন্দিতভাবে জানিয়েছে-

"... আভাগ্যের দেশ, রেলগাড়িতে মেয়ে অনেক
কেঁটেছে রত্না। কিন্তুক আমি যেঁইয়ে দেঁখছি, ই ঁ
দেঁখছি –সেই রেলপাতের উপুর তার একটা
দাগও নাই!"[৯] [পৃ. ৭০]

প্রেমের আবেগ-অভিমান একসময় বেঁচে থাকার লড়াই এ পর্যবেসিত হয়েছে। ভাঙন ও বিচ্ছেদের মাধ্যমে রত্নার শেষপর্বে আত্মবিসর্জন ও তাঁর মৃত দেহ নিয়ে মংলার আবেগ এই সংলাপগুলির বাস্তবতাকে আরো বেশি উজ্জীবিত করে তোলে।

এই নাটকেই আমরা দেখি প্রভঞ্জনের মত পরাক্রমশালী অত্যাচারী জমিদার বুঝতে পেরেছেন তার অন্তিম সময় আসন্ন তাই নানা আইন বিধি ও ছলনাচাতুরির মধ্য দিয়ে ক্ষমতার নগ্নতাকে আড়াল করার চেষ্টা করেছে। হাতি ও মন্ত্রীর সংঘাতের মাধ্যমে নাট্যকার খুব সুন্দরভাবে ফুটিয়ে তুলেছেন এই শাসনরীতির ভাঙন ও তাকে জীবন্ত রাখার আপ্রাণ প্রয়াস।

ত্রিভূবনের বক্তব্যে তার প্রমান মেলে- "হাঁতিঠো তুমার বড়ো বুড়া হঁইয়েছে প্রভঞ্জন ..."[১০] [পৃ. ৫৯]

ত্রিভূবন বোঝাতে চেয়েছে জমিদারের থেকে রাজনৈতিক নেতা হিসাবে তার ক্ষমতা বৃদ্ধির দিন আসতে চলেছে তাই দাবা খেলা প্রসঙ্গে তিনি তার মন্ত্রীর মাথা অনেক উঁচু বলে দাবী করেছে। কিন্তু হারতে নারাজ প্রভঞ্জন জানায়- "... পাও দিয়া মন্ত্রীর মাথাঠো দাবাই চলবে আমার হাঁতি শুন্ডটা তুলি ...।"[১১] [পৃ. ৫৯]

কিন্তু বাস্তববোধ সম্পন্ন ত্রিভূবন প্রভঞ্জনকে সে বিষয়ে সতর্ক করতে গেলে প্রভঞ্জন দাবার ছকটাকেই লাথি মেরে উল্টে দেয়। প্রভঞ্জন, ত্রিভূবন এবং সাধারণ মানুষের ক্ষমতার দ্বন্দ্ব ধীরে ধীরে নাট্যকার স্পষ্ট করে তুলেছেন তার ভাষাপ্রয়োগ ও নাট্যগ্রন্থনের মাধ্যমে। প্রভঞ্জন থেকে ত্রিভূবন ও শেষ পর্যন্ত সাধারণ মানুষের হাতে ক্ষমতা হস্তান্তরিত হল সেটাও আমরা এখানে লক্ষ্য করি। 'বিলাতি মোরগ' আহার করার মাধ্যমে প্রভঞ্জন ও ত্রিভূবনের সংলাপের ব্যবহারের মাধ্যমে নাট্যকার প্রভঞ্জন ও ত্রিভূবনের সর্বভুক ভোগলিপ্সার অনিবার্য এই পরিণতি রত্না ধর্ষনকে সরাসরি না তুলে ধরেও তার স্পষ্ট ছবি আমাদের সামনে তুলে ধরেছেন নাট্যকার। আবার তারই পাশাপাশি রত্নার ধর্ষন ও হত্যার সূত্র ধরে ক্ষমতার জান্তব লিপ্সার প্রতিভূ বাঘরূপী প্রভঞ্জনের শিকার, এক বৃহত্তর পরিমন্ডল ও সাধারণ মানুষের জেগে ওঠার ঢেউ তুলে ধরেছেন নাট্যকার। সর্দার, গিরি, সঞ্চারিয়া প্রমুখের কথায় বাঘ, হাঁকড় শব্দগুলির পুনরাবৃত্তি হতে হতে 'বাঘ' এক বিসারিত রূপকে রূপান্তরিত হয়েছে। বাঘের রূপক স্পষ্ট হয়েছে মংলা-গিরির সংলাপে। মংলা গিরিকে জানিয়েছে-

"... বাঘটাক মারি বউটাক আনতে হবেক নাই।
চল কেনে, শুনি দেখি বাঘের গল্পঠো!"[১২] [পৃ. ৮৭]

বাঘের রূপক সঞ্চারিয়ার কথাতেও তাৎপর্যময়-

"... বাঘের চোখে চোখ পড়েছে আমার, কহ
আমার কী কর্তব্য? ডড়াইলে বাঁচব?"[১০] [পৃ. ৯১]

শুধু তাই নয় গানের কথা ও সুরেও নাট্যকার বিজন ভট্টাচার্য মূর্ত করে তোলেন পূর্বতন জনসমাজের স্খলন তথা ভাঙনের প্রতিমা। গান গাইতে গাইতে দৃশবদ্ধ ও কর্মে ছন্দমিল আমরা লক্ষ্য করি নাটকের প্রথম দৃশ্যে-

196

"হাতে মগের বাতি মাথাত বেতের ঝুড়ি,
চলিলাম দাদা গ পাতাল পুরী।
চোখেতে ঘুম ঘুম পায়েলা রুমঝুম্
সুমরি শুকরি যাঁইছ পাতাল নিঝুম।।"[১৪] [পৃ. ৪৩]
আবার ভাঙন ও প্রতিরোধে সচেতন মানুষের সচেতনতার কথাও ফুটিয়ে তুলেছেন নাট্যকার গানের মাধ্যমেই-
"ই বড় মজার কথা
ই বড় মজার কথা লক্ষনিয়া
বচন তুমার চমৎকার
আমরা কিন্তু তোমাক জানি
ভুঁখা পেটের গণৎকার
ই বড় মজার কথা
ই বড় মজার কথা ..."[১৫] [পৃ. ৯৭]
শব্দ থেকে সংলাপ, সংলাপ থেকে ভাষা বৈচিত্রে রূপক-কথা-গান ও সুরে সমগ্র ছবিতে পৌঁছানোর উত্তরণ ও নাটকীয় চমৎকারিত্বে নাট্যকার বিজন ভট্টাচার্য ভাষাতাত্ত্বিক বৈচিত্রের পাশাপাশি বাস্তবতার উপাখ্যানকে এই ভাবেই নাটকটির মাধ্যমে উপহার দিয়েছেন।

১৮৯৭ সালে বাংলাদেশের রংপুর জেলার নলডাঙা গ্রামে সুরেন্দ্রনাথ লাহিড়ীর ঘর আলো করে তুলসী লাহেড়ী জন্মগ্রহণ করেন, কিন্তু জমিদার বংশে জন্মগ্রহণ করেও নাট্যকার তুলসী লাহিড়ী অর্জন করেন ১৩৫০ সালের (১৯৪৩ খ্রীস্টাব্দের) দুর্ভিক্ষের কড়াল কালোছায়ার চরম বাস্তব অভিজ্ঞতা। আর তাঁর ছেঁড়াতার নাটকের পরতে পরতে তুলে ধরেছেন সেই অভিজ্ঞতার ফসল। মন্বন্তর উত্তর মানুষের জীবনে কায়েমী স্বার্থের ক্ষমতদন্তী মানুষের অত্যাচারের নিদর্শন পাই এই 'ছেঁড়াতার' নাটকে। নাটকের প্রথম পর্বেই আমরা দেখি শহরে শিক্ষিত মধ্যবিত্ত সুশান্ত ও মহিমের সঙ্গে রহিমের কথোপোকথনে যুদ্ধ ও মন্বন্তরকালীন পরিস্থিতির শিকার হওয়া রহিমের জীবনে তখনা সেইভাবে ছন্দপতন হয়নি তবে অচিরেই তা ঘটতে চলেছে তা রহিমের কথাতে ইঙ্গিতপূর্ণ। গ্রামে ফিরেই রহিম সম্মুখীন হয় একাধিক প্রতিকূল পরিস্থিতির। রহিম চাপে পড়ে লেখাপড়া বেশিদূর এগোতে পারেনি সত্য, কিন্তু মার্জিত রুচিবোধ সৌন্দর্যচিন্তা, উন্নত ও প্রবল ব্যক্তিত্ব তাকে সাধারণের মধ্যে অসাধারণ করে তোলে। গ্রামবাসীরা যখন ক্ষিধের জ্বালায় লুটের নেশায় উন্মত্ত হয়ে ওঠে, তখন রহিম নিজে খল হাকিমুদ্দির দ্বারা

197

চূড়ান্তভাবে বারবার নির্যাতিত হয়েও উত্তেজনার বশে মনুষ্যত্ব হারায় না, বরং গ্রামবাসীদের সে যুক্তি দিয়ে বোঝানোর চেষ্টা করে এটাই সঠিক পথ নয় কারণ তাঁর মতে 'মান আর হুঁস' থাকলে তবেই কেউ প্রকৃত মানুষ হয়। আর পাঁচজন নরনারীর মতে সেও ফুলজানের সঙ্গে সুখে সংসার করতে চেয়েছিল কিন্তু বাধ সাধে প্রাকৃতিক পরিস্থিত ও হাকিমুদ্দির মত কিছু লোভী খল ব্যক্তি। শত দুঃখের মধ্যেও একসাথে পথচলার তারা যে শপথ নিয়েছিল তা ক্ষুন্ন হয় এই হাকিমুদ্দির মত মানুষের জন্য। কায়েমী স্বার্থের ষড়যন্ত্র, ধর্মান্ধতার কূটকৌশল তাদের সম্পর্কের মধ্যে বাহ্যিক ছেদ ঘটালেও তাদের মধ্যে আত্মিক বিভেদ ঘটাতে পারেনি। হাকিমুদ্দির চক্রান্তে ফুলজান ও বসির যখন লঙ্গরখানা থেকে খাবার না পেয়ে ফিরে আসে তখন আবেগপ্রবন রহিম ক্ষুধাতুর স্ত্রী-পুত্রের ম্লান মুখের দিকে তাকিয়ে যন্ত্রনায় কাতর হয়ে এই পথের দিশা খোঁজার চেষ্টা করে স্ত্রী ফুলজানকে তাল্লাক দিয়ে। প্রবল আত্মমর্যাদা সম্পন্ন রহিম ছেলেকে বাঁদীর বাচ্চা হতে দিতে চায়নি, আবার ছেলের অপমান হবে জেনে রহিমের মা না খেয়ে মারা যায়। একদিকে ধর্মের প্রতি গভীর বিশ্বাস অন্যদিকে ছেলের মায়ের সঙ্গে নাড়ির টান ছেদনের যন্ত্রনায় উৎবিগ্ন হয়ে তাল্লাক দেওয়া স্ত্রীকেই দ্বিতীয়বার নিকা করতে চায় রহিম।

কিন্তু তাল্লাক-এর মতো একটা কঠিন মর্মদুস্তর বিষয় নিয়ে কানাফকির ও হাকিমুদ্দির খারাপ ইঙ্গিত তাকে আত্মহননের পথকেই বেছে নিতে বাধ্য করে। বাহ্যিকভাবে হেরে যাওয়া রহিমের দৈহিক মৃত্যু হলেও আদর্শজয়ী হিসাবে স্ত্রী-পুত্রকে বঞ্চিত করেই সে চিরবিদায় জানিয়ে পরলোকগমন করে।

দ্বিতীয় বিশ্বযুদ্ধত্তোর প্রতিক্রিয়াজাত ভয়াবহ মন্বন্তর সাধারণ মানুষের জীবনকে কীভাবে বিপর্যস্ত করে তুলেছিল সেই চিত্রই নাট্যকার এই নাটকটির মাধ্যমে তুলে ধরেছেন। তাই পরতে পরতে এই নাটকে জড়িয়ে আছে মন্বন্তরের ভয়াবহতা, রাজনৈতিক অন্তপ্রবাহ, অর্থনৈতিক মূল্যবোধ ও বাস্তবজীবনের বিক্ষোভ। যুদ্ধ ও মন্বন্তরের ভয়াবহতার বাস্তব কাহিনী রূপায়ন নাট্যকার তুলসী লাহেড়ী এই 'ছেঁড়াতার' নাটকটির মাধ্যমেই তুলে ধরেছেন। নাট্যকার এই 'ছেঁড়াতার' নাটকটির মাধ্যমেই তুলে ধরেছেন ভাষাতাত্ত্বিক ভিত্তিতে বাস্তবতার কাহিনী বুনন।

আমরা এই নাটকটির মধ্যে যে ভাষাতাত্ত্বিক বিষয়গুলি লক্ষ্য করি-

এই নাটকে 'এ' স্থানে কোথাও কোথাও 'অ' এর ব্যবহার হয়েছে। যেমন-

"... মাইনষের ভাল কইরবার মানুষ আমার
দ্যাশে নাই। সর্বনাশ করি নিজের ফায়দা করার
মানুষ মেলাই।"[১৬] [পৃ. ৮৭]

অধিকারণ কারকে কখনো কখনো 'ত' বিভক্তির প্রয়োগ আমরা এই নাটকে লক্ষ্য করি। যেমন-   "... মার   কাছে   যামো।   মাও   ঐ দ্যাওয়ানীর বাড়িত।"[১৭] [পৃ. ১১৬]

এই নাটকের ক্ষেত্রে আমরা লক্ষ্য করি 'আমাকে', 'আমার', 'ওতে', 'তাকে' প্রভৃতি সর্বনামের পরিবর্তে, 'হামার', 'মোক', 'উয়াত', 'তাঁয়' প্রভৃতি সর্বনামের ব্যবহার। যেমন-

"দুনিয়া মোক্ জানোয়ার বানাইবার চায় কিন্তুক
মুই জানোয়ার হবারে নই। জানোয়ার নিজে
নিজে মইরবারে পারে না, কিন্তুক মাইনষে তা
পারে।"[১৮] [পৃ. ৮৮]

শব্দের ব্যবহারের ক্ষেত্রেও এই নাটকে বৈচিত্র লক্ষননীয়। ছাওয়া (ছেলে), ছিঁড়া ফাটা ছ্যাও টা (ছেঁড়া শাড়ি), কডিটাল (অশান্তি), বাঁচবু (বাঁচব), পালেয়া যাইব (পালিয়ে যাবো), হলু (হলি), গেছিনো (গিয়েছিলাম), থাইকন্যার (থাকতে), খোয়াইবে (খাওয়াবে) প্রভৃতি বিশেষ শব্দের ব্যবহার আমরা এই নাটকের ক্ষেত্রে লক্ষ্য করি।

তুলসী লাহিড়ী ছিলেন অবিভক্ত বাংলার উত্তরাঞ্চলের রংপুর জেলার মানুষ এবং তাঁর জীবনের অনেকগুলো বছর তিনি সেখানেই অতিবাহিত করেন। তাই এই নাটকটির ক্ষেত্রে আমরা ঐ গ্রামের মানুষের মুখের ভাষাই লক্ষ্য করি। রংপুরী এই বিভাষা বাংলার বরেন্দ্রী উপভাষার মুখ্য বৈশিষ্ট্যগুলিই ফুটিয়ে তুলেছে।

ভাষাতাত্ত্বিক বৈশিষ্ট্যের পাশাপাশি ভাষাপ্রয়োগেও আমরা এই নাটকে বিশেষত্ব লক্ষ্য করি। নাগরিক চরিত্র মহিম, সুশান্ত, মহিমের ছেলেমেয়ে, দারোগা-এরা সবাই মান্য বাংলা কথ্যভাষায় কথা বলেছে। রহিম যখন মহিমদের সঙ্গে কথা বলেছে তখন তার শব্দপ্রয়োগ এবং বাকভঙ্গী অনেক শীলিত, কিন্তু গ্রামের মানুষজনের সঙ্গে কথা বলার সময়ে তার মুখের সংলাপ ঠিক তাদের মতোই। হাকিমুদ্দীর মুখের ভাষায় একটু আরবি-ফারসি

উর্দুর উপস্থিতি দেখা যায়। ফুলজান এবং রহিমের মায়ের মুখে মেয়েলি শব্দ এবং বাচনভঙ্গি স্বাভাবিকভাবেই বেশি পরিমাণে এসেছে।

মহিমবাবু উত্তরবঙ্গের কোন এক শহরের Agriculture-এর Deputy Director। মহিমবাবু স্ত্রী, পুত্র ভবেশ, কন্যা মায়া কে নিয়ে স্বচ্ছল পরিবারের খুশিতে মত্ত। ভবেশ, মায়ার বাজনা বাজানোর খুনসুটি নিয়েই আমরা তার প্রমাণ পাই। ভবেশ মায়ার মাথায় বাজনা বাজিয়েছে-

"... ধা কেটে তা কেটে ত্রেকেটে ধেকেটে, তাক ধুমাকেটে, তাক ধুমাকেটে ধেৎ-ধেৎ-ধেৎ ঘেনেধা, গদী ঘেনেধা, গদী ঘেনেধা।"[১৯] [পৃ. ৩১]

মহিম-রহিমের বন্ধু সুশান্তরও মনের স্বাভাবিক ছন্দ ধরা পড়ে রহিমের সঙ্গে সুশান্তর খুনসুটিতে-

"... আসতে আজ্ঞা হোক চাষী সাহেব।"[২০] [পৃ. ৩২]

রহিম ছিল ক্লাসের ফার্স্ট বয় কিন্তু পারিবারিক পরিবেশ পরিস্থিতির কারণে শেষপর্যন্ত তাঁর পড়া বেশিদূর এগোয়নি কিন্তু তাঁর কথার মধ্যে বুদ্ধিদীপ্ততার ছাপ ও রুচিশীলতার ছাপ পাই, কারণ সে প্রথাগত শিক্ষায় বেশিদূর এগোতে না পারলেও মননের দিক থেকে আর পাঁচজন শিক্ষিত নাগরিক এর থেকে কম ছিল না। আর তাই তার কথাতেও ফুটে ওঠে সেই বুদ্ধিদীপ্ততার ছবি-

"যে ব্যঙ কুঁয়াতে থাকে তাঁয় ভাবে যে তামাম দুনিয়াটা ঐ কুঁয়ারে ভিতর।"[২১] [পৃ. ৫২]

স্বাভাবিক জীবনছন্দের সংলাপ –এর পাশাপাশি নাট্যকার তুলসী লাহিড়ী পরিস্থিতি অনুযায়ী ভাষা প্রয়োগ করে বাস্তবতাকে আরো স্পষ্ট করে তুলেছেন। মন্বন্তরের কড়াল ছায়া যখন মানুষের জীবনকে অতিষ্ট করে তুলেছে তখন রহিমের বক্তব্যে পার্শিক পরিস্থিতি তার কথাতে ফুটে উঠেছে-

"মাইনষের ভাল কইরবার মানুষ হামার দ্যাশে নাই। সর্বনাশ করি নিজের ফায়দা করার মানুষ মেলাই।"[২২] [পৃ. ৮৭]

ফুলজানের ফুফা কঠিন বাস্তবের মুখে পড়ে যে ফুলজানকে একদিন মানুষ করেছে তাকে আকালের দিনে ফিরিয়ে দিতে বাধ্য হয়েছে। সবথেকে বড়কথা কঠিন পরিস্থিতির শিকার হয়েছে বলেই তার মুখ থেকে বেড়িয়ে আসে নিম্ন রুচির সংলাপ-

"... প্যাট চালাবার আসছিস? নিজের খোরাক
নাই, দুইখান প্যাট-কি চালাইলে হইল। মানুষটা
বাচ্চা প্যয়দা কইরবার পারে আর খোয়াবার পারে
না। পাঠেয়া দিলে হইল?"[২৩] [পৃ. ৯০]

অভাবের তাড়নায় ফুলজানকে রহিম তাল্লাক দিলে মেয়েলি
আবেগভরা অভিমান ফুটে উঠেছে ফুলজানের বক্তব্যে-

"... কোনটা কল্লু। তার চায়া মারি ফ্যালাও মারি
ফ্যালাও।"[২৪] [পৃ. ৯৪]

কঠিন পরিস্থিতি রহিমকে এমন এক জায়গায় এনে দাড় করায় যে তাল্লাক-
কেই রহিম জীবনের অন্যতম শেষ পন্থা মনে করে এবং বলে-

"... অাঁয় যেমন কায়দা করি মাইরবার চায়, মুইও
বুদ্ধি করি বাঁইচমো।"[২৫] [পৃ. ৯৪]

কিন্তু রহিমের শেষরক্ষা হয়নি শেষপর্যন্ত ছোট্ট ছেলেটার হাত
ধরে সে পাড়ি দেয় শহরে-আবার সে ফিরে আসে গ্রামে, কিন্তু ধর্মের
কূটকৌশলকে কাজে লাগিয়ে কানাফকির বা হাকিমুদ্দির মত মানুষ তার
জীবনকে করে তোলে বিষময়। মহিম রহিমের তাল্লাক ও নিকা সম্পর্কিত
জটিলতার সহজ ব্যাখ্যা দিয়ে তার মনের কস্টের কিছুটা নিরসন করতে
চেয়েছেন-মহিমের মতে ১৫শ বছর বাদে মানুষের এমন দুর্দিন আসবে জানলে
ধর্মপ্রবক্তরা সেইমত বিধানই দিতেন তাই মানুষের বাঁচা মরাটাকে আগে গুরুত্ব
দেওয়া উচিৎ আর বিধানটাকে মানুষের বেঁচে থাকার উপযোগীমত গ্রহণ করা
উচিৎ। কিন্তু ছেলের মুখের দিকে চেয়েও ধর্মের বিধানের জটিলতাকে এড়াতে
পারেনি রহিম আর তার ফলস্বরূপ তার জীবনে নেমে আসে চরম সঙ্কট।

শুধু রহিমের জীবনই নয় মন্বন্তরকালীন সমস্ত দেশের উপর যে
কড়াল ছায়া নেমে এসেছিল তার বাস্তব উদাহরণ তুলসী লাহিড়ীর 'ছেঁড়াতার'
নাটকের নাট্যসংলাপে ধরা পড়েছে।

"... কলিকাতায় লাখে লাখে উপাসী মানুষের
ঝাক। 'খালি ফ্যান দ্যাও ফ্যান দ্যাও' করি
কাঁদিয়া ফিরে। ... "[২৬] [পৃ. ১০৩]

শুধু সংলাপে আর ভাষাতেই নয় সংগীতের মাধ্যমেও নাট্যকার তুলসী লাহিড়ী
তৎসময়ে মন্বন্তরের মানুষের চরম নিরাশা অসহায়ত্বের ছবি ফুটিয়ে তুলেছেন।

"ভুল না রেখ মনে বাঁচবে যত কাল
সোনার দেশে ক্যান এল পঞ্চাশের আকাল।

তুলে রব লড়াই এল দেশে

চোরেরা সব দল বাঁধে ভাই রক্ষকেরই বেশে

তারা বাগিয়ে ভুঁড়ি হাঁকায় জুড়ি লুটের মালে লালে লাল।" [২৭]

[পৃ. ১০৫]

'ছেঁড়াতার' নাটকেও এইভাবেই আমরা খুঁজে পাই ভাষাতত্ত্বগত বিশেষত্ব ও বাস্তবতার উপাখ্যান।

4.0 তথ্যসূত্র

১। ভট্টাচার্য বিজন (মাঘ ১৪১০), দে সুধাংশুশেখর (সম্পাদিত), দেবীগর্জন, দে'জ পাবলিশিং, ১৩ বঙ্কিম চ্যাটার্জি স্ট্রিট, কলকাতা-৭০০০৭৩, পৃ. ৮৫

২। তদেব, পৃ. ৯১

৩। তদেব, পৃ. ৯১

৪। তদেব, পৃ. ৯১

৫। তদেব, পৃ. ৯১

৬। তদেব, পৃ. ৯১

৭। তদেব, পৃ. ৯১

৮। তদেব, পৃ. ৯১

৯। তদেব, পৃ. ৯১

১০। তদেব, পৃ. ৯১

১১। তদেব, পৃ. ৯১

১২। তদেব, পৃ. ৯১

১৩। তদেব, পৃ. ৯১

১৪। তদেব, পৃ. ৯১

১৫। তদেব, পৃ. ৯১

১৬। লাহিড়ী তুলসী (আশ্বিন ১৪১৩) গোস্বামী ড. সনাতন (সম্পাদিত), "ছেঁড়াতার", জাতীয় সাহিত্য পরিষদ, ১৪, রমানাথ মজুমদার স্ট্রিট, কলকাতা-৭০০০০৯, পৃ. ৮৭

১৭। তদেব, পৃ. ৯১

১৮। তদেব, পৃ. ৯১

১৯। তদেব, পৃ. ৯১

২০। তদেব, পৃ. ৯১

২১। তদেব, পৃ. ৯১

২২। তদেব, পৃ. ৯১

২৩। তদেব, পৃ. ৯১

২৪। তদেব, পৃ. ৯১

২৫। তদেব, পৃ. ৯১

২৬। তদেব, পৃ. ৯১

২৭। তদেব, পৃ. ৯১

২৮। সরকার পবিত্র, (আষাঢ় ১৪১২) "ভাষা দেশ কাল", দ্বিতীয় মুদ্রণ, মিত্র ও ঘোষ পাবলিশার্স, কলকাতা-৭০০০৭৩.

২৯। শ রামেশ্বর, (বৈশাখ ১৪১৯) "সাধারণ ভাষাবিজ্ঞান ও বাংলাভাষা", চতুর্থ সংস্করণ, পুস্তক বিপনি, ২৭ বেনিয়াটোলা লেন, কলকাতা - ৭০০০০৯।

৩০। মজুমদার পরেশচন্দ্র (বৈশাখ -১৪২৬) "বাঙলা ভাষা পরিক্রমা", ষষ্ঠ সংস্করণ দে সুধাংশুশেখর (সম্পাদিত), দে'জ পাবলিশিং,১৩ বঙ্কিম চ্যাটার্জি স্ট্রিট, কলকাতা -৭০০০৭৩।

৩১। সেন সুকুমার "ভাষার ইতিবৃত্ত" পাঁচুগোপাল (সম্পাদিত), সাহিত্যসভা বর্ধমান।

5.0 Author's Bionote

পারমিতা সরকার

SACT, বাংলা বিভাগ, প্রীতিলতা ওয়াদ্দেদার মহাবিদ্যালয়